Wirtschaftsstil und wirtschaftliche Entwicklung im klassischen Athen

AF821699

Europäische Hochschulschriften
Publications Universitaires Européennes
European University Studies

Reihe V
Volks- und Betriebswirtschaft

Série V Series V
Sciences économiques, gestion d'entreprise
Economics and Management

Bd./Vol. 2894

PETER LANG
Frankfurt am Main · Berlin · Bern · Bruxelles · New York · Oxford · Wien

Detlev Landmesser

Wirtschaftsstil und wirtschaftliche Entwicklung im klassischen Athen

PETER LANG
Europäischer Verlag der Wissenschaften

Die Deutsche Bibliothek - CIP-Einheitsaufnahme

Landmesser, Detlev:

Wirtschaftsstil und wirtschaftliche Entwicklung im klassischen Athen / Detlev Landmesser. - Frankfurt am Main ; Berlin ; Bern ; Bruxelles ; New York ; Oxford ; Wien : Lang, 2002
(Europäische Hochschulschriften : Reihe 5, Volks- und Betriebswirtschaft ; Bd. 2894)
Zugl.: Paderborn, Univ., Diss., 2001
ISBN 3-631-39034-3

D 466
ISSN 0531-7339
ISBN 3-631-39034-3

© Peter Lang GmbH
Europäischer Verlag der Wissenschaften
Frankfurt am Main 2002
Alle Rechte vorbehalten.

Das Werk einschließlich aller seiner Teile ist urheberrechtlich geschützt. Jede Verwertung außerhalb der engen Grenzen des Urheberrechtsgesetzes ist ohne Zustimmung des Verlages unzulässig und strafbar. Das gilt insbesondere für Vervielfältigungen, Übersetzungen, Mikroverfilmungen und die Einspeicherung und Verarbeitung in elektronischen Systemen.

www.peterlang.de

Vorwort

„Der Welttag Athens", wie Egon Friedell jene magischen Jahrzehnte des klassischen Athen nannte, die der Weltgeschichte eine neue Richtung gaben, hat auch mich früh in seinen Bann gezogen. Neben die politischen und kulturellen Errungenschaften dieser Epoche trat auch eine ganz außerordentliche Vielfalt der wirtschaftlichen Erscheinungen, von denen einige später wieder für Jahrhunderte verschwinden sollten.

Mit dieser Arbeit habe ich versucht, das Wesen dieser Erscheinungen systematisch zu erfassen und dadurch auch auf ihre Entwicklungsfähigkeit zu schließen.

Meinem Erstbetreuer, Herrn Prof. Dr. Peter Dobias, möchte ich für wertvolle Hinweise und seine niemals nachlassende Unterstützung des Projekts danken. Für zahllose anregende Gespräche, besonders zu dogmenhistorischen Fragen, danke ich meinem Vorgesetzten in Paderborn, Herrn Prof. Dr. Karl-Heinz Schmidt. Mein Dank gilt auch Herrn Dr. Klaus Schafmeister, Detmold, für seine freundliche Ermutigung in den frühen Tagen des Projekts. Herrn Prof. Dr. Wilfried Nippel, Berlin, danke ich für wertvolle Anmerkungen und Literaturhinweise zu althistorischen Fragen.

Detlev Landmesser
Frankfurt am Main, im Februar 2002

Inhaltsverzeichnis

1. Einführung **11**
1.1 Die altgriechische Wirtschaftsform und die ihr gemäße Methodik 11
1.2 Der Wirtschaftsstil als Methode 14
1.2.1 Bisherige Forschungsansätze zur altgriechischen Wirtschaftsform 14
1.2.2 Das Stilkonzept in der deutschen Volkswirtschaftslehre 17
1.2.3 Das Stilkonzept und die altgriechische Wirtschaftsform 26
1.3 Aufbau der Untersuchung 28
1.3.1 Ein Entwicklungsbegriff für die antike Wirtschaft 28
1.3.2 Primäre und sekundäre Determinanten wirtschaftlicher Entwicklung 29
2. Gesellschaftsverfassung **35**
2.1 Die athenische Polis – eine historische Skizze 35
2.1.1 Das Werden der demokratischen Polis 35
2.1.2 Die Krise der Polis 44
2.2 Das gesellschaftliche Leben 47
2.2.1 Das Sozialgefüge 47
2.2.2 Das öffentliche Leben 53
2.2.3 Das private Leben 58
2.3 Stilmerkmale der Gesellschaftsverfassung 62
2.3.1 Merkmale des staatlichen Rahmens 62
2.3.2 Merkmale der Herrschafts- und Sozialstruktur 64
3. Wirtschaftsverfassung **69**
3.1 Das private Wirtschaftsleben 69
3.1.1 Agrikultur und Bergbau 70
3.1.2 Städtisches Gewerbe und Handel 76
3.2 Der Staat und die Wirtschaft 87
3.2.1 Die athenische Staatswirtschaft 87

3.2.2 Politik und Wirtschaft ... 96
3.3 Stilmerkmale der Wirtschaftsverfassung ... 101
3.3.1 Einzelmerkmale der Eigentumsverfassung ... 101
3.3.2 Einzelmerkmale der Produktionsverfassung ... 102
3.3.3 Einzelmerkmale der Arbeitsverfassung ... 104
3.3.4 Einzelmerkmale der Verteilungsverfassung ... 106
4. Wirtschaftsgeist ... 109
4.1 Religion und Wirtschaftsgeist ... 112
4.2 Reflexionen des Wirtschaftsgeistes in den literarischen Quellen ... 115
4.2.1 Xenophon ... 115
4.2.2 Platon ... 118
4.2.3 Aristoteles ... 129
4.2.4 Literarische Zeugnisse und objektivierter Geist ... 138
4.3 Stilmerkmale des Wirtschaftsgeistes ... 143
4.3.1 Merkmale des politisch-ökonomischen Motivationszusammenhangs ... 143
4.3.2 Merkmale der Einstellung zum Konkret-Wirtschaftlichen ... 145
5. Synopsis: Stilmerkmale und wirtschaftliche Entwicklung ... 147
5.1 Wirtschaftsstil und Faktorallokation ... 147
5.1.1 Gesellschaftsverfassung und Faktorallokation ... 147
5.1.2 Wirtschaftsverfassung und Faktorallokation ... 151
5.1.3 Wirtschaftsgeist und Faktorallokation ... 154
5.2 Wirtschaftsstil und technischer Fortschritt ... 156
5.2.1 Gesellschaftsverfassung und technischer Fortschritt ... 156
5.2.2 Wirtschaftsverfassung und technischer Fortschritt ... 157
5.2.3 Wirtschaftsgeist und technischer Fortschritt ... 160
5.3 Wirtschaftsstil und Nachfrage ... 162
5.3.1 Gesellschaftsverfassung und Nachfrage ... 162
5.3.2 Wirtschaftsverfassung und Nachfrage ... 163
5.3.3 Wirtschaftsgeist und Nachfrage ... 164
5.4 Zusammenfassung ... 165

Anhänge **169**

I. Zeittafel 169

II. Attische Geldverfassung und Preise 170

III. Glossar der verwendeten griechischen Begriffe 171

IV. Abkürzungen der antiken Texte 174

Literaturverzeichnis **175**

1. Einführung

1.1 Die altgriechische Wirtschaftsform und die ihr gemäße Methodik

Die Jahre des Aufstiegs, der Größe und des Niedergangs der Polis Athen gehören zu den tiefgründigsten und wirkungsreichsten Kapiteln der Menschheitsgeschichte. Nicht nur den Ursprung der abendländischen Philosophie und Wissenschaften, des Theaters und der bildenden Künste führen wir auf Griechenland zurück, sondern auch die Anfänge unserer politischen Kultur und ebenso der Geld- und Marktwirtschaft.

Nahezu alleinige Trägerin dieser Kulturleistung war die griechische Polis (πόλις, Pl. πόλεις, nur unzulänglich mit „Stadtstaat" zu übersetzen) mit ihrer Einheit von Staat, Religion, kulturellem und wirtschaftlichem Leben. In der Polis bildete sich ein Großteil der Institutionen und Verhaltensweisen aus, die unsere heutige politische Wirklichkeit ausmachen.[1] Im Athen der klassischen Zeit gelangten all diese Bestandteile unserer Kultur zu hoher Entfaltung, ehe manche von ihnen wieder für viele Jahrhunderte verloren gingen.

Die „klassische" Periode der griechischen Antike, so bezeichnet aufgrund der Erstrangigkeit und Mustergültigkeit ihrer kulturellen Errungenschaften, setzt mit dem Aufstieg Athens nach den Perserkriegen in der ersten Hälfte des 5. Jahrhunderts v. Chr. ein, erlebt ihren Höhepunkt mit der Blütezeit Athens in der Mitte und zweiten Hälfte des 5. Jahrhunderts und reicht bis in die Krisenzeiten des 4. Jahrhunderts. Ihr Ende wird allgemein mit der Vollendung der makedonischen Vorherrschaft in Griechenland im Jahr 338 v. Chr. datiert, welche das Ende der selbstständigen Außenpolitik der Poleis markierte.

Die literarischen und archäologischen Quellen legen ein beredtes Zeugnis von der überragenden Bedeutung der Polis Athen in dieser Zeit ab. Im 5. Jahrhundert entwickelte sich Athen zum politischen, kulturellen, geistigen und ökonomischen Zentrum der griechischen Welt. Das überlieferte Erscheinungsbild der athenischen Wirtschaft ist indessen auffallend ambivalent. Am Handelsplatz Athen wurde ein erhebliches Gütervolumen umgesetzt. In Handel und Gewerbe arbeiteten gewinnorientierte Betriebe, die in einem bis dahin ungekannten Ausmaß spezialisiert waren. Schließlich hatte der rege Geldverkehr sogar ein rudimentäres Bankwesen hervorgebracht. Auf der anderen Seite scheint die Polis als Gesamtheit keinerlei Impulse aus dem Marktgeschehen

---

[1] Tatsächlich sind die aus dem Wort πόλις abgeleiteten Begriffe „politisch" und „Politik" für die Beschreibung staatlichen und staatsbürgerlichen Handelns fast unerlässlich. Vgl. Freund, W., Die Polis, in: H. Krefeld (Hrsg.), Hellenika. Ein Begleitbuch für die griechische Lektüre, Frankfurt ^{5}1972, S. 7.

bezogen zu haben. Interessen der Wirtschaft spielten in der Politik offenbar keine Rolle, und die Marktbeziehungen dehnten sich kaum über ihre erreichten Grenzen aus.

Vor diesem Hintergrund hat *Alfred Bürgin* die grundlegende Frage gestellt, warum Handel und Gewerbe der Polis die Sozialstruktur nicht zu bestimmen vermochten und damit auch keine weiterführende Entwicklung im Sinne von marktwirtschaftlichen Verhältnissen einleiteten.[2] Die vorliegende Untersuchung ist ein Versuch, diese Frage systematisch zu beantworten.

Damit stellt sich ihr ein grundsätzliches methodisches Problem. Die antike Polisgesellschaft vor 2.500 Jahren, eine Gesellschaft, in der Sklavenarbeit und ständige kriegerische Konflikte zu den selbstverständlichen Lebensbedingungen zählten, schuf völlig eigene Voraussetzungen und Formen des Wirtschaftens. Eine Untersuchung dieser Wirtschaft verspricht daher nur Erfolg, wenn sie in der Lage ist, gesellschaftliche und geistig-kulturelle Einflüsse auf das Wirtschaften abzubilden. Damit ist eine fundamentale Anforderung an die ökonomische Theorie angesprochen, die sich keineswegs nur für die Betrachtung historischer Wirtschaftsformen ergibt.

Die Verflechtung von Gesellschaft, Wirtschaft und Kultur stellt die ökonomische Theorie grundsätzlich vor die Aufgabe, über die Durchdringung der Zusammenhänge rein ökonomischer Größen hinaus auch Licht in das komplexe Geflecht gegenseitiger Beeinflussungen wirtschaftlicher und nichtwirtschaftlicher Erscheinungen zu bringen. Nur auf diese Weise kann eine konkrete Wirtschaftsgestaltung und der darin ablaufende Wirtschaftsprozess, die beide ein Ergebnis dieser Interdependenzen sind, überhaupt verstanden werden. Angesichts dieser Aufgabe sieht sich die Forschung aber mit einer Vielzahl komplexer Fragen konfrontiert.

Welche Erklärungen können für die verschiedenartige Gestaltung der Wirtschaftsstruktur in unterschiedlichen Kulturkreisen gegeben werden? Welche Zusammenhänge bestehen zwischen Werthaltungen aus religiöser Überzeugung, regionaler Tradition oder geschichtlicher Erfahrung einerseits und der Verfügbarkeit von Kapital oder qualifizierter Arbeit andererseits? Auf welche Weise können solche Wertvorstellungen Einfluss auf das Innovationsverhalten in einer Volkswirtschaft ausüben?

Eine an der funktionalen Analyse ökonomischer Regelmäßigkeiten orientierte Theorie stößt angesichts solcher Fragestellungen rasch an ihre Grenzen. Das axiomatisch-deduktive Instrumentarium neoklassisch-keynesianischer Provenienz muss an dieser Stelle zwangsläufig eine Erklärungslücke hinterlassen. Ein neuer und Erfolg versprechender Versuch, diese Lücke zu schließen, ist das

---

[2] Vgl. Bürgin, A., Zur Soziogenese der politischen Ökonomie. Wirtschaftsgeschichtliche und dogmenhistorische Betrachtungen, Marburg [2]1996, S. 27f.

erneute Aufgreifen und die Weiterentwicklung des Begriffes „**Wirtschaftsstil**" als methodisches Erkenntnisinstrument. In bewusster Nachfolge bisheriger Ansätze „verstehender" oder „anschaulicher" Theorie im Sinne *Sombarts* und *Spiethoffs* (s. Abschnitt 1.2) versteht die moderne Wirtschaftsstilforschung – so ihr Vertreter *Bertram Schefold* – die Stilanalyse als das zur formalen Modelltheorie komplementäre Pendant.[3] Damit schlägt sie einen anderen Weg als die Neue Institutionenökonomik ein, welche versucht, kulturelle Aspekte in den Rahmen des mikroökonomischen Entscheidungsmodells zu integrieren.

Der Wirtschaftsstilbegriff wird herangezogen, um die besondere Wirtschaftsform eines Landes oder einer Epoche aus ihrer spezifischen Situation heraus zu kennzeichnen.[4] Hierbei kommt der entscheidende Vorzug des Stilansatzes, die konzeptionelle Einbeziehung der kulturellen Dimension, zum Tragen. Unter „Kultur" werden dabei die charakteristischen Verhaltensformen einer Gesellschaft verstanden, die sowohl indirekt über die Ausprägung spezifischer Institutionen, als auch direkt über Wertvorstellungen wirtschaftliches Handeln mitbestimmen. Ebenso wie die Gestaltung des Wirtschaftssystems gehen auch die spezifischen politischen Organisationsformen und das Wertesystem einer Gesellschaft als konstitutive Merkmale ihres Wirtschaftsstils in die Betrachtung ein. Daraus ergibt sich als Aufgabe der Wirtschaftsstilforschung, die auf die Wirtschaft wirkenden kulturellen Kräfte zu identifizieren und, in konkreter Fragestellung, die Art und Konsequenzen dieser Einwirkung zu untersuchen. Sie ist damit zugleich geeignet, Wechselwirkungen zwischen den geistigen und materiellen Gegebenheiten zu erforschen.

Die aus heutiger Sicht vorrangigen diesbezüglichen Fragestellungen betreffen die Zusammenhänge zwischen dem kulturellen Umfeld und der Wirtschaftsstruktur, der wirtschaftlichen Dynamik und damit auch der internationalen Konkurrenzfähigkeit der betrachteten Volkswirtschaft.[5]

Die epochenspezifische Kulturbetrachtung der Wirtschaftsstilanalyse ermöglicht außerdem den Umgang mit der von der übrigen ökonomischen Theorie schwer fassbaren Tatsache, dass der konkrete Stil wirtschaftlichen Verhaltens als Ergebnis eines historischen Prozesses auch zukünftig einem geschichtlichen Wandel unterliegt.[6] Es ist sogar davon auszugehen, dass sich der Stilwandel in

---

[3] Vgl. Schefold, B., Peukert, H., Wirtschaftssysteme im historischen Vergleich: ein Projekt, in: Jahrbuch für Wirtschaftsgeschichte 1992, S. 245.

[4] Vgl. ebenda, S. 246.

[5] In diesem Sinne vertritt *Rainer Klump* die Auffassung, die Wirtschaftskulturforschung sei aufgefordert, das Erbe der traditionellen Wirtschaftssystemforschung anzutreten, da an die Stelle des Antagonismus zwischen Markt- und Planwirtschaften der Weltmarkt-Wettbewerb zwischen unterschiedlichen Wirtschaftskulturen getreten sei. Vgl. Klump, R., Einleitung, in: Ders. (Hrsg.), Wirtschaftskultur, Wirtschaftsstil und Wirtschaftsordnung. Methoden und Ergebnisse der Wirtschaftskulturforschung, Marburg 1996, S. 10f.

[6] Vgl. Bürgin, A. (1996), S. 17.

der Moderne beschleunigt vollzieht, da sich seit der Industriellen Revolution der „Spielraum für die materielle Objektivierung des kulturellen Wollens rasch erweitert“ hat.[7] Ein augenfälliges Beispiel in der modernen Industriegesellschaft ist der Wertewandel in Richtung einer stärkeren Umwelt- und Freizeitorientierung, der in seiner Wechselwirkung mit den materiellen Unterlagen bereits deutliche Spuren in der Wirtschaftsstruktur hinterlassen hat.[8]

In der vorliegenden Untersuchung wird das Wirtschaftsstilkonzept exemplarisch umgesetzt, um systematisch der Frage nachzugehen, warum die differenzierte Wirtschaftsweise des klassischen Athen nicht zu einer marktwirtschaftlich-expansiven Wirtschaftsform geführt hat.

Hierzu werden, in Anlehnung an *Arthur Spiethoffs* unausgeführt gebliebene Konzeption, die Spiethoff'schen Merkmale des Wirtschaftsstils (s. Abschnitt 1.2) herangezogen, um den gesellschaftlich-kulturellen Rahmen des Wirtschaftens abzubilden. Zur Erhellung des dynamischen Charakters der antiken athenischen Wirtschaft wird dann nach konkreten Verknüpfungen dieser institutionellen und geistigen Rahmenbedingungen mit den grundlegenden, „zeitlosen“ Determinanten wirtschaftlicher Entwicklung (s. Abschnitt 1.3) gesucht.

1.2 Der Wirtschaftsstil als Methode

1.2.1 Bisherige Forschungsansätze zur altgriechischen Wirtschaftsform

Herausragende Gesamtdarstellungen der Poliswirtschaft

So weit der hier betrachtete Gegenstand zurückliegt, so relativ neu erscheinen in heutiger Perspektive die erfolgreicheren Charakterisierungsversuche der griechischen Poliswirtschaft. Neben der in den letzten Jahrzehnten wesentlich erhöhten Detailkenntnis (insbesondere aufgrund der Fortschritte der modernen Archäologie) hat hierzu auch der hohe quellenkritische Anspruch der modernen althistorischen Forschung beigetragen.

Als am Anfang dieser Tradition stehendes frühes Ausnahmewerk ist allerdings die 1817 erschienene Arbeit *August Boeckhs*[9] anzusehen, dessen Bemühen

[7] Vgl. Schefold, B., Nationalökonomie und Kulturwissenschaften: Das Konzept des Wirtschaftsstils, in: Ders., Wirtschaftsstile, Bd. 1: Studien zum Verhältnis von Ökonomie und Kultur, Frankfurt/Main 1994, S. 105.

[8] Man denke etwa an die mittelständischen Branchen der Umwelt-, Entsorgungs- und Energietechnik und die erhebliche Ausweitung des Freizeitsektors.

[9] Boeckh, A., Die Staatshaushaltung der Athener, Berlin 1817.

um ein umfassendes Gesamtbild – so *Georg Weippert* – sogar bereits als Wirtschaftsstilbetrachtung bezeichnet werden kann.[10]

Erst etwa ein Jahrhundert später wurde der Anspruch einer umsichtigen und unvoreingenommenen Quellenauslegung mit den Arbeiten *Max Webers*[11] und *Johannes Hasebroeks*[12] wieder erreicht. Mit diesen Beiträgen verlagerte sich zugleich die Blickrichtung von der reinen Form und Größenordnung der Wirtschaft (s. u.) auf ihre Beziehungen zu Politik und Institutionen in der griechischen Polis. Unter den jüngeren Darstellungen der Poliswirtschaft sind unter diesem Aspekt – vor zahlreichen anderen – die Veröffentlichungen von *Moses I. Finley*[13], von *Michel Austin* und *Pierre Vidal-Naquet*[14], von *Robert J. Hopper*[15] sowie in Deutschland von *Jochen Bleicken*[16] hervorzuheben. Trotz neuer Erkenntnisse, heftiger Debatten und Korrekturen in Einzelfragen ist *Finleys* Werk nach wie vor richtunggebend für die moderne Altertumswissenschaft.[17]

Die Bücher-Meyer-Kontroverse

Mit der Entfaltung der Wirtschaftsgeschichte als eigenständiges – nationalökonomisches wie geschichtswissenschaftliches – Forschungsgebiet im 19. Jahrhundert wurde auch die Wirtschaft der griechischen Antike, insbesondere in Deutschland, zum Gegenstand systematischer Untersuchung. Auf wirtschaftswissenschaftlicher Seite geschah dies vor allem im Rahmen der Bemühung, mittels so genannter „Stufentheorien" eine systematische Entwicklung in der Abfolge historischer Wirtschaftsformen nachzuweisen.[18]

In ihrer Absicht, die historisch-individuellen Verschiedenheiten des Wirtschaftslebens systematisch zu erfassen, waren die Stufenlehren direkte Vorläufer

---

[10] Vgl. Weippert, G., Wirtschaftslehre als Kulturtheorie, Göttingen 1967, S. 51f.

[11] Weber, M., Agrarverhältnisse im Altertum (1909), wiederabgedruckt in: Ders., Gesammelte Aufsätze zur Sozial- und Wirtschaftsgeschichte, ²1988, S. 1-288; Ders., Wirtschaft und Gesellschaft. Grundriss der verstehenden Soziologie, Tübingen ⁵1972, auf den Seiten 727-814 (zur Typologie der Städte).

[12] Hasebroek, J., Staat und Handel im alten Griechenland, Tübingen 1928; Ders., Griechische Wirtschafts- und Gesellschaftsgeschichte bis zu den Perserkriegen, Tübingen 1931.

[13] Zusammenfassend: Finley, M. I., Die antike Wirtschaft, München 1977 (Erstausgabe Berkeley, Los Angeles 1973).

[14] Austin, M., Vidal-Naquet, P., Gesellschaft und Wirtschaft im alten Griechenland, München 1984 (Erstausgabe Paris 1972).

[15] Hopper, R. J., Handel und Industrie im klassischen Griechenland, München 1982 (Erstausgabe London 1979). Die direkte Übersetzung des englischen Begriffes „industry" im Titel ist allerdings irreführend.

[16] Bleicken, J., Die athenische Demokratie, Paderborn, München, Wien ²1994.

[17] Vgl. Morris, I., The Athenian Economy twenty Years after 'The Ancient Economy', in: Classical Philology 89, 1994, S. 351-366.

[18] Die bekanntesten Vertreter eigener Wirtschaftsstufenlehren waren *F. List* (1837), *B. Hildebrand* (1864), *G. v. Schönberg* (1882), *G. v. Schmoller* (1884) und *K. Bücher* (1893).

des System- und Stilgedankens. Die nachhaltigste Wirkung zeigte die Stufenlehre *Karl Büchers* (1847–1930), eines der herausragendsten Vertreter der jüngeren Historischen Schule. *Bücher* unterschied, ausgehend von dem Kriterium der Länge des Absatzweges, die Wirtschaftsstufen der geschlossenen Hauswirtschaft, der Stadtwirtschaft und der Volkswirtschaft.

Unter Übernahme der Vorstellungen von *Karl Rodbertus* von einer antiken „Oikenwirtschaft" sah *Bücher* – selbst althistorisch und philologisch vorgebildet – in der geschlossenen Hauswirtschaft die für das Altertum charakteristische Stufe. Die Wirtschaft der Griechen diente ihm dabei als Paradigma. Er kennzeichnete diese frühe Wirtschaftsstufe damit, dass sich auf ihr der Weg von der Produktion zur Konsumtion im geschlossenen Kreislauf des bäuerlichen Haushalts (οἶκος) vollzogen habe.[19] Der antike Tausch sei dagegen als Ansatz einer stadtwirtschaftlichen Entwicklung eine Randerscheinung gewesen und habe die an sich autarke Hauswirtschaft nur an der Oberfläche berührt.[20]

Wenn *Bücher* auch wiederholt betonte, dass die Stufen einander zu keiner Zeit völlig ausschlossen,[21] so rief doch sein Festhalten an dieser Einteilung den heftigsten Widerspruch in der deutschen Altertumswissenschaft hervor, insbesondere bei den damals führenden Althistorikern und Philologen *Eduard Meyer* und *Julius Beloch*.[22] In deutlichem Gegensatz zu *Büchers* „primitivistischer" Darstellung der griechischen Wirtschaft gründeten sie ihr „modernistisches" Bild auf die Annahme einer weitgehenden Parallelität der Entwicklung neuzeitlicher und antiker griechischer Wirtschaft.[23] Letztere habe nach dem Aufschwung von Exporthandel und Großindustrie seit dem 7. Jahrhundert ihre höchste Entfaltung in der kapitalistisch geprägten attischen Verkehrswirtschaft des 5. und 4. Jahrhunderts erreicht.[24] Die Politik Athens sei in dieser Periode „vollständig von Handelsinteressen beherrscht" gewesen.[25]

Im Bemühen um die Verteidigung seines Standpunkts gelang es *Bücher*, die unzulässig extensive Quellenauslegung seiner Gegner bezüglich zahlreicher Einzelfragen aufzudecken und damit die freizügige Übertragung moderner

---

[19] Vgl. Bücher, K., Die Entstehung der Volkswirtschaft, Tübingen ^{5}1906 (Erstausgabe 1893), S. 92.

[20] Vgl. ebenda, S. 111.

[21] So ebenda, S. 116 und S. 148.

[22] Ein Kompendium der einschlägigen Diskussionsbeiträge, die sich auch teils massiver Polemik nicht enthielten, bietet (in Faksimiledruck) M. I. Finley (Hrsg.), The Bücher-Meyer Controversy, New York 1979.

[23] „Das siebente und sechste Jahrhundert in der griechischen Geschichte entspricht in der Entwicklung der Neuzeit dem vierzehnten und fünfzehnten Jahrhundert n. Chr.; das fünfte dem sechzehnten." Meyer, E., Die wirtschaftliche Entwicklung des Altertums, in: Ders., Kleine Schriften, Halle 1924, S. 118f.

[24] Vgl. z. B. Beloch, J., Die Grossindustrie im Altertum, in: Zeitschrift für Socialwissenschaft, Bd. 2, 1899, S. 21.

[25] Vgl. Meyer, E. (1924), S. 115.

Vorstellungen und Terminologie insbesondere auf das attische Wirtschaftsleben erfolgreich zurückzuweisen. Er betonte die Notwendigkeit, die tatsächlichen Voraussetzungen und das grundverschiedene Denken vergangener Wirtschaftsepochen zu erfassen, anstatt sie gemäß der Vorstellungswelt der modernen Verkehrswirtschaft zu rekonstruieren.[26] Insofern erscheint der Vorwurf, den *Austin* und *Vidal-Naquet* gleichermaßen gegen „Modernisten" wie „Primitivisten" erhoben, sie hätten beide die „fundamentale Frage danach, ob man die ‚griechische Wirtschaft' isoliert betrachten konnte, ausgehend von wirtschaftlichen Vorstellungen, die für die Moderne entwickelt worden waren", nicht gestellt,[27] im Falle *Büchers* unberechtigt.

In der Absicht, den spezifischen Charakter der antiken Wirtschaftsform hervorzuheben, formulierte *Bücher* später auch das Ziel, „den hellenischen Geist und das, worin er anders ist als wir, als eine in allen Erscheinungen des äußeren Lebens sich zum Ausdruck bringende Einheit darzustellen und wieder seine Ausprägung auf bestimmten Lebensgebieten einheitlich zu erfassen"[28]. Damit nahm er den Sombart'schen Gedanken des Wirtschaftsgeistes vorweg.[29]

Doch auch *Bücher* scheiterte letztendlich an der Charakterisierung des griechischen Wirtschaftslebens. Der Grund ist darin zu sehen, dass er sich in der Kontroverse einerseits auf den lediglich schematischen Charakter seines „Typus" der geschlossenen Hauswirtschaft zurückzog, andererseits aber oft nicht eindeutig zwischen der gesamten (seinerzeit bekannten) antiken Wirtschaftserscheinung und seiner typisierten Wirtschaftsstufe unterschied.[30]

1.2.2 Das Stilkonzept in der deutschen Volkswirtschaftslehre

Der Systembegriff Werner Sombarts

Es war diese Eindimensionalität der Betrachtung in Wirtschaftsstufen, welche eine konsistente Behandlung der sonstigen Wirtschaftserscheinungen einer Epoche schwierig machte, und gegen die sich *Werner Sombart* (1863–1941) wandte. Ihm fehlte an den Stufenlehren und ihren Unterscheidungsmerkmalen eine „Idee, die uns befähigt, Einzelerscheinungen des Wirtschaftslebens in der

---

[26] Vgl. Bücher, K. (1906), S. 150.
[27] Vgl. Austin, M., Vidal-Naquet, P. (1984), S. 5.
[28] Bücher, K., Zur griechischen Wirtschaftsgeschichte, in: Ders., Beiträge zur Wirtschaftsgeschichte, Tübingen 1922, S. 6.
[29] Vgl. Schefold, B., Karl Bücher und der Historismus in der deutschen Nationalökonomie, in: N. Hammerstein (Hrsg.), Deutsche Geschichtswissenschaft um 1900, Stuttgart 1988, S. 252.
[30] Vgl. Meyer, E. (1924), Fußn. 4, S. 85-87 und *Max Webers* treffendes Urteil, Weber, M. (1988), S. 7f.

Zusammengehörigkeit zu erfassen"[31]. Das grundlegende Forschungsziel, eine solche umfassende Gestaltidee für die Wirtschaftswissenschaft aufzufinden, sah *Sombart* in seiner Idee des **Wirtschaftssystems** verwirklicht. Er verstand darunter „die als geistige Einheit erfasste Wirtschaftsweise, die 1. von einer bestimmten Wirtschaftsgesinnung beherrscht [wird]; 2. eine bestimmte Ordnung und Organisation hat und 3. eine bestimmte Technik anwendet"[32].

Mittels dieser drei „Grundbestandteile der Wirtschaft" Geist, Form und Technik glaubte *Sombart* „alle der Wirtschaft wesentlichen Züge" einfangen und in einer sinnvollen Einheit zusammenfassen zu können. Damit leiste der Systembegriff „fruchtbarere Arbeit als die Einzelmerkmale, die in den früheren Versuchen der Systematisierung die Rolle einer systembildenden Idee spielen sollten und naturgemäß immer nur einzelne Seiten des Wirtschaftslebens zu kennzeichnen in der Lage waren"[33].

Die jeweilige historisch-konkrete Ausgestaltung der drei Grundbestandteile, welche er in insgesamt zwölf Merkmalen in Form von Gegensatzpaaren zu erfassen suchte (bspw. unter dem Wirtschaftsgeist das Alternativenpaar Bedarfsdeckungs- versus Erwerbsprinzip), bestimmte danach die Gestalt des Wirtschaftssystems.[34] Als wesentliche historisch konkretisierte Wirtschaftssysteme unterschied *Sombart* zunächst die bäuerliche und grundherrliche Eigenwirtschaft, das Handwerk und den Kapitalismus,[35] wozu später, damals im Wesentlichen noch als Denkmöglichkeit, die sozialistischen Wirtschaftssysteme traten.[36]

Der beherrschenden Stellung, welche *Sombart* dem „Wirtschaftsgeist" in seiner Gestaltidee des Wirtschaftssystems einräumte, entsprach das besondere Gewicht, das er auf die „geistwissenschaftliche" oder „kulturwissenschaftliche" Ausrichtung der Volkswirtschaftslehre legte. Diese bezeichnete er als „verstehende Nationalökonomie"[37]. *Sombarts* besondere Akzentuierung des Geistigen und Kulturellen war bestimmend für das weitere wissenschaftliche Bemühen um die systematische Ordnung der wirtschaftlichen Erscheinungen (vgl. Übersicht 1, S. 24).

---

[31] Sombart, W., Die Ordnung des Wirtschaftslebens, Berlin [2]1927, S. 14.

[32] Sombart, W., Die drei Nationalökonomien. Geschichte und System der Lehre von der Wirtschaft, München, Leipzig 1930, S. 184.

[33] Ebenda, S. 184f.

[34] Zu einem Überblick über die damit denkbaren Möglichkeiten der Wirtschaftsgestaltung s. Sombart, W. (1927), S. 15-20.

[35] Vgl. Sombart, W., Der moderne Kapitalismus: historisch-systematische Darstellung des gesamteuropäischen Wirtschaftslebens von seinen Anfängen bis zur Gegenwart, Bd. I.1, Berlin 1969 (Nachdruck der 2. Auflage 1916), S. 23.

[36] Vgl. Sombart, W. (1927), S. 26f.; Ders. (1930), S. 307.

[37] Vgl. Sombart, W. (1930), S. 140.

Der Beitrag Max Webers

In ganz ähnlicher Richtung wirkte *Max Weber* (1864–1920) mit seiner berühmten Studie zur „Protestantischen Ethik".[38] Nach *Weipperts* Auffassung führte er mit ihr „die Wirtschaftssystembetrachtung in die Wirtschaftsstilforschung über", indem er dort, anders als *Sombart*, das eigentlich Spezifische, die tatsächliche Individualität des kapitalistischen Geistes erarbeitet habe.[39] *Weber* zeigte darin die Übereinstimmung bestimmter Erfordernisse des spezifisch „kapitalistischen" wirtschaftlichen Rationalismus mit den Handlungsgrundsätzen der protestantischen Ethik, welche notwendige geistige und soziale Voraussetzungen für eine entsprechende neue Lebensführung geschaffen habe. Er selbst wandte sich jedoch wiederholt scharf gegen die Verabsolutierung der religiösen Komponente zum „Geist des Kapitalismus" schlechthin.[40]

Weiterhin betonte *Weber* die Wechselwirkung der geistigen Faktoren mit den institutionellen und ökonomischen Gegebenheiten des kapitalistischen Wirtschaftssystems, das er als ein „ungeheures Gewirr gegenseitiger Beeinflussungen zwischen den materiellen Unterlagen, den sozialen und politischen Organisationsformen und dem geistigen Gehalte der reformatorischen Kulturepochen"[41] kennzeichnete.

Ein weiterer, nicht weniger direkter Einfluss *Webers* auf das Denken in Wirtschaftsstilen ging von seinem Begriff des „Idealtypus" aus. Den Idealtypus verstand *Weber* als reine gedankliche Konstruktion mit terminologischer, klassifikatorischer und heuristischer Zwecksetzung. Der idealtypisch formulierte Sinnzusammenhang soll der Wissenschaft als Referenzkonstruktion für die konkrete historische Wirklichkeitserscheinung dienen.[42] So bezeichnete auch *Sombart* seine Wirtschaftssysteme aufgrund ihrer „begrifflich reinen" Beschreibung als „idealtypisch"[43].

Das Wirtschaftsstilkonzept Arthur Spiethoffs

In gleicher Weise, nämlich in seiner Eigenschaft als Denkgebilde, kam der Begriff des **Wirtschaftsstils** von *Arthur Spiethoff* (1873–1957) dem Weber'schen Idealtypus nahe. Anders als letzterer will jedoch der Stil „ein Abbild der Wirklichkeit" sein, indem er „alle wesentlichen" – also auch möglicherweise die Einheitlichkeit des Bildes störende – Erscheinungen in einer systematischen

---

[38] Weber, M., Die Protestantische Ethik und der „Geist" des Kapitalismus, in: Ders., Gesammelte Aufsätze zur Religionssoziologie, Bd. I, Tübingen 1920, S. 17-206. Eine erste Fassung erschien 1904/05.

[39] Vgl. Weippert, G. (1967), S. 83.

[40] Vgl. Weber, M. (1920), S. 83; Weippert, G. (1967), S. 84f.

[41] Weber, M. (1920), S. 83.

[42] Vgl. Weber, M., (1972), S. 4 und S. 9f.

[43] Vgl. Sombart, W. (1969), S. 23.

Anordnung umfasst.[44] Der Wirtschaftsstil war damit der zentrale Begriff in *Spiethoffs* Verständnis der „anschaulichen Theorie“, deren Ziel, ein Abbild der Wirklichkeit, durch „Isolierung alles Regelmäßigen und Wesentlichen“ zu erreichen sei.[45]

Als „arteigne Wirklichkeitserscheinungen nachschaffendes Denkgebilde“[46] soll der Wirtschaftsstil die historisch-individuellen Verschiedenheiten zwischen „einheitlichen Teilzuständen“ der Wirtschaftsgeschichte erfassen.[47] In diesem Sinne habe die Wirtschaftswissenschaft für jede raum-zeitlich abgrenzbare Wirtschaftsgestaltung einen eigenen Wirtschaftsstil nachzubilden, der die jeweilige Eigenart der ökonomischen Erscheinungen festhält.[48] Die so gewonnenen Wirtschaftsstile sollten dann der Konstruktion „geschichtlicher Theorien“, d. h. jeweils epochenspezifischer Wirtschaftstheorien mit zeitgebundener Gültigkeit, als Grundlage dienen.[49]

Unter den Bemühungen um eine solche Formidee sah *Spiethoff* im Sombart'schen Systemgedanken „das bei weitem vollkommenste Unternehmen ..., auf dem allein weiter gebaut werden kann“[50]. Tatsächlich stimmen die Absichten *Sombarts* und *Spiethoffs* weitgehend überein. Wollte *Sombart* in dem Begriff des Wirtschaftssystems „die historisch bedingte Eigenart des Wirtschaftslebens zu einer begrifflichen Einheit“ zusammenfassen,[51] definierte *Spiethoff* den Wirtschaftsstil als „Inbegriff der Merkmale, die eine arteigne Gestaltung des Wirtschaftslebens zur Verkörperung bringen“[52].

Der Unterschied zwischen dem Stilkonzept und dem Systembegriff Sombart'scher Prägung beschränkt sich im Wesentlichen auf die begriffliche Bestimmung der an sich feststehenden wirtschaftsbestimmenden Elemente und ihre Anordnung in einheitlichen Merkmalen. Die drei Sombart'schen „Grundbestandteile der Wirtschaft“ – Wirtschaftsgesinnung (Geist), Ordnung (Form) und Technik – erweiterte *Spiethoff* zu folgenden fünf Merkmalsgruppen (mit insgesamt 16 Untermerkmalen):[53]

---

[44] Vgl. Spiethoff, A., Die Allgemeine Volkswirtschaftslehre als geschichtliche Theorie. Die Wirtschaftsstile, in: Schmollers Jahrbuch, 56. Jahrgang, II. Halbband, 1932, S. 57-60.

[45] „Wesentlich“ sei alles, „was Ursache oder Bedingung darstellt.“ Vgl. Spiethoff, A., Anschauliche und reine volkswirtschaftliche Theorie und ihr Verhältnis zueinander, in: E. Salin (Hrsg.), Synopsis. Alfred Weber 30.VII.1868–30.VII.1948, Heidelberg 1948, S. 570-572.

[46] Spiethoff, A. (1932), S. 61.

[47] Vgl. ebenda, S. 56.

[48] Vgl. ebenda, S. 61f.

[49] Vgl. ebenda, S. 55.

[50] Ebenda, S. 75.

[51] Vgl. Sombart, W. (1969), S. 22.

[52] Spiethoff, A. (1932), S. 56.

[53] Vgl. ebenda, S. 76f.

I. Wirtschaftsgeist; als Untermerkmal z. B. die „seelischen Antriebe zum wirtschaftlichen Handeln"
II. Natürliche und technische Grundlagen, insbesondere Bevölkerungsentwicklung und Grad der Arbeitsteilung
III. Gesellschaftsverfassung, insbesondere institutioneller Rahmen und Sozialgefüge
IV. Wirtschaftsverfassung, insbesondere Eigentumsordnung und Organisation der Gütererzeugung
V. Wirtschaftslauf, d. h. der dynamische Charakter der Wirtschaft (stationär, fortschreitend oder „im Wechsel von Aufschwung und Stockung").

Der Spiethoff'sche Begriff des Wirtschaftsstils bezeichnet damit in erster Linie ein methodisches Instrument. Der Wirtschaftsstil ist ein heuristisches Denkgebilde zur Charakterisierung der Besonderheit einer räumlich und zeitlich abgrenzbaren Wirtschaftsweise.

Erst in diesem Sinne ist der Begriff auf die jeweils zugrundeliegende Wirtschaftsweise selbst zu beziehen. Der „Wirtschaftsstil" einer Epoche ist also notwendig als ein Abbild der komplexen historischen Erscheinung zu verstehen.[54]

Dennoch will der Wirtschaftsstil als Querschnitt durch „alle wesentlichen die Gesamterscheinung bestimmenden"[55] Bestandteile das eigentliche Wesen der geschichtlichen Wirklichkeit darstellen.[56]

Die Schwierigkeit einer solchen „Wesensschau" liegt jedoch in einer gedanklich greifbaren Zusammenfassung der stilkonstituierenden Bestandteile des Querschnittes zu einer Einheit. Für eine „stilistische Zusammenschau"[57] bedarf es offensichtlich noch eines verbindenden Gliedes, welches über die bloße Idee der Stileinheit hinausgeht. Die einheitliche Wesenserfassung einer konkreten Wirtschaft erscheint nur dann vollständig, wenn auch der Ablauf und – insbesondere – die Wirkung des gesamten Wirtschaftsgeschehens in konkreten Fragestellungen bestimmt werden kann.[58]

An dieser Stelle findet sich der Ansatzpunkt für *Spiethoffs* „geschichtliche Theorien", also zeitgebundene Wirtschaftstheorien, die epochenspezifische Wirkungszusammenhänge und Ablaufgesetze zu erfassen suchen.[59]

---

[54] Vgl. Spiethoff, A. (1932), S. 60.
[55] Ebenda.
[56] Vgl. ebenda, S. 58.
[57] Vgl. ebenda, S. 83.
[58] Vgl. auch Weippert, G. (1967), S. 96.
[59] Als eine solche „geschichtliche Theorie" bezeichnete *Spiethoff* später seine Wechsellagenlehre, die allein für den „freimarktwirtschaftlich-kapitalistischen Wirtschaftsstil" Gültigkeit habe. Vgl. Spiethoff, A. (1948), S. 591.

Die Kritik Walter Euckens

Die Bildung solcher „geschichtlicher Theorien“ – ein Programm, das schon von den ersten Stufenbildnern formuliert wurde – hielt *Walter Eucken* (1891–1950) indes für unmöglich. Hierzu gab ihm das scheinbar gänzliche Fehlen epochenspezifischer Theorie – sieht man einmal von der Interpretation aller Theorie der zeitgenössischen „kapitalistischen“ Wirtschaftsform als „geschichtlich“ ab – einige Berechtigung.

Er sah in diesem Defizit einen Beleg für das Scheitern von Stufen und Stilen an der Überwindung der „großen Antinomie“ in der nationalökonomischen Forschung, nämlich dem Gegensatz zwischen historisch-konkreter und theoretisch-allgemeiner Erkenntnis. Als Grundlage zeitgebundener Theorien seien die Querschnitte Stufe und Stil ohnehin untauglich, da sie nichts über das Ordnungsgefüge der Wirtschaft aussagten sowie keine „eindeutigen und übersehbaren Bedingungs-Konstellationen“ böten.[60]

Erkennt man diese Kritik in Teilen als berechtigt an, so hat man doch zu beachten, dass *Spiethoffs* Stilkonzeption über die gerade vorgestellten grundsätzlichen Überlegungen nicht hinausgelangt war. Insbesondere ist es unberechtigt, die Wirtschaftsstile mit den einseitig dimensionierten Entwicklungsstufen gleichzusetzen, denkt man an die besondere Differenziertheit des Stilkonzepts, welche seine raum- und zeitspezifische Anwendung ermöglichen soll. Daher kann auch *Euckens* Vorwurf der Ungenauigkeit und Ungeschichtlichkeit[61] im Falle der Stile nicht überzeugen.[62]

Später nahm *Eucken* die allein konkreter ausgeführte „historisch orientierte“ Wirtschaftsstilbetrachtung von seiner Kritik aus, nämlich die Ansätze von *Heinrich Bechtel* (1889–1970) und *Alfred Müller-Armack* (1901–1978).[63]

Der Stilbegriff *Bechtels*[64] ist bewusst der Kunstgeschichte entlehnt. So zog *Bechtel* in seinem „Wirtschaftsstil des Spätmittelalters“ auch Werke der Architektur und der bildenden Kunst erklärend heran, die etwa die Herausbildung eines neuen Gruppenbewusstseins oder eine neue Auffassung von Individualität spiegeln sollten.[65] Als Erfassen des im „Wirtschaftswillen“ der Einzelnen und der Gemeinschaft ausgedrückten Wirtschaftsgeistes war dieser tatsächlich mehr

---

[60] Vgl. Eucken, W., Die Grundlagen der Nationalökonomie, Jena 1940, S. 79f.

[61] Vgl. ebenda, S. 70f.

[62] Vgl. auch Weippert, G. (1967), S. 102f.

[63] Vgl. Eucken, W., Die Grundlagen der Nationalökonomie, Godesberg ^{5}1947, S. 392f.

[64] Insbesondere in Bechtel, H., Wirtschaftsstil des Spätmittelalters, München, Leipzig 1930 und Ders., Wirtschafts- und Sozialgeschichte Deutschlands. Wirtschaftsstile und Lebensformen von der Vorzeit bis zur Gegenwart, München 1967.

[65] Vgl. Schefold, B., Nationalökonomie und Kulturwissenschaften: Das Konzept des Wirtschaftsstils, in: Ders. (1994), S. 88.

wirtschaftshistorisch und weniger theoretisch-systematisch orientiert.[66] *Müller-Armacks* Stilbetrachtung[67] ist dagegen stark religionssoziologisch geprägt. In der (religiösen) Weltanschauung sah er das eigentliche stilbildende Prinzip aller materiellen Kultur und ging damit wieder deutlich über die Grundintention *Max Webers* hinaus. Aufgabe der Wirtschaftsstilforschung sei die Aufdeckung der Einheit des Kulturausdrucks, welche bestimmte Epochen kennzeichne.[68] Sie habe gezeigt, „wie sich in der Geschichte in bestimmten Perioden durch die äußerlich geschiedenen Lebensbereiche hindurch das Band eines gemeinsamen Wesens schlingt, das die Wirtschaftsgesinnung mit der Form der staatlichen Organisation, die Technik und Unternehmungswirtschaft, die geistige Kultur und das kollektive Leben in einem Sinne umschließt“[69].

Die Unterschiede zwischen *Euckens* Ordnungskonzept und der „theoretisch orientierten“ Stilbetrachtung *Spiethoffs* sind indessen geringer, als es angesichts der Kritik *Euckens* zunächst scheint. Wie *Hans Möller* bereits 1940 gezeigt hat,[70] bestehen zwischen den „Elementarformen“ *Euckens* und den „Merkmalen“ *Spiethoffs* und *Sombarts* weitreichende Gemeinsamkeiten.[71] Bei *Eucken* ist allerdings viel deutlicher der Wille erkennbar, mit der Auswahl und Konkretisierung dieser Strukturmerkmale – insbesondere durch die Einbeziehung von Marktformen und Geldsystemen – deren Bedeutung für den Ablauf des gesamten Wirtschaftsprozesses greifbar werden zu lassen.[72]

Die Theorie, der sich *Euckens* System damit öffnet, hat keine jeweils zeitgebundene, geschlossene Einheit mehr zu sein, sondern soll jeweils am einzelnen

---

[66] Vgl. Kaufhold, K. H., Zur Entwicklung des Wirtschaftsstildenkens in Deutschland, in: R. Klump (1996), S. 27f. Zur Kritik an *Bechtels* Stilbegriff vgl. Weippert, G. (1967), S. 66-69 und S. 75-78.

[67] Müller-Armack, A., Genealogie der Wirtschaftsstile, Stuttgart 1940, ^{3}1944, wieder abgedruckt in Ders., Religion und Wirtschaft. Geistesgeschichtliche Hintergründe unserer europäischen Lebensform, Bern, Stuttgart ^{3}1981.

[68] Vgl. ebenda, S. 52 und S. 59.

[69] Müller-Armack, A., Zur Metaphysik der Kulturstile (1949), wieder abgedruckt in: Ders. (1981), S. 518. Die neueren Analysen nationaler Wirtschaftsstile lehnen sich an *Müller-Armacks* Stilbegriff an: Ludwig, A., Der spanische Wirtschaftsstil, Frankfurt/M., Bern, New York, Paris 1988; Ammon, G., Der französische Wirtschaftsstil, München 1989.

[70] Möller, H., Wirtschaftsordnung, Wirtschaftssystem und Wirtschaftsstil. Ein Vergleich der Auffassungen von W. Eucken, W. Sombart und A. Spiethoff, in: Schmollers Jahrbuch, 64. Jahrgang, II. Halbband, 1940, S. 75-98.

[71] Als Grund für die ungewöhnliche Schärfe der Eucken'schen Kritik ist neben seinem Bestreben, das Neue seiner Methode hervorzuheben (vgl. Möller, H. (1940), S. 77), auch sein tiefer, religiös-ethisch begründeter Argwohn gegen den Historismus und insbesondere dessen Wertrelativismus in Betracht zu ziehen (vgl. Eucken, W., Die Überwindung des Historismus, in: Schmollers Jahrbuch, 62. Jahrgang, I. Halbband, 1938, S. 63-86).

[72] Vgl. Möller, H. (1940), S. 89 und S. 98.

Übersicht 1: Das Stilkonzept in der deutschen Volkswirtschaftslehre

Wirtschaftsstufenlehren

- *Friedrich List* (1837)
- *Bruno Hildebrand* (1864)
- *Gustav v. Schönberg* (1882)
- *Gustav v. Schmoller* (1884)
- *Karl Bücher* (1893)

Werner Sombart (1902ff.): **Wirtschaftssystem**
„Methodisches Instrument, in dem die historisch bedingte Eigenart des Wirtschaftslebens zu einer begrifflichen Einheit zusammengefasst wurde.“ (*Sombart* 1916, S. 21f.)

Max Weber (1904): **Idealtypus**
Gedanklich reiner Sinnzusammenhang als Referenzkonstruktion für Erscheinungen der Wirklichkeit
(1905): Einheitliche Ethik als „Geist“ des modernen Kapitalismus

Wirtschaftsstil

(Unterteilung nach *Kaufhold* 1996)

Historisch orientierter Stilbegriff
Wirtschaftsstil: Ausdruck des „Zeitgeistes“; Einheit der Lebensäußerungen einer Zeit

Theoretisch orientierter Stilbegriff
Wirtschaftsstil: Gestaltidee; Grundlage für epochenspezifische Wirtschaftstheorien

Heinrich Bechtel (1927ff.)

Stil: Erfassen des im „Wirtschaftswillen“ ausgedrückten Wirtschaftsgeistes

Alfred Müller-Armack (1940ff.)

Stil: Einheit des Ausdrucks und der Haltung einer Epoche. Stilbildendes Prinzip: der Glaube/ die Religion

Arthur Spiethoff (1932, 1948)

Stil: „Inbegriff der Merkmale, die eine arteigne Gestaltung des Wirtschaftslebens zur Verkörperung bringen.“ (*Spiethoff* 1932, S. 56)

Problem ansetzen. Sie ist gewissermaßen eine Sammlung von Werkzeugen, aus der je nach der zu lösenden Aufgabe die passenden Theorieelemente zu entnehmen und gegebenenfalls anzupassen sind.[73]

Im Zuge dieser neuen Herangehensweise wurden jedoch sehr bald alle nicht streng operationalisierbaren Wesensmerkmale der konkreten Wirtschaft aus der theoretischen Betrachtung verdrängt. Legte *Eucken* noch ausdrücklich Wert auf den bestimmenden Einfluss gesamtgeschichtlich gewachsener, kultureller Faktoren auf den Wirtschaftsablauf,[74] so wurde doch seine Konzentration auf die idealtypischen Lenkungsmerkmale der beiden von ihm unterschiedenen Wirtschaftssysteme zur Grundlage des modernen, ahistorischen Systembegriffs.[75]

Somit hat auch *Euckens* Ordnungskonzept die „große Antinomie" nicht zu lösen vermocht. Der prägende Einfluss der geistigen Kultur, in *Sombarts* Systembegriff noch als einer der drei „Grundbestandteile der Wirtschaft" im Wirtschaftsgeist berücksichtigt, wird in den modernen systemanalytischen und systemvergleichenden Konzepten allenfalls als Randbedingung ohne weitere Implikation verstanden. Diese Entwicklung bestätigt, dass sich die historisch bedingten geistig-kulturellen Elemente des Sozialphänomens „Wirtschaft", zu deren Erfassung die „verstehende Nationalökonomie" angetreten war, grundsätzlich einer Analyse in funktionalen Systemzusammenhängen entziehen.

Angesichts dieser Situation hat *Bertram Schefold* wiederholt vorgeschlagen, „Wirtschaftssystem" (im modernen Verständnis) und „Wirtschaftsstil" als komplementäre Begriffe aufzufassen.[76] Er plädiert für die einander ergänzende Anwendung systemischer bzw. funktionaler sowie „verstehend-hermeneutischer" Forschungsmethoden, die er im modernen Begriffsverständnis von System und Stil repräsentiert sieht. Abstraktallgemeine, funktionale Systemzusammenhänge sind mit Hilfe formaler Modelle zu rekonstruieren; die konkret-individuelle Ausgestaltung des Wirtschaftslebens ist dagegen unter Heranziehung anschaulicher, auf das Verstehen des Wirtschaftsstils gerichteter Analysen zu untersuchen.[77]

Zur Frage der Existenz zeitgebundener Theorien fügt *Schefold* – gegen *Eucken* – hinzu, dass die aktuelle Gültigkeit verschiedener Wirtschaftstheorien durchaus variiere, je nachdem, wie ihre Prämissen mit den jeweiligen realen

---

[73] Als Beispiel führt *Möller* aus, dass die moderne Monopoltheorie auch für die ägyptische Wirtschaft des Altertums zur Anwendung kommen müsse, sofern man feststelle, dass im alten Ägypten Verkehrswirtschaft und monopolistische Marktformen vorherrschend waren. Vgl. Möller, H. (1940), S. 93f.

[74] Insbesondere „den Geist, in dem man lebt"; Eucken, W. (1940), S. 156.

[75] Vgl. Schefold, B., Peukert, H. (1992), S. 244.

[76] Vgl. z. B. Schefold, B., Normative Integration der Einzeldisziplinen in gesellschaftswissenschaftlichen Fragestellungen, in: Ders. (1994), S. 68.

[77] Vgl. Schefold, B., Peukert, H. (1992), S. 244f.

Voraussetzungen übereinstimmten.[78] Sein Vorschlag zielt also auf das Nebeneinander methodisch verschiedenartiger und im jeweiligen historischen Kontext geeigneter Theorieansätze ab. Der hiermit eingeschlagene Weg entspricht, was die jeweils problemadäquate Theorieauswahl betrifft, im Grundsatz[79] der methodischen Absicht *Euckens*.

Vitantonio Gioia hat bemerkt, dass ein solches Zusammenwirken in der Praxis wenig Erfolg verspreche, wenn man die „reine Theorie" a priori den Zwecken der „historischen Theorie" unterordne, wie *Spiethoff* es – bei voller Anerkennung der Legitimität reiner Theorie – getan habe.[80] Eine „komplementäre" Theorieanwendung mit dem Ziel, die „Antinomie" zwischen reiner und anschaulicher Theorie erfolgreich zu überwinden, setzt tatsächlich voraus, dass ihre unterschiedlichen Erkenntnisziele, Methoden und Perspektiven als gleichberechtigt anerkannt werden.

1.2.3 Das Stilkonzept und die altgriechische Wirtschaftsform

Diesem neuerlichen Versuch zur Überwindung der Eucken'schen Antinomie fühlt sich auch die vorliegende Darstellung verpflichtet.

Aufgrund der Besonderheit des Gegenstands kommt hierbei der anschaulichen Methode besondere Bedeutung zu. Die spezifische Wirtschaftsform der griechischen Antike erweist sich in ihren Charakteristika als besonders geeigneter Anwendungsfall anschaulicher Theorie. Gemessen an der Komplexität des modernen Wirtschaftsgeflechts sind die überlieferten rein wirtschaftlichen Erscheinungen und Beziehungen im klassischen Attika ungleich überschaubarer.

Für die komplementäre Anwendung „reiner" Theorie bieten sie dagegen weniger Ansatzfläche. Dies liegt zum einen an dem empfindlichen Mangel verlässlichen quantitativen Datenmaterials, welcher eine ergänzende quantitativ-abstrahierende Betrachtungsweise praktisch unmöglich macht. Ferner bietet die stärkere Einbindung des Wirtschaftskörpers in das komplexe Geflecht nicht-ökonomischer Sozialbeziehungen, Institutionen und Wertvorstellungen, die „Einbettung" der antiken Wirtschaft,[81] einer modelltheoretischen Abstraktion,

---

[78] Vgl. Schefold, B., Theoretische Ansätze für den Vergleich von Wirtschaftssystemen aus historischer Perspektive, in: Ders. (Hrsg.), Wandlungsprozesse in den Wirtschaftssystemen Westeuropas, Marburg 1995, S. 38.

[79] Wobei „problemadäquat" nun eben auch im Sinne von „historisch-spezifisch" zu verstehen ist.

[80] Vgl. Gioia, V., Historical Changes in Arthur Spiethoff's Theory of *Wirtschaftsstil*, in: P. Koslowski (Hrsg.), Methodology of the Social Sciences, Ethics, and Economics in the Newer Historical School, Berlin, Heidelberg, New York 1997, S. 185f.

[81] Vgl. Polanyi, K., The Livelihood of Man. Studies in Social Discontinuity, New York, San Francisco, London 1977, S. 47f.

wie sie im Rahmen der – eher als eigener Bereich greifbaren – Wirtschaft der Moderne angewendet wird, nur begrenzten Raum.[82]

Was aber kann die Betrachtung des Wirtschaftsstils in diesem konkreten Fall leisten? Im Hinblick auf das Untersuchungsziel, die eingangs gestellte Frage nach der wirtschaftlichen Dynamik des klassischen Athen, legt das Stilkonzept ein anschaulich-systematisches Vorgehen in zwei Schritten nahe.

Der erste Schritt besteht in der Gewinnung der Stilmerkmale. Damit soll ein adäquater methodischer Rahmen geschaffen werden, um die Dynamik der attischen Wirtschaft aus ihrer historischen Situation heraus erklärbar zu machen. Als Instrument anschaulicher Beschreibung und Erklärung soll die Wirtschaftsstilbetrachtung zunächst Aufschluss über die spezifischen gesellschaftlichen, ökonomischen und geistigen Gegebenheiten und Beziehungen in der Polis Athen geben.

Den Abschluss dieser induktiven Vorarbeit bildet die Zusammenfassung der Erscheinungen zu charakteristischen Stilmerkmalen. Dabei ist ein freier Umgang mit den Merkmalen *Spiethoffs* geboten, die sehr stark an der damals vorrangig interessierenden Transformationsphase zwischen mittelalterlichen und neuzeitlichen Wirtschaftsformen orientiert waren.[83] Gleichzeitig wird dabei dem Anliegen *Euckens* Rechnung getragen, die Merkmale stärker an ihrer Wirkung auf den Ablauf des Wirtschaftsgeschehens auszurichten.

In jedem Fall erscheint es für die sinnadäquate Einteilung des Stoffes zweckmäßig, die Spiethoff'schen Merkmalsgruppen der Gesellschafts- und Wirtschaftsverfassung und des Wirtschaftsgeistes beizubehalten. Die „natürlichen und technischen Grundlagen" der Spiethoff'schen Einteilung gehen in die Gesellschafts- und Wirtschaftsverfassung ein.

Letztes Ziel der Merkmalsbestimmung ist es, zu ursächlichen Einzelmerkmalen mit klar umrissenem Bedeutungsinhalt als operationalisierbare Begriffe zu gelangen. „Operationalisierbar" heißt, dass das einzelne Merkmal inhaltlich so klar abgegrenzt ist, dass seine Wirkung auf andere Sinnzusammenhänge als anschauliche Hypothese formuliert werden kann.

An die Erfassung der Merkmale des attischen Wirtschaftsstils schließt sich als zweiter Schritt die systematische Suche nach den qualitativen Wirkungszusammenhängen zwischen den Stilmerkmalen und den grundlegenden, „zeitlosen" Determinanten wirtschaftlicher Entwicklung (s. den folgenden Abschnitt) an. Die gefundenen Wirkungszusammenhänge können selbstverständlich,

---

[82] Diese spezifischen Hindernisse für eine modelltheoretische Abstraktion betreffen naturgemäß auch die Modellierung kultureller Einflüsse im Rahmen der modernen Institutionenökonomik (vgl. dazu Dorner, K., Klump, R., Wirtschaft und Kultur. Institutionenökonomische und wirtschaftssoziologische Aspekte, in: R. Klump (1996), S. 39-68, insbesondere S. 54-58).
[83] Vgl. Schefold, B., Peukert, H. (1992), S. 246.

ebenso wie Ergebnisse eines deduktiven Verfahrens, nur Hypothesencharakter haben.

Der „Wirtschaftslauf", also der dynamische Charakter der Volkswirtschaft, bei *Spiethoff* noch eine gleichgeordnete Dimension des Wirtschaftsstils, erweist sich damit als übergreifendes Bindeglied der anderen Säulen des Querschnittes. Indem in der wirtschaftlichen Dynamik die interdependenten Wirkungen der Stilmerkmale vereinigt werden, wird auch der zusammenfassende Blick auf das Gemeinsame des Ausdrucks der konkreten Wirtschaft, die Stileinheit, möglich.

1.3 Aufbau der Untersuchung

1.3.1 Ein Entwicklungsbegriff für die antike Wirtschaft

Ist in dieser Arbeit von „wirtschaftlicher Entwicklung" die Rede, so ist damit wie in den meisten heutigen entwicklungstheoretischen Untersuchungen sowohl eine Ausweitung als auch eine Ausformung der wirtschaftlichen Aktivitäten angesprochen.

Bei der Anwendung heutiger Begriffskategorien auf die antike Wirtschaft ist indes besondere Sorgfalt geboten. Für die geistige, wissenschaftliche und technische Revolution des 17. und 18. Jahrhunderts, aus der die moderne Wirtschaftsgesellschaft hervorging, gibt es in der Antike keine Parallele. Daher sind bei der Übertragung moderner Vorstellungen von „wirtschaftlicher Entwicklung" auf die Verhältnisse des klassischen Athen zum einen nur solche Entwicklungsfaktoren in Betracht zu ziehen, die auch aus den antiken Bedingungen heraus denkmöglich sind. Zum anderen ist zu beachten, dass mit der Feststellung denkbarer Entwicklungsmöglichkeiten noch nichts über deren tatsächliche Realisierbarkeit ausgesagt ist. Die hier in Frage kommenden Entwicklungsmöglichkeiten umfassen im Einzelnen folgende Bereiche:

- Entwicklung der Produktionsstruktur, d. h. Ausweitung der Produktionsmöglichkeiten durch betriebliche Expansion und Spezialisierung, Entstehung von Kooperationen, Entwicklung neuer Betriebs- und Rechtsformen.
- Entwicklung der Märkte, d. h. räumliche und volumenmäßige Ausweitung der lokalen und außenwirtschaftlichen Marktbeziehungen, Verbesserung der Marktorganisation.
- Differenzierung von Gütern und Dienstleistungen, also Entstehung neuer Produkte und Qualitätsverbesserung.

Leider lässt die Quellenlage keine detaillierteren Aussagen über den letzten Punkt zu. Auch die Frage der Güterverteilung wird in diesem Entwicklungsbegriff nicht näher problematisiert, zumal unterstellt werden kann, dass unter den Bedingungen der „radikalen Demokratie" Athens (s. Abschnitt 2.1.1) eine steigende Wirtschaftsleistung die Struktur der Güterverteilung kaum verändert hat. Diese Untersuchung konzentriert ihre Beurteilung „wirtschaftlicher Entwicklung" also vorrangig auf die Gesichtspunkte der Produktionsstruktur und der Märkte.

Die tatsächliche Ausschöpfung dieser Entwicklungsmöglichkeiten oder, anders ausgedrückt, der Grad der wirtschaftlichen Dynamik, ist ein Ergebnis des konkreten Wirtschaftsstils.[84]

1.3.2 Primäre und sekundäre Determinanten wirtschaftlicher Entwicklung

Dieser Gruppierung der Sinnzusammenhänge folgend, lassen sich zwei Kategorien von entwicklungsbestimmenden Faktoren unterscheiden.

Die grundlegenden, zeitlich und räumlich unspezifischen Determinanten wirtschaftlicher Entwicklung, die von empirischen Untersuchungen im Rahmen der Wachstums- und Entwicklungstheorie identifiziert wurden,[85] sollen als „primäre" Determinanten bezeichnet werden (vgl. Übersicht 2, S. 30).

Hierunter fallen zunächst die Angebotsbedingungen, die unter den Begriffen **Faktorallokation** und **technischer Fortschritt** zusammengefasst werden. Zu den Allokationsbedingungen zählen die Verfügbarkeit, Einsatzkosten, Qualität und Produktivität[86] der Produktionsfaktoren Arbeit, Boden[87] und Kapital[88]. Die Faktorproduktivität wird von der Faktorallokation selbst und der Qualität der Produktionsfaktoren bestimmt. Die Faktorqualität ist wiederum vom Ausmaß des technischen Fortschritts[89] als zentraler Determinante der wirtschaftlichen Entwicklung abhängig.

---

[84] Eine ähnliche Sichtweise ist mit dem in der Neuen Institutionenökonomik verwendeten Begriff der „Pfadabhängigkeit" oder „Verlaufsabhängigkeit" verbunden. Danach präformieren die spezifischen historischen Bedingungen einer Volkswirtschaft die aktuellen Entscheidungen der Wirtschaftssubjekte, wodurch die Menge an potenziellen Entwicklungsalternativen eingeengt wird.

[85] Vgl. hierzu etwa die „Determinanten der privaten Produktionsentscheidungen" in Rohwer, B., Konjunktur und Wachstum. Theorie und Empirie der Produktionsentwicklung in der Bundesrepublik Deutschland seit 1950, Berlin 1988, S. 14-24.

[86] Verstanden als Quotient aus Produktmenge und Faktoreinsatz.

[87] Verstanden als Produktionsstandort und Speicher natürlicher Ressourcen.

[88] Verstanden als im Produktionsprozess einsetzbare Geld- und Sachmittel. Die Griechen verstanden auch die in der Produktion eingesetzten Sklaven als „tätiges Kapital" (ἐνεργὰ χρήματα). Vgl. Salin, E., Kapitalbegriff und Kapitallehre von der Antike zu den Physiokraten, in: Ders., Lynkeus. Gestalten und Probleme aus Wirtschaft und Politik , Tübingen 1963, S. 154f.

[89] Verstanden als organisatorischer und prozessbezogener technischer Fortschritt.

Übersicht 2: Primäre Determinanten wirtschaftlicher Entwicklung

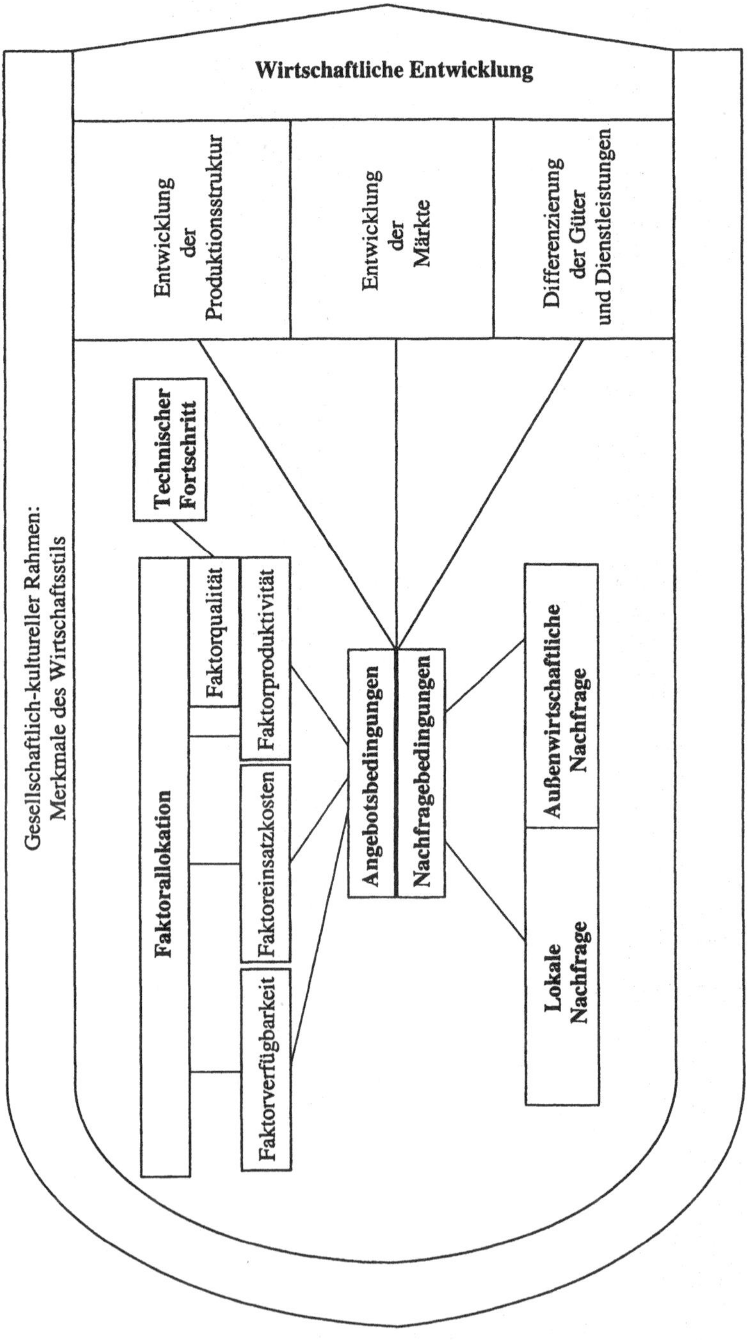

Außerdem übt die lokale und außenwirtschaftliche **Nachfrage**, die in vielen wachstumstheoretischen Analysen ausgeklammert wird, bedeutenden Einfluss auf die Produktions- und Entwicklungsmöglichkeiten jeder Wirtschaft aus.

Die spezifischen gesellschaftlich-kulturellen Rahmenbedingungen des Wirtschaftens, die durch die Merkmale des Wirtschaftsstils erfasst werden und auf die primären Determinanten einwirken, werden dagegen als „sekundäre" Entwicklungsdeterminanten bezeichnet.[90]

Dieser Kategorisierung folgt der Aufbau der Untersuchung. Zunächst werden in den Kapiteln 2, 3 und 4 die Merkmale der attischen Gesellschafts- und Wirtschaftsverfassung und des Wirtschaftsgeistes als sekundäre Entwicklungsdeterminanten gewonnen, die dann in Kapitel 5 im Rahmen einer Matrix mit den primären Entwicklungsdeterminanten kombiniert werden (vgl. Übersicht 3, S. 32). Die Übersicht zeigt auf der Seite der Stilmerkmale die insgesamt acht Hauptmerkmale aus den drei Merkmalsgruppen bzw. Kapiteln. Diese Hauptmerkmale enthalten jeweils noch eine Anzahl Einzelmerkmale.

Das folgende zweite Kapitel stellt die wesentlichen Züge des historischen Umfelds und des gesellschaftlich-institutionellen Rahmens des klassischen Athen vor. Seine Ergebnisse werden in Abschnitt 2.3 zu den Einzelmerkmalen der Gesellschaftsverfassung verdichtet. Diese Einzelmerkmale fassen jeweils in sich geschlossene Sinnzusammenhänge des Kapitels zusammen.

Das dritte Kapitel beschreibt die Bereiche und Charakteristika des Wirtschaftens im klassischen Attika. Außerdem erläutert es die das Wirtschaftsleben berührende staatliche Politik und die Besonderheiten der athenischen Staatswirtschaft. Bei der Verdichtung der Ergebnisse zu den Merkmalen der Wirtschaftsverfassung kann auf die Spiethoff'schen Hauptmerkmale der Eigentums-, Produktions-, Arbeits- und Verteilungsverfassung zurückgegriffen werden.

Das vierte Kapitel versucht eine Quellenanalyse zur Interpretation des attischen Wirtschaftsgeistes. Im Unterschied zu den bereits zahlreichen (wenn auch durchaus kontroversen) dogmenhistorischen Untersuchungen zur antiken „Ökonomik", d. h. zu frühen Ansätzen einer Analyse ökonomischer Zusammenhänge, wird hier der Blick auf das normative Denken über ökonomisches Handeln gelenkt. Das Ziel ist die Identifikation von Werthaltungen, die möglicherweise einen bestimmenden Einfluss auf die wirtschaftliche Entwicklung entfaltet haben. Diese werden als Merkmale des Wirtschaftsgeistes zusammengefasst.

Im abschließenden 5. Kapitel werden die in den Kapiteln 2 bis 4 gewonnenen Stilmerkmale dann gemäß der vorgestellten Matrix mit den primären

---

[90] Viele dieser Merkmale werden in wachstumstheoretischen Untersuchungen zum nicht näher problematisierten „Datenkranz" gezählt.

Übersicht 3: Matrix der primären und sekundären Entwicklungsdeterminanten

	Sekundäre Entwicklungsdeterminanten (Stilmerkmale) / Primäre Entwicklungsdeterminanten	Faktorallokation	Technischer Fortschritt	Nachfrage
Gesellschaftsverfassung	Staatlicher Rahmen			
	Herrschafts- und Sozialstruktur			
Wirtschaftsverfassung	Eigentumsverfassung			
	Produktionsverfassung			
	Arbeitsverfassung			
	Verteilungsverfassung			
Wirtschaftsgeist	Politisch-ökonomischer Motivationszusammenhang			
	Einstellung zum Konkret-Wirtschaftlichen			

Entwicklungsdeterminanten zusammengeführt, um den Zusammenhang zwischen Wirtschaftsstil und wirtschaftlicher Entwicklung im klassischen Athen systematisch und umfassend zu beurteilen.

Dabei werden die primären Bedingungen der Faktorallokation, des technischen Fortschritts und der Nachfrage nacheinander auf konkrete Wirkungszusammenhänge mit jeweils allen Stilmerkmalen untersucht. Diese Anwendung des Stilkonzepts ermöglicht es, eine Vielzahl spezifischer Einflusskanäle und Wechselbeziehungen aufzudecken und systematisch zu ordnen. Durch die zweidimensionale Verknüpfung kann auch das interdependente Zusammenwirken mehrerer primärer und sekundärer Entwicklungsfaktoren sichtbar gemacht werden. Als Ergebnis kann abschließend die Entwicklungsfähigkeit der athenischen Wirtschaft beurteilt werden, und es lassen sich Antworten auf die Ausgangsfrage geben, warum eine weiterführende Entwicklung zu marktwirtschaftlichen Verhältnissen ausblieb.

2. Gesellschaftsverfassung

Die „Gesellschaftsverfassung" bezeichnet die Eigenart des staatlichen Rahmens und die darin ausgebildete politische und soziale Struktur einer Gesellschaft. Der Begriff „Verfassung" wird hier also nicht im strengen Sinne von rechtlicher Verfasstheit, sondern im Sinne des Realzustands verstanden.

2.1 Die athenische Polis – eine historische Skizze

Der folgende historische Überblick hat die Aufgabe, entscheidende innere und äußere Bedingungen darzustellen, unter denen sich die demokratische Polis in Attika herausbildete und behauptete. Von den wesentlichsten bekannten und unumstrittenen Voraussetzungen, Anstößen und Umwälzungen ausgehend, versucht die Darstellung, die stilprägenden gesellschafts-, geistes- und wirtschaftsgeschichtlichen Entwicklungslinien hervorzuheben.

2.1.1 Das Werden der demokratischen Polis

Die Landschaft Attika, im 9. oder 8. Jahrhundert v. Chr. zu einer politischen Einheit geworden, nimmt, das strittige Gebiet um Oropos ausgenommen, rund 2.250 km^2 ein und ist damit etwas kleiner als das heutige Luxemburg. Die beiden Küsten nach Nordosten und Südwesten erstrecken sich über je rund 80 km; die nördliche Landgrenze nach Böotien und Megaris war etwa 60 km lang.

Das Gebiet Attikas ist, ähnlich wie das übrige Mittelgriechenland, reich gegliedert. Seine Hauptsiedlungsgebiete waren die durch teils schroffe Gebirgszüge getrennten vier größeren, nur begrenzt fruchtbaren Ebenen, darunter als Siedlungsschwerpunkt das um Athen gelegene Kephisos-Tal.[91]

Die archaische Zeit

Am Anfang der Geschichte der demokratischen Polis als politische, kulturelle und religiöse Gemeinschaft steht die allmähliche Überwindung der ökonomischen und ständischen Abgeschlossenheit der Adelsgesellschaft der „archaischen" Periode (8. bis 6. Jahrhundert).

Nach der Verdrängung des Königtums wurde Attika von einer Adelsschicht beherrscht, die sich von der übrigen, zum Teil abhängigen Bevölkerung durch agrarischen Großbesitz abhob. Die heutige Kenntnis über die Adelsherrschaft,

[91] Vgl. Bleicken, J. (1994), S. 83f.

deren Kultur sich in der Welt der in dieser Zeit entstandenen homerischen Epen widerspiegelt[92], ist begrenzt. Immerhin lässt sich der langdauernde und wirkungsreiche Prozess der Zurückdrängung der Adelsmacht zugunsten des sozialen Aufstiegs breiterer Schichten anhand einer Reihe von wirtschaftlichen und gesellschaftlichen Umwälzungen skizzieren.

Infolge der wachsenden Bedeutung Athens als politisches und wirtschaftliches Zentrum Attikas musste die wirtschaftliche Isolierung der adligen Gutswirtschaft, die auf weitgehender Autarkie beruhte, allmählich gelockert werden. Aus einer gelegentlichen Versammlung entwickelte sich die **Agora** (ἀγορά) zu einem dauernden Markt für Lebensmittel und Gebrauchsgüter.[93]

Als tiefgreifender Faktor des gesellschaftlichen Wandels erwies sich die Weiterentwicklung des **Heerwesens**. Ab etwa 700 entstand die Taktik der Hoplitenphalanx, des geschlossenen Verbandes schwerbewaffneter Fußsoldaten. Nicht mehr der adlige Einzelkämpfer und Reiter, sondern die Masse der zu Fuß kämpfenden Hopliten (ὁπλίτης = Schwerbewaffneter) wurde nun schlachtentscheidend.[94] In der Folge sah sich der herrschende Adel gezwungen, der militärischen Gewichtsverlagerung durch Zugeständnisse im politischen Bereich Rechnung zu tragen. So musste er der Forderung der als Hopliten unentbehrlichen freien Bauern nach Beteiligung an der staatlichen Willensbildung entgegenkommen. Im Zuge dieser allmählichen Entwicklung wurde außerdem die Forderung laut, das bisher nur mündlich unter den adligen Richtern tradierte Recht aufzuzeichnen und damit der obrigkeitlichen Willkür zu entziehen. In Athen erfolgte eine solche **Rechtskodifikation** (allerdings nur des Blutrechts) vermutlich um 624 durch *Drakon*.[95]

Infolge eines raschen Bevölkerungsanstiegs und der Landkonzentration in Händen des Adels blieben jedoch (ganz abgesehen von der seit den frühesten Anfängen existierenden Raub- und Beutesklaverei) erhebliche soziale Gegensätze bestehen.

Ein Ventil sozialer Unzufriedenheit lag in der Möglichkeit der gemeinschaftlichen Auswanderung aus übervölkerten Gemeinden und der Gründung neuer Gemeinwesen. Die Hauptphase der griechischen **Kolonisation**, an der Attika jedoch nur geringen Anteil hatte, liegt zwischen 750 und 550; in ihrem Verlauf wurden vor allem in Unteritalien und Sizilien, an der nordafrikanischen und an der Schwarzmeerküste neue Poleis gegründet. So trug die Kolonisation entscheidend dazu bei, die Polis zur eigentlichen griechischen Lebensform zu

---

[92] Sofern in diesen nicht auch die Erinnerung an die mykenische Kultur mit ihren ausgedehnteren, monarchischen Staatenbildungen nachwirkt.

[93] Vgl. Freund, W. (1972), S. 11.

[94] Vgl. ebenda.

[95] Vgl. Brockmeyer, N., Sozialgeschichte der Antike. Ein Abriß, Stuttgart, Berlin, Köln ^{2}1974, S. 31.

erheben.[96] Die neu gegründete Kolonie (ἀποικία) war trotz Übernahme gesellschaftlicher und religiöser Einrichtungen und einem gewissen Treueverhältnis zur Mutterstadt bis auf wenige Ausnahmen[97] grundsätzlich politisch eigenständig.

Bei den Kolonialisierungsbestrebungen der Mutterpoleis spielten Handelsinteressen nur eine sehr untergeordnete Rolle.[98] Obwohl die Anfänge der **Münzprägung** bis in die zweite Hälfte des 7. Jahrhunderts nach Lydien[99] zurückverfolgt werden können,[100] breitete sich das Münzwesen doch nur zögerlich in den Westen der griechischen Welt aus und lässt daher nicht auf einen plötzlichen und radikalen Wandel des überregionalen Handels schließen. Mit dem allmählichen Anstieg des Kulturniveaus und damit der Allgemeinbedürfnisse gewann indessen die innerstädtische Agora an Bedeutung, und mit ihr ein hauptsächlich auf lokale Bedürfnisse ausgerichteter Handel.[101] Der Fernhandel der späten archaischen Zeit scheint sich im Wesentlichen noch auf höherwertige Spezialartikel beschränkt zu haben, wie kostbare Edelmetallarbeiten, Elfenbein, Gewebe, aber auch Sklaven.[102]

Insgesamt erlebte die archaische Periode, parallel zur aufsteigenden Bedeutung der Staatsbürger innerhalb des Gemeinwesens, eine beträchtliche Ausbreitung der **Kaufsklaverei**,[103] welche gegenüber der an kriegerische Auseinandersetzungen gebundenen Raub- und Beutesklaverei ein regelmäßigeres Angebot unfreier Arbeitskräfte mit sich brachte.

Zu Beginn des 6. Jahrhunderts erreichten die sozialen Spannungen in Athen einen neuen Höhepunkt. Um die tiefgreifende innere Krise zu lösen, wurde wohl im Jahre 594 der adlige ***Solon*** zum Archon[104] gewählt und als „Schiedsrichter“

[96] Der Wagemut, den diese Unternehmungen erforderten, spiegelt sich in den Abenteuererzählungen der während der frühen Kolonisationszeit entstandenen Odyssee. Vgl. Freund, W. (1972), S. 11.

[97] Wie im Falle Korinths, das seine Kolonien als Teil eines „Reichs“ betrachtete. Vgl. Austin, M., Vidal-Naquet, P. (1984), S. 104f.

[98] Vgl. Hasebroek, J., Griechische Wirtschafts- und Gesellschaftsgeschichte bis zur Perserzeit, Hildesheim 1966a (Nachdruck der Ausgabe Tübingen 1931), S. 109; Heichelheim, F. M., Wirtschaftsgeschichte des Altertums, Band I, Leiden 1969 (Nachdruck der Ausgabe Leiden 1938), S. 241.

[99] Ein Reich in Kleinasien, das die griechischen Städte der Westküste Kleinasiens unterworfen hatte und in enger kultureller Beziehung zu Griechenland stand. Mit der Eroberung Lydiens durch den persischen Reichsgründer *Kyros I.* im Jahr 546 gerieten auch die Griechen Kleinasiens unter persische Herrschaft.

[100] Vgl. Austin, M., Vidal-Naquet, P. (1984), S. 45.

[101] Vgl. Hasebroek, J. (1966a), S. 285f. und S. 279.

[102] Vgl. ebenda, S. 149.

[103] Vgl. Austin, M., Vidal-Naquet, P. (1984), S. 42.

[104] Vorsteher der neun Archonten, des jährlich gewählten höchsten Beamtenkollegiums der Adelszeit. Nach dem Archon wurde das Jahr benannt.

und „Versöhner" mit unbeschränkten Vollmachten ausgestattet. *Solons* umfassendes Reformwerk berührte nahezu jeden Lebensbereich der geteilten athenischen Gesellschaft.[105] Das Kernstück seiner sozialen Reformen war die Abschaffung der Schuldsklaverei und der ihr zugrunde liegenden agrarischen Abhängigkeitsverhältnisse. Der radikalen Forderung nach Neuverteilung des Bodens gab *Solon* dagegen nicht nach.[106]

Den nachhaltigsten Bruch mit der alten Herrschaftsstruktur stellte *Solons* Umgestaltung des politischen Aufbaus der attischen Bevölkerung dar. Indem er die politischen Rechte an das Vermögen und damit an die Leistungsfähigkeit für das Gemeinwesen knüpfte, schuf *Solon* die Voraussetzung für den Wandel von der Adelsherrschaft zu einer staatsbürgerlichen Ordnung. Seine später als **Timokratie** bezeichnete Ordnung band die Möglichkeit zu politischem Einfluss nicht mehr an die Herkunft, sondern an die Zugehörigkeit zu vier Vermögensklassen mit abgestuften staatsbürgerlichen Rechten.[107] Doch verblieb die Leitung des Staates so weiterhin hauptsächlich in den Händen der Aristokraten, da die Vermögensverteilung durch *Solons* Reformen kaum berührt worden war.[108]

Von den reichsten Athenern wurden allerdings auch besondere regelmäßige oder außerordentliche Leistungen für das Gemeinwohl, die so genannten Leiturgien (λειτουργίαι) erwartet. Schließlich führte *Solon* eine neue Gesetzeskodifikation durch. Bis zum Ende der Demokratie blieben die „solonischen Gesetze" die rechtliche Grundlage der athenischen Gesellschaft.[109]

Letzten Endes konnte *Solons* Reformwerk, das beiden Seiten Zugeständnisse abfordern musste, die Krise nicht lösen. In der Folgezeit spaltete sich die Bevölkerung in verschiedene rivalisierende Gruppen, aus deren sozialen Auseinandersetzungen schließlich die **Tyrannis**[110] des Adligen *Peisistratos* hervorging. Von zwei Exilaufenthalten unterbrochen, herrschte *Peisistratos* von 561 bis 527 über Attika, gefolgt von seinem Sohn *Hippias* (bis 510/09). Die solonische Verfassung ließ er dabei formell unangetastet und stützte seine Herrschaft auf eine Söldnertruppe und Teile der Bevölkerung, die er (wohl meist zu Lasten

[105] Zahlreiche Einzelheiten seiner Neuerungen sind heute unklar und umstritten; andere Maßnahmen sind erst von der späteren Überlieferung *Solon* zugeschrieben worden.

[106] Vgl. Austin, M., Vidal-Naquet, P. (1984), S. 191f. mit Solon fr. 23 und fr. 34 Diehl. Antike Quellen werden nach in der althistorischen Forschung gebräuchlichen Schreibweisen zitiert. Vgl. Abkürzungsverzeichnis S. 174.

[107] Vgl. Bleicken, J. (1994), S. 22f.

[108] Bis *Perikles* einschließlich, also bis ins 5. Jahrhundert hinein, standen nur Adlige an der Spitze Athens. Vgl. Brockmeyer, N. (1974), S. 35.

[109] In den Jahren 410–399 kam es zu einer Revision, als die Gesetze erneut schriftlich festgehalten wurden. Vgl. Hansen, M. H., Die Athenische Demokratie im Zeitalter des Demosthenes. Struktur, Prinzipien und Selbstverständnis, Berlin 1995, S. 30.

[110] Die nicht auf gesetzmäßigem Wege entstandene Alleinherrschaft; eine Erscheinung, die seit Mitte des 7. Jahrhunderts schon in anderen Poleis aufgetreten war und bis in die Zeit des Hellenismus im 4. Jahrhundert eine Herrschaftsform blieb.

der Adelsmacht) wirtschaftlich förderte. Mit der Förderung der Künste und Kulte und reger Bautätigkeit des *Peisistratos* und seiner Söhne, z. B. durch Bauten am athenischen Hafen Piräus, erlebte Athen einen kulturellen und wirtschaftlichen Aufschwung.[111] Zur Finanzierung der Tyrannenherrschaft wurde der Bodenertrag besteuert.

Möglicherweise erhielt Attika erst unter den Peisistratiden eine eigene, auf die reichen Silbervorkommen im attischen Laureion gestützte Münzverfassung.[112] Das sich im Laufe des 6. Jahrhunderts langsam neben und anstelle der Naturalwirtschaft etablierende Münzwesen erhöhte die Wirtschaftsstabilität des städtischen Handwerks und der Bauern, denen sich verstärkt die Möglichkeit bot, ihre Überschussproduktion durch Handel auf der Agora zu verwerten.

Die Einführung eigener Münzverfassungen in den meisten Poleis kann man in einer gewissen Parallelität zur Kodifizierung des Rechts sehen, nämlich als Ausdruck der Festigung der gesellschaftlichen Beziehungen und allgemein anerkannter Normen innerhalb der Polis. Nach außen dagegen demonstrierte die Polis mit der Prägung eigenen Münzgeldes ihre politische Eigenständigkeit. Insofern ist der Aufstieg des Geldwesens auch im Zusammenhang mit dem Aufstieg der Polis und des sie formenden Gemeinschaftsbewusstseins zu sehen.[113]

Die Anfänge der Demokratie

Nach der Vertreibung des *Hippias* im Jahr 510/9 konnte sich schließlich der adlige ***Kleisthenes*** an die Spitze des Staates setzen. Mit der vollkommenen Neugliederung der vier alten attischen Stammesverbände (**Phylen**) in zehn neue, rein territorial definierte Phylen bezweckte er eine Schwächung der auf den alten Personalverbänden beruhenden Macht der Adelsgeschlechter.[114] Die neu gebildeten Phylen besaßen kein zusammenhängendes Stammesgebiet, sondern bestanden jeweils aus drei „Dritteln" (Trittyen), von denen jedes Drittel (Trittys) einem der drei großen Landschaftsbereiche, nämlich der Stadt (Asty), dem Binnenland (Mesogeion) und der Küste (Paralia), angehörte. Die kleinste geographische und politische Organisationseinheit der Polis blieb der **Demos**, die gewachsene örtliche Gemeinde unterschiedlicher Größe. *Kleisthenes* definierte wahrscheinlich 139 Demen, die auf die 30 Trittyen Attikas aufgeteilt wurden.[115]

Jede der zehn Phylen stellte 50 Vertreter für den von *Kleisthenes* neu geschaffenen Rat der Fünfhundert, der neben der Volksversammlung und den

---

[111] Vgl. Bleicken, J. (1994), S. 29f.
[112] Vgl. ebenda, S. 20f. und S. 32.
[113] Vgl. Austin, M., Vidal-Naquet, P. (1984), S. 47.
[114] Vgl. Bleicken, J. (1994), S. 39.
[115] Vgl. Hansen, M. H. (1995), S. 46f.

Gerichtshöfen, deren Ursprungszeit unsicher ist, zu einem der wichtigsten Organe der Demokratie wurde (s. u.). Auch die Heeresorganisation wurde der Phyleneinteilung angepasst. Jede Phyle stellte ein Hoplitenkontingent mit einem Strategen (στρατηγός = Feldherr) an der Spitze. Das Kollegium der zehn Strategen wurde jährlich von der Volksversammlung gewählt.[116]

Mit dieser komplizierten Neuordnung war das attische Gemeinwesen auf eine völlig neue Grundlage gestellt. Die weitreichenden Konsequenzen seiner Reformen, die in erster Linie politische Kampfmaßnahmen um Anhang und Einfluss waren, konnte *Kleisthenes* nicht voraussehen.[117] Durch die territoriale Mischung der Phylenangehörigen wurden personale Abhängigkeiten ebenso erschwert wie die Formierung etwaiger geographisch bedingter wirtschaftlicher Sonderinteressen.[118] Gleichzeitig entstand unter den Athenern eine neue Zusammengehörigkeit und Gleichartigkeit. Um den einst selbstverständlichen Anspruch auf politischen Einfluss geltend zu machen, musste der adlige Herr nun vor die Öffentlichkeit treten und eine Gefolgschaft erringen, die ihm früher aufgrund adliger Beziehungen gesicherter war.[119]

Um die Ordnung gegen eine zu große Machtfülle einzelner politischer Führer zu schützen, soll *Kleisthenes* auch das berühmte Scherbengericht (ὀστρακισμός) eingeführt haben. Einmal jährlich konnte das Volk ein solches Verfahren beschließen, in welchem es dann durch Abstimmung mittels Tonscherben über die Verbannung politisch zu einflussreicher Bürger entschied. Entfiel auf eine Person die Mehrzahl der Stimmen aus einem Mindestquorum von 6.000 abgegebenen Scherben, so hatte diese ohne Verlust des Bürgerrechts oder des Vermögens Attika für zehn Jahre zu verlassen.[120]

In der Zeit zwischen den beiden Perserinvasionen der Jahre 490 und 480/479 (vgl. Zeittafel, S. 169) erfolgte eine weitere wichtige Verfassungsreform (487/6), welche die Machtposition der neun Archonten abwertete. Ihre Ämter wurden nun nicht mehr durch Wahl, sondern durch Auslosung unter in den Demen vorgewählten Kandidaten vergeben. Das neue Gesetz zielte auch darauf, die Position des **Areopags**, des alten Adelsrats und -gerichtshofs zu schwächen, der sich aus den ehemaligen Archonten zusammensetzte.[121]

---

[116] Vgl. Bleicken, J. (1994), S. 38. Das Strategenamt entwickelte sich in der Folgezeit zu einer dem Archontat überlegenen Machtposition.

[117] Vgl. Schaefer, H., Besonderheit und Begriff der attischen Demokratie im 5. Jahrhundert, in: E. Salin (Hrsg.), Synopsis. Alfred Weber 30.VII.1868–30.VII.1948, Heidelberg 1948, S. 484-486.

[118] Vgl. Bleicken, J. (1994), S. 37.

[119] Vgl. Schaefer, H. (1948), S. 487.

[120] Der Ostrakismos ist im Verlauf des 5. Jahrhunderts etwa fünfzehn Mal zur Anwendung gekommen. Vgl. Bleicken, J. (1994), S. 40f.; Hansen, M. H. (1995), S. 34f.

[121] Vgl. Bleicken, J. (1994), S. 41; Schaefer, H. (1948), S. 493.

Vor allem über den von *Themistokles* durchgesetzten Flottenbau seit 483/2 wirkte die latente Persergefahr auch auf die innenpolitische Situation Athens. Athen stieg in Kürze von einer Landmacht zur stärksten Seemacht Griechenlands auf und trug mit der siegreichen Seeschlacht von Salamis (480) entscheidend zum Sieg der vereinigten Griechen über die Perser bei. Die für den Bau und die Bemannung der zahlreichen Kriegsschiffe unentbehrliche unterste Bürgerklasse der Theten (von ϑής = Tagelöhner, Knecht) hatte dabei einen entscheidenden Beitrag zur Behauptung der Polis gegen das Perserreich geleistet.[122]

Die Pentekontaëtie

Mit den Siegen über die Perser im Jahre 479, die auch zur Befreiung der kleinasiatischen Griechen führten, setzte in Athen die später so genannte Pentekontaëtie (von πεντηκονταέτις = fünfzigjährig) ein, die Periode der „fünfzig glücklichen Jahre" bis zum Ausbruch des Peloponnesischen Krieges im Jahr 431. In diesem Zeitraum wurde die Polisdemokratie Attikas vollständig ausgebildet.

Gleichzeitig erhob sich Athen zum Mittelpunkt des griechischen Geisteslebens. Die politische und geistige Freiheit dieser Zeit führte die griechische Kunst und Architektur zu ihrer höchsten Entfaltung, der so genannten Hochklassik. Das klassische Athen zog aus allen Teilen der griechischen Welt die fähigsten Künstler und Denker an, unter ihnen die so genannten Sophisten (σοφιστής = Weisheitslehrer).[123] Athen wurde in vielem Vorläufer und Vorbild; stolz rühmte es sich als „Schule von Hellas" (παίδευσις Ἑλλάδος).[124]

Die wichtigste Grundlage für diesen Aufschwung war die Gründung des **Delisch-Attischen Seebundes** (478–404) unter der Führung Athens. Ursprünglich als Schutzbündnis für die Griechenstädte Kleinasiens und der Ägäis gegen Persien entstanden, entwickelte sich der Seebund, der schließlich gegen 200 Poleis umfasste, zur wichtigsten Stütze der athenischen Vormachtstellung (neben der Landmacht Sparta) in Griechenland. Bis auf einige Ausnahmen wurde die Bereitstellung eigener Schiffe und Kontingente der Bundesgenossen allmählich durch Geldzahlungen ersetzt, so dass ein Großteil des Seekriegsdiensts von den athenischen Bürgern getragen wurde.

Besonders nach Beendigung der militärischen Unternehmungen gegen die Perser (durch den „Kallias-Frieden" 449) gestaltete Athen den Bund mit unnachgiebiger Härte zu einer Herrschaft über die Bündner um, in deren Innenpo-

---

[122] Vgl. Brockmeyer, N. (1974), S. 43.

[123] Vgl. Freund, W. (1972), S. 21. Die Sophisten waren wandernde Gelehrte, die für eine berufsmäßige philosophische Unterweisung bezahlt wurden. Zu dieser Zeit trat auch der Mensch in den Mittelpunkt der philosophischen Betrachtung, wie dort zuvor das Prinzip des Seienden und die Natur gestanden hatten.

[124] Thuk. II, 41.

litik es eingriff und deren Bundesbeiträge es zunehmend für eigene Zwecke verwandte. Der bekannteste Fall ist die durch die Beiträge der Verbündeten ermöglichte Bautätigkeit auf der von den Persern 480 zerstörten Akropolis. Die dortigen Bauten, insbesondere der Tempel der Stadtgöttin Athene (der Parthenon, Bauzeit 447–438), stellen den Höhepunkt der klassischen Architektur dar.[125]

Poleis, die sich aus dem Bund zu lösen versuchten, wurden mit Gewalt wieder unter die Botmäßigkeit Athens gezwungen. Schließlich ging Athen dazu über, von solchen zeitweilig abgefallenen Bundesstädten einen Teil ihres Bodens einzuziehen und ihn an (meist ärmere) Athener, die so genannten Kleruchen (von κλῆρος = Landlos und ἔχειν = innehaben) zu verteilen. Diese Bürgerkolonien (**Kleruchien**) auf dem abgetretenen oder eroberten Territorium anderer Poleis erfüllten damit den gleichen sozialen Zweck wie die griechische Kolonisation, mit dem Unterschied, dass die Kleruchen attische Bürger blieben und die Kleruchien auch als militärische Stützpunkte genutzt wurden. Um 430 sollen etwa 10.000 Athener durch die Kleruchien versorgt worden sein.[126]

Auch im Inneren Griechenlands war die Pentekontaëtie durchaus keine Periode des Friedens. Das aufstrebende Athen bewegte sich unweigerlich in einen zunehmenden Gegensatz zum archaischen Kriegerstaat Sparta, das einen lockeren Zusammenschluss der meisten Städte und Landschaften auf der Peloponnes, den peloponnesischen Bund, anführte. Seit etwa 460 führten die Spannungen wiederholt zu militärischen Zusammenstößen.

Die Blütezeit der Pentekontaëtie ist eng mit der Person des ***Perikles*** verbunden, der seit 461 die Politik Athens bestimmte. *Perikles* nutzte seine unbestrittene Autorität beim Volk, das ihn Jahr für Jahr zum Strategen wählte, zur Weiterführung einer vor ihm begonnenen Verfassungsreform, die zur „radikalen" Demokratie führte. Der Areopag, dessen Machtumfang bis zu dieser Zeit nicht ganz geklärt ist, wurde entmachtet. Er verlor seine umfassenden Kontrollbefugnisse und die meisten richterlichen Kompetenzen an die Geschworenengerichte, die Volksversammlung und den Rat der Fünfhundert, der zur eigentlichen Regierungsbehörde wurde.[127]

---

[125] *Plutarch* berichtet 500 Jahre später, *Perikles* habe mit seinen großen Bauvorhaben die Beschäftigung heben und die Gewerbe beleben wollen, um auch den nicht am Kriegsdienst beteiligten Athenern Einkünfte aus dem Bundesschatz zu verschaffen (Plut. Perikles 12). Inwieweit solche Überlegungen tatsächlich wirksam waren, ist nicht zu entscheiden.

[126] Vgl. Bleicken, J. (1994), S. 320f. Unter Umständen wurde von den Kleruchen gar nicht erwartet, dass sie selbst auf ihrem auswärtigen Besitz siedelten, so dass manche von ihnen als Landrentner in Attika blieben. Vgl. Jones, A. H. M., Athenian Democracy, Oxford [5]1986, S. 175f.; Schmitz, W., Wirtschaftliche Prosperität, soziale Integration und die Seebundpolitik Athens, München 1988, S. 114f.

[127] Vgl. Bleicken, J. (1994), S. 44f. Zu den Funktionen der demokratischen Institutionen s. Abschnitt 2.2.2.

Zu einem grundlegenden Wesenszug der „radikalen" Demokratie wurde die jährliche **Auslosung** der Ratsherren, Geschworenenrichter und der meisten Beamtenstellen, wodurch Klientelwesen und Korruption ausgeschlossen werden sollten. Lediglich militärische Ämter und einige spezialisierte Beamtenstellen wurden weiter durch Wahl bestimmt.[128]

Mit diesen Neuerungen hatte sich die Polis Athen zum selbstbestimmten Personalverband entwickelt, dessen Existenz auf persönliche Freiheit und Bürgerpflicht gegründet war. Zu verantwortlichen Trägern und Teilhabern dieses Personalverbands wurden vollends sämtliche erwachsenen Athener, die so genannten **Politen** (πολίτης = Bürger), die sich von den übrigen Bewohnern Attikas durch ihre – für jeden gleichen – politischen Rechte und das ausschließliche Recht auf Grundeigentum unterschieden.

Die damit verwirklichte „Volksherrschaft" (δημοκρατία) war also die Herrschaft der Inhaber des Bürgerrechts in der Polis, von der Frauen, ortsansässige Fremde (die so genannten Metöken, von μέτοικος = Mitwohner) und Sklaven selbstverständlich ausgeschlossen waren. Auch war die Demokratie, in welcher die letzte Entscheidungsgewalt bei der Versammlung aller Bürger lag, nur für den überschaubaren Rahmen der Polis gedacht und denkbar.

Als Konsequenz aus der intensiven Einbindung aller Athener in die Geschäfte der Polisinstitutionen begann *Perikles*, die Bürger für ihre politische Aktivität zu bezahlen, zunächst für die Teilnahme an den Gerichten und später auch für das Ratsherrenamt und sonstige Beamtenstellen.[129] Die verschiedenen Auszahlungen der Polis bewirkten eine bis dahin ungekannte Ausweitung des Geldumlaufs und der Geldwirtschaft.[130]

Gleichzeitig mit diesen Zuwendungen wurde das Bürgerrecht exklusiver, indem es seit 451/0 nur noch diejenigen erhalten sollten, deren beide Elternteile Athener waren.[131]

Seit dieser Umgestaltung blieb die Verfassung Athens, von den kurzlebigen Umstürzen in den Jahren 411/410 und 404/403 (s. u.) abgesehen, bis zum Ende der Demokratie im Jahr 322 in ihren wesentlichen Zügen unverändert.

---

[128] *Hansen* schätzt etwa 700 Beamtenstellen im klassischen Athen, darunter etwa 100 Wahlämter. Vgl. Hansen, M. H. (1995), S. 239f.

[129] Ab etwa 400 wurde schließlich auch für den Besuch der Volksversammlung ein Tagegeld gezahlt. Siehe Abschnitt 3.2.1.

[130] Vgl. Spahn, P., Wirtschaft II: Antike, in: Geschichtliche Grundbegriffe, Band 7, Stuttgart 1992, S. 519.

[131] Vgl. Hansen, M. H. (1995), S. 38.

2.1.2 Die Krise der Polis

Der Peloponnesische Krieg

Der Ausbruch des Peloponnesischen Krieges zwischen Athen und Sparta mit ihren Verbündeten im Jahr 431 markiert den Beginn des Niedergangs der athenischen Polis. In den Jahren der Pentekontaëtie hatte Athen den Höhepunkt seiner Macht und seines wirtschaftlichen Wohlstands erreicht. Für fast ein ganzes Jahrhundert darauf erlebte die griechische Welt fast ununterbrochen große kriegerische Auseinandersetzungen, die an der Lebenskraft der Polis und ihrer Institutionen zehrten.

Die Ursache des Peloponnesischen Krieges (431–404) war die Rivalität zwischen dem demokratisch geführten Athen mit seinen ausgreifenden Herrschaftsinteressen und dem oligarchisch gesinnten, auf stabile Machtverhältnisse bedachten Sparta. Wenn auch der Ausschluss Megaras von den Märkten des athenischen Machtbereichs den letzten Anlass zum Kriegsausbruch gab, spielten dabei wirtschaftliche Interessen, wenn überhaupt, nur eine untergeordnete Rolle.[132]

Der Kriegsverlauf teilt sich in drei Abschnitte. Der erste, der so genannte Archidamische Krieg[133], war eine Reihe wenig zusammenhängender Unternehmungen des überlegenen peloponnesischen Landheeres und, im Gegenzug, der überlegenen Flotte Athens. Da die Bevölkerung Attikas gemäß der Strategie des *Perikles* vor den spartanischen Einfällen und Verwüstungen in die Mauern Athens flüchtete, gewann die Agora als geldwirtschaftliches Versorgungsinstrument sprunghaft an Bedeutung.[134] 430 brach unter der in der Stadt konzentrierten Bevölkerung eine verheerende Pest- oder Typhusepidemie aus, der wohl auch *Perikles* zum Opfer fiel.

Auf den 421 abgeschlossenen unsicheren Nikiasfrieden[135] folgte eine Phase hektischer Bündnisdiplomatie, die zu rasch wechselnden Koalitionen und schließlich erneut zum offenen Ausbruch der Feindseligkeiten führte.

Den zweiten Abschnitt des Krieges bildet die so genannte Sizilische Expedition (415–413). Besonders auf Betreiben des jungen Strategen *Alkibiades* wagten die Athener mit ungeheurem Aufwand den Angriff auf das mächtige Syrakus, um ihren Machtbereich auf die reichen westgriechischen Poleis auszuweiten, und wohl auch um eine Hand auf diese Kornkammer legen zu können.

---

[132] Vgl. Austin, M., Vidal-Naquet, P. (1984), S. 91f.

[133] Nach *Archidamos II.*, einem der beiden Könige Spartas und Oberbefehlshaber des Peloponnesischen Bundes.

[134] Vgl. Spahn, P. (1992), S. 518.

[135] Nach dem athenischen Strategen und Politiker *Nikias*.

[136] Vgl. Bleicken, J. (1994), S. 75.

Das Unternehmen endete in einer Katastrophe. Nach dem Rat des inzwischen zu den Spartanern geflüchteten *Alkibiades* hatten diese unterdessen den befestigten Ort Dekeleia im Norden Attikas besetzt, von wo aus sie Athen ständig bedrohen und den landwirtschaftlichen Anbau durch Verwüstung der Felder lahm legen konnten („Dekeleischer Krieg“).

Im entscheidend geschwächten Athen kam es 411 zu einem vorübergehenden oligarchischen Umsturz. Die 410 wiederhergestellte Demokratie führte den Krieg mit ungeheurem Opferwillen gegen eine wachsende Zahl von Gegnern weiter. Sparta gelang es erst mit Hilfe persischer Gelder – für die es die Herrschaft Persiens über die kleinasiatischen Griechen anerkannte – Athen niederzuwerfen. Der Attische Seebund wurde aufgelöst, womit die Athener ihre letzten Kleruchien verloren, und die Mauern Athens wurden geschleift (404). Unter dem Druck der Niederlage brach auch die Demokratie zusammen, und mit Unterstützung der Spartaner wurde eine gesetzgebende Kommission von dreißig Oligarchen eingesetzt, aus der bald die Terrorherrschaft der „Dreißig Tyrannen“ hervorging. Der folgende Bürgerkrieg wurde auf Druck Spartas mit einer Amnestie beendet, worauf die demokratische Ordnung wieder eingeführt werden konnte (403). Eine der anschließenden Neuerungen war eine Reform des Gesetzgebungsverfahrens (s. Abschnitt 2.2.2), die überraschende Umschwünge vermeiden sollte.[136]

In Griechenland[137] folgte eine von weiteren Konflikten geprägte Periode der Hegemonie Spartas (404–371), das sein starres und verschlossenes System jedoch den neuen Anforderungen nicht anpassen konnte und einen raschen Niedergang erlebte. Nur in der Anlehnung an Persien konnte es seine Vormachtstellung im so genannten „Königsfrieden“ von 386 behaupten.

Athen gelang es unterdessen, seine Position durch Rückgewinnung einiger Inseln und schließlich durch Gründung eines „Zweiten Athenischen Seebundes“ (377–338) wieder zu stärken. Der neue Bund, der ausdrücklich die Unabhängigkeit seiner Mitglieder anerkannte, konnte jedoch mit bis zu 70 Mitgliedern die Bedeutung des alten Bündnisses niemals erreichen.

Nach der Schlacht bei Leuktra 371 folgte schließlich Theben für ein Jahrzehnt Sparta, dessen peloponnesisches Bündnissystem zusammenbrach, in der Rolle der führenden Macht Griechenlands. In einer Welle blutiger demokratischer Revolutionen wurden vielerorts die von Sparta unterstützten Oligarchien gestürzt. Doch auch Theben erwies sich als zu schwach, über den sich im Kampf aller gegen alle verzehrenden Poleis ein neues Ordnungsgefüge zu errichten. Die letztlich unentschiedene Schlacht bei Mantineia 362 ließ ein neues Machtvakuum entstehen.

---

[137] Vgl. zum Folgenden etwa Bleicken, J. (1994), S. 74-82, und Austin, M., Vidal-Naquet, P. (1984), S. 108-111.

Athen selbst wurde nach dem Gewinn weiterer wichtiger Positionen durch den Abfall bedeutender Verbündeter und durch den vergeblichen Versuch, diese im „Bundesgenossenkrieg“ von 357–355 wieder in den Seebund zu zwingen, erneut erheblich geschwächt. Nach zunächst gemäßigter Beitragspolitik waren die Athener auch hier wieder auf die alten Herrschafts- und Tributziele verfallen.[138]

Die fortgesetzten kriegerischen Auseinandersetzungen und inneren Krisen des 4. Jahrhunderts ließen das **Söldnerwesen** in Griechenland sprunghaft zunehmen. Tausende von Griechen sahen im Söldnerdienst die einzige Möglichkeit zu sozialem Aufstieg. Für viele war darüber hinaus das Heer selbst zu einer Art Polisgemeinschaft geworden, die eine stärkere bindende Kraft als manches zerrüttete Staatswesen ausübte.[139] So stärkte das Söldnerwesen nicht nur die Neigung der Politen, sich den militärischen Bürgerpflichten zu entziehen, sondern förderte vielfach auch die Auflösung der persönlichen Bindungen an die Polis.

Dem Gedanken der Polisgemeinschaft scheint im 4. Jahrhundert verstärkt eine individualistische Grundhaltung gegenübergetreten zu sein, die übergeordnete Bindungen ablehnte. Charakteristisch hierfür sind auch Neuerungen im attischen Drama und der Kunst. Die Komödie wandte sich ganz von politischen Themen ab und der privaten Sphäre zu. Auch die Plastik gab allmählich die Darstellung allgemeingültiger Idealbilder auf und strebte nach der Erfassung der individuellen Besonderheit.[140]

Aus den kriegerischen Auseinandersetzungen der Mitte des 4. Jahrhunderts ging schließlich der nordwestgriechische Stammesstaat Makedonien unter der Führung *Philipps II.* als stärkste Macht der griechischen Welt hervor. Gegen die Bedrohung der griechischen Staaten durch die Makedonen, die nicht eigentlich zu den Griechen gezählt wurden, wandte sich vor allem der athenische Redner *Demosthenes* (384–322). Die Niederlage Athens und Thebens gegen *Philipp* bei Chaironeia im Jahr 338 bedeutete den Sieg des monarchischen Flächenstaats über die Polis. Mit Ausnahme Spartas wurden die griechischen Poleis in der Folge zu einem panhellenischen Bund unter der Vormacht Makedoniens zusammengeschlossen. Ihre Autonomie blieb fortan weitgehend auf die lokale Selbstverwaltung beschränkt.

Im Frühjahr 334 begann der Feldzug von *Philipps* Sohn und Nachfolger *Alexander* gegen das Perserreich, der das hellenistische Zeitalter einleitete. Während der Jahre des Alexanderzugs konnte Athen unter der Führung *Lykurgs* noch

---

[138] Vgl. Andreades, A., Geschichte der griechischen Staatswirtschaft. Von der Heroenzeit bis zur Schlacht bei Chaironeia, Hildesheim 1965 (Nachdruck der Ausgabe München 1931), S. 332-334.
[139] Vgl. Austin, M., Vidal-Naquet, P. (1984), S. 112f.
[140] Vgl. Freund, W. (1972), S. 28; Bleicken, J. (1994), S. 404f.

einmal seine innere Lage stabilisieren. Die Flotte wuchs sogar bis auf eine nie da gewesene Stärke. Nach *Alexanders* Tod 323 wagten die Athener nochmals einen Aufstand gegen die Makedonenherrschaft. Als dieser im Jahr 322 scheiterte, musste die Demokratie einer Makedonien-freundlichen Oligarchie weichen.

2.2 Das gesellschaftliche Leben

2.2.1 Das Sozialgefüge

Schätzungen über die **Bevölkerungszahlen** des klassischen Attika sind wegen der nur spärlich überlieferten Einzelangaben mit großen Unsicherheiten behaftet. Die meisten Schätzungen gehen für die Zeit vor dem Peloponnesischen Krieg, in der die attische Bevölkerungszahl ihren Höhepunkt erreicht hatte, von 30.000 bis 50.000 wehrfähigen Bürgern aus. Die Zahl der Metöken wird meist zwischen 8.000 und 12.000 Personen angesetzt. Über die Anzahl der Sklaven besteht die größte Unsicherheit; neuere Schätzungen gehen von 80.000 bis 120.000 Sklaven in der Blütezeit Athens aus. Bei Einbeziehung von Frauen und Kindern mag die Gesamtzahl der Bevölkerung in der Mitte des 5. Jahrhunderts um die 300.000 Menschen betragen haben. Bis zum Ende des Peloponnesischen Krieges dürfte sie bis auf die Hälfte zurückgegangen sein, um dann im Verlauf des 4. Jahrhunderts wieder anzusteigen.[141]

Die Politen

Durch die sukzessive Angleichung der Rechte im Zuge der vollen Ausbildung der Demokratie unter *Perikles* waren die alten solonischen Einkommensklassen standesrechtlich belanglos geworden, so dass man sie zuletzt weithin ignorieren konnte.[142] Die Isonomie, die politische Gleichberechtigung, welche das Bürgerrecht versprach, war fortan das politische Band des herrschenden Bürgerstandes.

Mit der Erweiterung der Rechte und Verantwortlichkeiten trug das Bürgerrecht durchaus den Charakter einer starken gemeinsamen Verpflichtung. Der Staatsbürger, der nicht aktiv an den politischen Angelegenheiten teilnahm, galt

---

[141] Vgl. Bleicken, J. (1994), S. 84f. Diese Zahlen sind das Ergebnis verschiedener Kombinationen und Annahmen; zu den Problemen der Bevölkerungsschätzung Attikas vgl. Andreades, A. (1965), S. 303-310.

[142] Vgl. Lauffer, S., Die Bedeutung des Standesunterschiedes im klassischen Athen, in: Historische Zeitschrift, Bd. 185, München 1958, S. 501. Lediglich der Zugang der Theten zum Archontat blieb gesetzlich ausgeschlossen, doch in der Praxis verlor auch diese Vorschrift schließlich ihre Gültigkeit. Vgl. Austin, M., Vidal-Naquet, P. (1984), S. 78.

in gewissem Sinne als unnütz.[143] Diese Einstellung entsprach der Erkenntnis, dass das Freisein von Zwang einer kollektiven Bereitschaft zu freiwilliger Pflichterfüllung bedurfte.

Die Politen unterlagen keiner regelmäßigen direkten Steuer; die Leiturgien waren jedoch von einer freiwilligen Leistung zu einer verpflichtenden Institution für Athener mit einem Vermögen ab etwa drei Talenten (s. Anhang, S. 170) oder mehr[144] geworden. Eine außerordentliche direkte Vermögenssteuer war die in den ersten Jahren des Peloponnesischen Krieges eingeführte Eisphora (εἰσφορά), eine unregelmäßige Abgabe zur Deckung von Kriegskosten, die ebenfalls auf die wohlhabenderen Athener umgelegt wurde.[145]

In materieller Hinsicht waren die Bürger durch die Gemeinsamkeit des privaten Grundeigentums, die Beherrschung von Sklaven und die Auszahlungen der Polis miteinander verbunden.[146] Die gemeinsamen Kulte, Wettkämpfe, Theateraufführungen und die Ehrungen der Polis waren weitere Elemente, die eine spezifische „**politische Identität**" der attischen Bürgerschaft im engsten Wortsinne formten, nämlich eine Zugehörigkeit zur „politischen Klasse" der Bürger (πολῖται).[147] Zu dieser politischen Identität gehörte auch, wie später noch deutlich wird, eine verbreitete Geringschätzung abhängiger Arbeit und wirtschaftlicher Tätigkeit überhaupt.

Das ausschließliche Privileg der Politen, Land in Attika zu erwerben und zu übertragen, stellte die wesentlichste wirtschaftliche Abgrenzung zu den nichtbürgerlichen Ständen dar. Das Bürgerrecht war jedoch nicht an Grundeigentum gebunden, und es gab unter den Theten auch attische Bürger ohne Land. *Audring* konstatiert einen tiefen kulturellen Gegensatz zwischen der politisch und teilweise ökonomisch aufstrebenden Stadtbevölkerung und der in agrarischen Traditionen verharrenden attischen Landbevölkerung.[148]

In jedem Fall bestanden erhebliche soziale Unterschiede innerhalb der Bürgerschaft. Insgesamt kann man aber von einer verhältnismäßig breiten **Vermögensverteilung** unter den Politen ausgehen. Die Masse der Bürger bestand aus kleinen Landbesitzern, doch auch diejenigen ohne Land fanden offenbar meist

---

[143] Vgl. Lauffer, S. (1958), S. 501; Thuk. II, 40.

[144] Vgl. hierzu Davies, J. K., Athenian Propertied Families 600-300 B.C., Oxford 1971, S. XXIV.

[145] Vgl. Andreades, A. (1965), S. 348-352.

[146] Vgl. Bürgin, A. (1996), S. 35.

[147] Vgl. Meier, C., Die politische Identität der Griechen, in: O. Marquard, K. Stierle (Hrsg.), Identität, München 1979, S. 391; Bürgin, A. (1996), S. 81f.

[148] Vgl. Audring, G., Zur wirtschaftlichen und sozialen Lage der attischen Bauern im ausgehenden 5. und im 4. Jahrhundert v.u.Z., in: Jahrbuch für Wirtschaftsgeschichte, Sonderband: Studien zur athenischen Sozialstruktur und römischen Wirtschaftspolitik in Kleinasien, Berlin 1977, S. 48-51.

ein Auskommen.[149] Eine bedeutende Gruppe von Bürgern konnte hingegen als wohlhabend gelten. Im Jahr 357/6 wurden 1.200 Athener in der Liste für eine bestimmte Leiturgie erfasst;[150] diese Personen wiesen folglich ein Vermögen ab etwa drei Talenten auf. Unter diesen gab es etwa 300 Männer, die ein Vermögen von über zehn Talenten – einige davon erheblich mehr – besaßen und als reich galten. Unterhalb dieser Gruppe stand eine breite Mittelschicht von schätzungsweise 8.000 Athenern, die mindestens 20 Minen, also $^{1}/_{3}$ Talent, aufweisen konnten, was in etwa einem bescheidenen Haus und Landstück ab zwei bis drei ha entsprach.[151]

Demnach scheint der größte Teil der Politen unter den Bedingungen der Demokratie relativ gut situiert gewesen zu sein.

Die Metöken

Die Metöken waren in Attika beständig ansässige Fremde, meist ihrer Herkunft nach Bürger anderer griechischer Poleis. Sie waren von der Teilnahme am politischen Leben ausgeschlossen. Ihre besondere Rechtsstellung zeigte sich deutlich an den verschiedenen Verpflichtungen, die sie als Nichtbürger zu tragen hatten. Die wichtigste Abgabe war das Metoikion (μετοίκιον), eine Kopfsteuer, die einen wesentlichen Anteil der ordentlichen Einkünfte Athens ausmachte. Wer die Steuer nicht entrichtete, konnte als Sklave verkauft werden.[152] Außerdem hatten sich wohlhabende Metöken ebenso wie Bürger an den Leiturgien und der Eisphora zu beteiligen, und Metöken konnten auch zum Kriegsdienst herangezogen werden.[153] Jeder Metöke musste sich schließlich einen Patron (προστάτης = „Vorsteher“) suchen, d. h. einen athenischen Bürger, der es übernahm, vor Gericht für ihn einzutreten.[154]

Neben ihrem nicht unerheblichen Beitrag zum Steueraufkommen, dem keine direkten Zuwendungen gegenüberstanden, hatte die Gruppe der Metöken eine entscheidende Bedeutung für das **Wirtschaftsleben** der Polis. Der Umstand, dass sie keinen Grund und Boden in Attika erwerben durften, lenkte die wirtschaftliche Betätigung der Metöken nämlich in alle Bereiche, die nicht direkt mit Landwirtschaft zu tun hatten. In der Mehrzahl waren Metöken als Handwer-

---

[149] Vgl. Bleicken, J. (1994), S. 113. Zu den verschiedenen Feldern der bürgerlichen Erwerbstätigkeit s. Abschnitt 2.2.3.

[150] Vgl. Jones, A. H. M. (1986), S. 83 mit Demosth. 14, 16-17.

[151] Vgl. Bleicken, J. (1994), S. 113; Casson, L., The Athenian Upper Class and New Comedy, in: Ders., Ancient Trade and Society; Detroit 1984, S. 36-38; ähnlich Jones, A. H. M. (1986), S. 83f. Eine Volkszählung im späten 4. Jahrhundert soll etwa 21.000 athenische Bürger ergeben haben. Vgl. Andreades, A. (1965), S. 304 mit Athenaios VI, 272c.

[152] Vgl. Andreades, A. (1965), S. 296.

[153] Vgl. Bleicken, J. (1994), S. 87f.

[154] Die genaue Rolle des Patrons ist jedoch unklar. Ansonsten waren Metöken gerichtlich ähnlich wie Bürger gestellt. Vgl. Austin, M., Vidal-Naquet, P. (1984), S. 80.

ker und Händler aller Art tätig.[155] Den Politen war die Wichtigkeit der Metöken für die Existenz ihrer Polis bewusst. Der deutlichste Beleg hierfür sind die Maßnahmen, die der vielseitige Schriftsteller *Xenophon* (um 430–354) in seiner kurzen Denkschrift über die Staatseinkünfte der Athener (Πόροι) vorschlägt. *Xenophon* regt neben anderen Vorrechten auch an, den Metöken das Recht zum Erwerb von Hausgrundstücken einzuräumen, um ihren Zuzug zu fördern und damit die Einkünfte und den Nutzen der Stadt zu steigern.[156]

Der politische Unterschied zwischen Metöken und Bürgern fiel gesellschaftlich kaum ins Gewicht. Metöken konnten es oft zu großem Reichtum und hohem Ansehen bringen. Sie verkehrten mit Bürgern meist selbstverständlich in voller gesellschaftlicher Gleichberechtigung.[157] Die Verleihung des vollen Bürgerrechts durch Beschluss der Volksversammlung blieb jedoch eine seltene Ausnahme.[158]

Ihre unterschiedliche Herkunft und die ebenso wie in der Bürgerschaft bestehenden sozialen Unterschiede schlossen die Entstehung eines ausgesprochenen Standesbewusstseins der Metöken aus.[159] Das Fehlen eines Gruppen- und Identitätsbewusstseins mag erklären, warum die große Gruppe der Metöken niemals als politischer Faktor, etwa gestützt auf ihr ökonomisches Gewicht, wirksam wurde.

Die Sklaven

Im Laufe des 5. Jahrhunderts hatte die Bedeutung der Sklaverei für das Polisleben beträchtlich zugenommen. Für Politen wie Metöken musste die seit frühester Zeit existierende Ausbeutung Unfreier als selbstverständliche Grundbedingung der zivilisierten Gesellschaft erscheinen.

Die Mehrzahl der Sklaven stammte aus den durch die Kolonisation erschlossenen Randgebieten der griechischen Welt, wie Illyrer und Thraker aus dem Balkan, Skythen und Kolcher aus dem Schwarzmeergebiet sowie Bithyner, Paphlagoner, Lyder, Phryger und Karer aus dem kleinasiatischen Hinterland.[160] Es gab auch Sklaven griechischer Herkunft, teils wie die übrigen aus Kriegsgefangenschaft stammend, teils aus der Schuldknechtschaft, die in vielen griechischen Landschaften noch existierte. Neben dem Krieg, in dem die Gefangenen als Beute verkauft wurden, waren auch Seeraub und gezielte Menschenjagd

---

[155] Vgl. Austin, M., Vidal-Naquet, P. (1984), S. 81.
[156] Xen. Poroi 2, 1-7. Dieses Recht wurde tatsächlich in seltenen Einzelfällen durch Beschluss der Volksversammlung vergeben, ebenso die völlige Gleichstellung in den steuerlichen und militärischen Leistungen (ἰσοτέλεια). Vgl. Bleicken, J. (1994), S. 88.
[157] Vgl. Freund, W. (1972), S. 26.
[158] Vgl. Bleicken, J. (1994), S. 88.
[159] Vgl. Austin, M., Vidal-Naquet, P. (1984), S. 84f.
[160] Vgl. Bleicken, J. (1994), S. 94.

Quellen des Sklavenhandels. Außerdem wurden Kinder aus den häufig vorkommenden Kindesaussetzungen im Falle ihrer Aufnahme in einen Haushalt in aller Regel versklavt.[161] Ein großer Teil der Unfreien aber wurde bereits im Sklavenstand geboren und kannte die Freiheit nicht.[162]

Der einzelne Sklave stand bis auf geringfügige rechtliche Einschränkungen unter der absoluten Verfügungsgewalt seines Eigentümers. In der Regel wurde ihm als Sache (τὸ ἀνδράποδον) keine eigene Rechtspersönlichkeit zugestanden, doch gab es in Athen einen gewissen Rechtsschutz vor Misshandlung. Der Mord an einem Sklaven wurde wie der an einem Metöken mit unbeabsichtigtem Totschlag gleichgesetzt.[163]

Der Kaufpreis der Sklaven variierte je nach Alter, Geschlecht, Gesundheit, Herkunft und Fähigkeiten. Aus den aus dem 4. Jahrhundert bekannten Angaben ergibt sich ein Durchschnittspreis von 150 bis 300 Drachmen. Diese Aufwendung amortisierte sich – je nach Tätigkeit – erst nach mehreren Jahren.[164]

Bezüglich der **Aufgaben** Unfreier ist zunächst festzustellen, dass es hierin erhebliche Unterschiede gab und dass sich Sklavenarbeit oft äußerlich nicht von der Arbeit Freier unterschied. Grundsätzlich standen Sklaven als zusätzliche Arbeitskräfte neben den Freien. Der wesentlichste Unterschied lag zumeist darin, dass Sklaven in aller Regel nicht für sich selbst arbeiten konnten.[165]

Eine typische Sklaventätigkeit war allerdings die harte Arbeit in Bergwerken, in Attika vor allem in den Silberminen von Laureion, wo in großem Umfang Mietsklaven eingesetzt wurden. In größerer Zahl wurden Sklaven auch in handwerklichen Betrieben und im Handel eingesetzt, in geringerem Ausmaß auch auf größeren landwirtschaftlichen Gütern.[166] Eine oft erträglichere und angesehenere Stellung hatten die Haussklaven, die bei wohlhabenderen Familien als Verwalter, Diener, Köche, Ammen oder Erzieher dienten. Sie standen den Freien am nächsten und hatten noch die größten Aussichten auf Freilassung, die allerdings nur selten vorkam.[167]

Eine Gruppe für sich bildeten die Staatssklaven (δημόσιοι). Da fast alle Beamtenstellen auf ein Jahr begrenzt waren und nur einmal bekleidet werden durften, stellten die Staatssklaven den einzigen beständigen Teil der Polisbe-

---

161 Vgl. Brockmeyer, N. (1974), S. 50f.

162 Vgl. Bleicken, J. (1994), S. 93.

163 Dieser wurde mit Verbannung und nicht mit der Todesstrafe wie bei Mord geahndet. Vgl. Brockmeyer, N., Antike Sklaverei, Darmstadt 1979, S. 111f.; Austin, M., Vidal-Naquet, P. (1984), S. 2f.; Bleicken, J. (1994), S. 92.

164 Vgl. Lauffer, S., Die Bergwerkssklaven von Laureion, Wiesbaden ^{2}1979, S. 65 und S. 271; Brockmeyer, N. (1979), S. 108.

165 Vgl. Austin, M., Vidal-Naquet, P. (1984), S. 83.

166 Vgl. Brockmeyer, N. (1979), S. 110.

167 Vgl. Bleicken, J. (1994), S. 92.

diensteten dar und bildeten das Rückgrat der Staatsverwaltung. Sie dienten als Amtsdiener, Schreiber, Archivare, als Arbeiter bei der Münzprägung und bei öffentlichen Baumaßnahmen, oder auch als Gefängniswärter und Henker. Eine Besonderheit unter den Staatssklaven war die um 300 Mann starke Truppe, die Polizeiaufgaben wahrnahm und ausschließlich aus Skythen rekrutiert wurde.[168] Zum Kriegsdienst wurden Sklaven dagegen nur in äußerster Not herangezogen, so als Ruderer in der Endphase des Peloponnesischen Krieges.[169]

Neben der Vermietung von Sklaven hatten sich in der klassischen Zeit weitere Verwertungsformen unfreier Arbeit herausgebildet, welche die rechtlichen Grenzen des Sklavenstatus zu überschreiten schienen.

Zahlreiche athenische Sklaven waren selbstständig als Handwerker, Händler oder Lohnarbeiter tätig, wofür sie eine vereinbarte Abgabe (ἀποφορά) an ihre Herren abzuliefern hatten.[170] Offensichtlich genoss diese Gruppe eine weitgehende Unabhängigkeit und bekam für ihre Geschäfte eine (beschränkte) Geschäfts- und Vermögensfähigkeit eingeräumt. Der berühmteste Fall ist der des Sklaven *Pasion* (ca. 430–370), der im Bankgeschäft zu großem Reichtum kam, die Freilassung erhielt und schließlich sogar zum Bürger aufstieg.[171]

Die wenigen **Freigelassenen** nahmen eine Sonderstellung zwischen Sklaven und Metöken ein. Sie hatten als Fremde zwar das Metoikion zu zahlen, blieben aber meist durch umfangreiche Freilassungsbestimmungen weiter an ihren vormaligen Herren gebunden, den sie auch als Patron anzuerkennen hatten.[172] Der Freikauf Unfreier aus ausschließlich eigenen Mitteln ist für die klassische Zeit noch nicht überliefert; jedoch kam es im 4. Jahrhundert vor, dass einzelne Sklaven sich aus den Beiträgen einer ἔρανος genannten Darlehensgemeinschaft freikauften, der gegenüber sie zur zinslosen Rückzahlung des gleichnamigen Darlehens verpflichtet waren.[173]

Angesichts der unterschiedlichen räumlichen und sozialen Herkunft der Unfreien und der Verschiedenheit ihrer Tätigkeiten mit den damit verbundenen rechtlichen und sozialen Abgrenzungen kann es nicht verwundern, dass sich unter den zahlreichen Sklaven Athens kein „Klassenbewusstsein“ ausbildete. Der Sklavenstand bildete lediglich als politisch-rechtliche Kategorie eine Einheit, nicht als soziale Klasse. Damit waren wichtige Voraussetzungen für

---

168 Vgl. Bleicken, J. (1994), S. 93.

169 Vgl. ebenda, S. 92; Brockmeyer, N. (1979), S. 117.

170 Vgl. Brockmeyer, N. (1979), S. 110f. Zu den Ausbeutungsformen unfreier Arbeit s. zusammenfassend Abschnitt 3.3.3.

171 Vgl. Hopper, R. J., Handel und Industrie im klassischen Griechenland, München 1982 (Originalausgabe London 1979), S. 141. Zu den Anfängen des Bankwesens s. Abschnitt 3.1.2.

172 Vgl. Bleicken, J. (1994), S. 94f.; Brockmeyer, N. (1979), S. 130f.

173 Vgl. Millett, P., Lending and Borrowing in Ancient Athens, Cambridge, New York, Melbourne 1991, S. 153f. und S. 158 mit [Demosth.] 59, 31.

gemeinsames Handeln, wie etwa den Zusammenschluss zu politischen Forderungen oder gar organisierten Aufständen, nicht gegeben.

2.2.2 Das öffentliche Leben

Das Funktionieren der demokratischen Institutionen

Die entwickelte athenische Demokratie wurde von einem reichen Geflecht politischer Organe und Verfahrensweisen getragen, in welchem der Rat der Fünfhundert, die Volksversammlung und die Geschworenengerichte die wichtigsten exekutiven, legislativen und rechtsprechenden Funktionen wahrnahmen.

Der **Rat der Fünfhundert**[174] (βουλή) war als oberstes Kontroll- und diplomatisches Organ die eigentliche Regierungsbehörde Athens. Er setzte sich aus je fünfzig Angehörigen der zehn Phylen[175] Attikas zusammen. Die Ratsherren wurden für ein Jahr aus mindestens dreißigjährigen Kandidaten erlost, die in den Demen nominiert worden waren. Der Rat trat an jedem Arbeitstag, d. h. etwa 250 bis 290 Mal im Jahr, meist im Ratsgebäude auf der Agora zusammen. Seine Hauptaufgaben lagen in der Beaufsichtigung sämtlicher Beamtengruppen und des Militärs, der außenpolitischen Repräsentation und in der Vorbereitung der Tagesordnung für die Volksversammlung. Jeder Gegenstand der Volksversammlung wurde im Rat vorberaten, der ihr dann entweder eine Aufforderung zur Diskussion und Beschlussfassung, oder einen bereits formulierten Beschluss zur Bestätigung (προβούλευμα) vorzulegen hatte.

Für die laufenden Geschäfte wurde aus dem Rat ein geschäftsführender Ausschuss von fünfzig Ratsherren, die so genannten **Prytanen**, herausgelöst, die aus jeweils einer Phyle stammten und für den zehnten Teil des Jahres (eine Prytanie) Dienst taten.

Nach 404 erfuhr der alte Adelsrat, der **Areopag**, wieder eine Aufwertung, indem er neben der ihm verbliebenen Gerichtsbarkeit für Tötungsdelikte wieder einige Kontrollbefugnisse, etwa im sakralen Bereich und in gewissen politischen Verfahren, zurückerhielt.[176]

Die **Volksversammlung**[177] (ἐκκλησία) repräsentierte als oberstes Beschluss- und Gesetzgebungsorgan den Souverän des Staates, die Gemeinschaft der Politen. Sie stand jedem Bürger bereits mit der Vollendung des 18. Lebensjahres

---

[174] Vgl. Bleicken, J. (1994), S. 190-203; Hansen, M. H. (1995), S. 255-275.
[175] Zu den griechischen Begriffen s. gegebenenfalls das Glossar auf S. 171.
[176] Vgl. Hansen, M. H. (1995), S. 301f.
[177] Vgl. Bleicken, J. (1994), S. 161-183; Hansen, M. H. (1995), S. 128-166.

mit vollem Stimmrecht und Redefreiheit (ἰσηγορία) offen. Die Volksversammlung tagte üblicherweise auf der Pnyx, einem flach abfallenden Hügel südwestlich der Agora. Im 4. Jahrhundert waren allein vier ordentliche Sitzungen während einer Prytanie vorgeschrieben, also vierzig im Jahr.

In den Sitzungen war die Landbevölkerung Attikas wegen ihrer größeren Entfernung und der höheren Arbeitsbelastung zu manchen Jahreszeiten gegenüber der Stadtbevölkerung gewöhnlich unterrepräsentiert, insbesondere bei rasch einberufenen Versammlungen zu drängenden Entscheidungen.[178]

Die Volksversammlung entschied über sämtliche wichtigen Einzelfragen der Polis, über Krieg und Frieden, Staatsverträge und Bündnisse, die Gesetzgebung (s. u.), Wahlämter, Anklageerhebungen in politischen Fällen und Ähnliches. Obwohl jeder Bürger Anträge stellen und in der Volksversammlung sprechen konnte, konzentrierten sich die politischen Initiativen auf eine relativ kleine Gruppe einzelner Redner, welche die Politik Athens meist über einen längeren Zeitraum hinweg zu bestimmen versuchten. Diese heute so genannten **„Politiker"** vertraten keine politischen Parteien im modernen Sinne und waren nicht als Volksvertreter gewählt, wenn sie auch häufig ein Staatsamt, wie das Strategenamt oder, im 4. Jahrhundert, eine der neu geschaffenen Finanzbeamtenstellen innehatten.[179]

Die Gefahren einer geschickten Beeinflussung der direkten Volksentscheidungen durch eine auf den persönlichen Vorteil bedachte Demagogie sind dabei nicht von der Hand zu weisen. In Staatsmännern wie *Perikles* erkannte das Volk jedoch zumeist die richtigen starken Persönlichkeiten, die ihren beherrschenden Einfluss als Mehrheitsführer nicht gegen die Polis wandten. *Thukydides*[180] spricht in diesem Zusammenhang davon, dass das perikleische Athen zwar nominell eine Demokratie gewesen sei, in Wirklichkeit aber „eine Herrschaft des Ersten Mannes", der jedoch die Führung des Staates nicht den Launen des Volkes ausgeliefert habe.[181] *Aristoteles* zählt mehrere Fälle auf, in denen Demagogen sich die Vermögenden in der Polis durch populäre Unrechtsmaßnahmen zu Feinden gemacht und damit den oligarchischen Umsturz gefördert hätten. Dies sei der gewöhnliche Grund für das Zusammenbrechen der Demokratie.[182]

Für eine Gefährdung der Demokratie aufgrund sozialer Gegensätze in Athen selbst gibt es dagegen wenig Anhaltspunkte.[183] Die beiden oligarchischen Umstürze des späten 5. Jahrhunderts, die kurzlebige Oligarchie von 411/10 und die Herrschaft der „Dreißig Tyrannen" von 404/3, hatten ihre Ursachen nach

---

178 Vgl. Audring, G. (1977), S. 57.

179 Vgl. Hansen, M. H. (1995), S. 281.

180 Der aus Athen stammende Verfasser der „Geschichte des Peloponnesischen Krieges" bis 411 (um 460–396).

181 Thuk. II, 65.

182 Aristot. Pol. 1304b-1305a.

183 Vgl. Austin, M., Vidal-Naquet, P. (1984), S. 116f.; Bleicken, J. (1994), S. 408.

Ansicht *Bleickens* eher in der verzweifelten außenpolitischen Lage, welche die Demokratie verschuldet zu haben schien.[184] Zwar gingen beide Staatsstreiche von Angehörigen der Oberschicht, vornehmlich der alten Aristokratie aus, denen der Krieg hohe Lasten abverlangte und die ein System ablehnten, das finanzielle Leistung und politische Führung nicht automatisch miteinander verband. Doch verfügten die Oligarchen offenbar über keine gemeinsame Konzeption, die eine dauerhafte konstitutionelle Alternative zur Demokratie dargestellt hätte.[185]

Die verschiedenen **Gerichtshöfe** der Demokratie[186] (δικαστήρια) bestanden im 4. Jahrhundert aus 201 (bei kleineren Privatverfahren) bis zu 1.501 oder mehr Geschworenenrichtern (bei sehr wichtigen öffentlichen Prozessen). Jeder Bürger Attikas mit einem Mindestalter von 30 Jahren konnte sich jährlich zum Richteramt melden; in den bevölkerungsreichen Jahren des 5. Jahrhunderts wurde aus diesen Interessierten wahrscheinlich eine Geschworenenliste von 6.000 Richtern erlost. An jedem der etwa 200 Gerichtstage wurden sowohl die Richter aus der Geschworenenliste als auch die Gerichtsstätten (die wohl im näheren Umkreis der Agora lagen) ausgelost.

Die Verhandlung, die unter dem Vorsitz eines Beamten (in den meisten Fällen eines der neun Archonten) stand, musste am gleichen Tag zu Ende geführt werden. Es gab weder Berufsrichter, noch Staatsanwälte oder Verteidiger. Kläger und Beklagte konnten ihre Plädoyers allenfalls von berufsmäßigen Redenschreibern (λογογράφοι) anfertigen lassen, hatten Beweismittel und Zeugen selbst zu suchen und in der Regel ihre berechtigten Forderungen selbst einzutreiben. Der attische Bürger war also besonders in Rechtsdingen in hohem Maße auf seine persönliche Initiative angewiesen.[187]

Nach 404 wurden die Richter auch in das neu geregelte Gesetzgebungsverfahren einbezogen. Die Gesetze (νόμοι) der Polis wurden alljährlich in der ersten Prytanie vor der Volksversammlung der Reihe nach durchgegangen, um etwaige Korrekturen oder Ergänzungen zu ermöglichen. Wurde ein Änderungsbedarf geltend gemacht, setzte die Volksversammlung aus der Geschworenenliste eine Kommission von 501 oder 1.001 so genannten Nomotheten (νομοθέται = „Gesetzgeber") ein, welche über die Gesetzesänderung wie in einem Gerichtsverfahren zu entscheiden hatten. Dieses neue Verfahren der Nomothesie[188], das eine größere Rechtssicherheit in der Gesetzgebung herstellte, entsprach einem gewachsenen Bewusstsein von der Gestaltungskraft der normativen Gesetze. Das verfassungspolitische Denken der Athener ging jedoch nicht

---

[184] Vgl. Bleicken, J. (1994), S. 378.

[185] Vgl. Nippel, W., Mischverfassungstheorie und Verfassungsrealität in Antike und früher Neuzeit, Stuttgart 1980, S. 87-89 und S. 96f.

[186] Vgl. Bleicken, J. (1994), S. 203-228; Hansen, M. H. (1995), S. 187-232.

[187] Vgl. Bleicken, J. (1994), S. 368.

[188] Vgl. ebenda, S. 187-189.

so weit, dass sie das normative öffentliche Recht in ihrer Gesetzessammlung, welche die einzige Rechtsquelle bildete, hervorgehoben und von den privat-, straf- und verfahrensrechtlichen Bestimmungen unterschieden hätten.[189]

Der Staatskult

Die griechische Religion, „die prachtvollste Mythologie, die ein Volk je besessen hat“[190], nahm einen herausragenden Stellenwert im Dasein und Selbstverständnis der Polis ein. Der Glaube an die göttlichen Gewalten, die in der Natur und im Menschen wirksam wurden, bildete den Ausgangspunkt für die wesentlichsten kulturellen Lebensäußerungen in der Polis.

Zugleich kam der Verehrung der zahlreichen größeren und kleineren Gottheiten und Heroen, unter denen die zentralen olympischen Götter die einzige Systematik bildeten, eine wichtige integrative Funktion im Leben der Gemeinschaft zu. Dies allerdings weniger, wie man annehmen könnte, als eine die Gemeinschaft sittlich verpflichtende Ordnung, sondern vielmehr als Bindeglied der Polis als Kultgemeinde.[191]

Im Kult suchten die Menschen nach Möglichkeiten, ihrer Bindung an die Götter in feierlicher Form Ausdruck zu geben. Auf der höchsten gesellschaftlichen Ebene wurde diese Form durch die Polis gewährleistet und gestaltet. Die Polis war untrennbar politische und zugleich religiöse Gemeinschaft.

In einzelnen lokalen Kulten, die gemeingriechische Bedeutung erlangten, wie in Delphi, Delos, Olympia und auch im attischen Eleusis, äußerte sich daneben der verbindende Charakter der Religion als gemeinsames Band aller Griechen.

In Athen leitete einer der neun Archonten, der als Relikt der alten Priesterfunktion des Königs (βασιλεύς) den Titel Basileus trug, den Staatskult.[192] Zur Durchführung der religiösen Feste und Opfer unterstanden ihm die Priesterinnen und Priester der einzelnen Heiligtümer und weitere erloste Kultbeamte, die auch für die strenge Einhaltung des Rituals verantwortlich waren. Im Mittelpunkt der kultischen Handlungen standen die Anrufung der Götter und genau geregelte Opfer, meist Trank- oder Tieropfer, deren verwertbares Fleisch in der Regel an die Kultgemeinde verteilt wurde. An den größeren religiösen Festtagen wurden außerdem feierliche Umzüge und Wettkämpfe aller Art veranstaltet.

Die zahlreichen **Feste** zu Ehren einzelner Gottheiten waren als Feiertage über das ganze Jahr verteilt; die Jahresfeste nahmen schätzungsweise 60 Tage,

---

[189] Vgl. Bleicken, J. (1994), S. 186f.

[190] Friedell, E., Kulturgeschichte Griechenlands. Leben und Legende der vorchristlichen Seele, München 1979 (Erstausgabe London 1949), S. 88.

[191] Zu den für den Wirtschaftsgeist bedeutsamen Glaubensinhalten s. Abschnitt 4.1.

[192] Vgl. Bleicken, J. (1994), S. 147.

die Monatsfeste etwa 80 Tage im Jahr ein.[193] An mehreren athenischen Festen durften nur Frauen teilnehmen; sonst standen die meisten Feste auch Metöken und einige sogar Sklaven und Fremden offen. Gegen Ende des ersten Monats im Jahr, etwa Ende Juli, wurde das bedeutendste Fest Athens gefeiert, die Panathenäen zu Ehren der Stadtgöttin Athene mit einer großen Prozession auf die Akropolis. Alle vier Jahre wurde das Fest auf mehrere Tage ausgedehnt, an denen zahlreiche athletische und musische Wettkämpfe stattfanden.

Aus den Maskenaufzügen und Chören der Feste zu Ehren des Dionysos entwickelten sich im 6. und 5. Jahrhundert die dramatischen Aufführungen der attischen Komödie und Tragödie, die ebenfalls als Wettbewerbe aufgefasst wurden und einen herausgehobenen Platz im Festprogramm erhielten.[194] Für den Besuch der Schauspiele zahlte die Polis schließlich sogar ein Schaugeld (θεωρικόν), dessen Bedeutung im 4. Jahrhundert zunahm.[195]

Eine Sonderstellung unter den Kulten Attikas nahmen die in ganz Griechenland angesehenen Mysterien um das Heiligtum der Demeter in Eleusis ein. Die in den griechischen Mysterienkulten vermittelten Geheimlehren boten offenbar eine hoffnungsvollere Jenseitsvorstellung als der homerische Glaube und besaßen daher große Anziehungskraft. Da an den Mysterien nur Eingeweihte Anteil hatten, standen sie in einer gewissen Spannung zu den öffentlichen Kulten; doch scheint die Masse der Athener den eleusinischen Mysterien angehört zu haben.[196]

Auch unterhalb der Polisebene gab es religiöse Feiern, beispielsweise die kultische Verehrung lokaler Halbgötter (Heroen) innerhalb der Phylen und Demen, die von den gewählten Stammes- oder Demenvorständen geleitet wurde.[197] Auch hier kam dem Kult eine wichtige Funktion für die Manifestation der politischen Körper zu. Weitere Kultgemeinschaften waren die so genannten **Phratrien**, Bruderschaften athenischer Bürger, deren Angehörige sich als (entfernt) miteinander verwandt betrachteten.[198]

Der Götterglaube scheint – auch angesichts der Vielzahl unerklärlicher Naturphänomene – fest in der Bevölkerung verankert gewesen zu sein. Daneben wurde aber bereits im 5. Jahrhundert vor dem Hintergrund einer neuen, besonders von den Sophisten vertretenen aufklärerischen und kritisch-rationalistischen Geisteshaltung und Anschauungsvielfalt mitunter die Existenz des Göttlichen

---

[193] Vgl. Hansen, M. H. (1995), S. 192.
[194] Vgl. Bleicken, J. (1994), S. 148-150.
[195] Vgl. Andreades, A. (1965), S. 276f. und Abschnitt 3.2.1.
[196] Vgl. Bleicken, J., (1994), S. 146f. und S. 149.
[197] Wahrscheinlich war es in diesen Fällen zumeist gelungen, alte adlige Ahnenkulte auf die neuen politischen Organisationsformen zu übertragen. Vgl. Bleicken, J. (1994), S. 143.
[198] Die Aufteilung der Athener in Phratrien überlappte sich mit der Phylen- und Demeneinteilung. Vgl. Hansen, M. H. (1995), S. 368.

überhaupt geleugnet.[199] Solche Anschauungen bedrohten wesentliche Grundlagen, auf denen die Polis ruhte, und wurden deshalb von ihr mit allen Machtmitteln bekämpft. So kam es zu zahlreichen Prozessen wegen Asebie (ἀσέβεια = Gottlosigkeit), die in schweren Fällen mit Verbannung oder Tod bestraft wurde.[200] Die Leugnung der Götter gefährdete nicht nur die Einheit der Polis als Kultgemeinschaft, sondern tastete auch das Fundament aller demokratischen Institutionen an. Durch den Gebrauch des Eides, der unter Anrufung von in der Regel drei Göttern geleistet wurde, erhielten alle öffentlichen Geschäfte, beispielsweise die Amtseide von Richtern, Ratsherren und Beamten, wie auch private Geschäfte ihre Sicherheit.[201] Diese Sicherheit war in Frage gestellt, sobald die Existenz der Schwurgötter bestritten wurde.

2.2.3 Das private Leben

Der Alltag eines Atheners

Neben der öffentlichen Tätigkeit des Politen, mit der er seine gesellschaftliche Stellung als selbstständiger Teil der Polis manifestierte, stand sein familiäres und gesellschaftliches Dasein als Privatmann (ἰδιώτης). Das Arbeits- und Familienleben sowie private kultische Verpflichtungen – der Hauskult bestand im Wesentlichen in einem täglichen Opfer an die Haushaltsgöttin Hestia – stellten den Tagesablauf des Atheners in einen festen Rahmen. Der eigentlich sinnerfüllte und ehrenvolle Teil seiner Existenz lag jedoch – so jedenfalls die in der Gemeinschaft vertretene und geförderte Ansicht – im öffentlichen Bereich, in der Aktivität für die Entfaltung und Sicherung der Polis.[202] Dieses Bürgerdasein konnte er umso eher verwirklichen, je unabhängiger er in materieller Hinsicht war.

Es gab durchaus Politen, denen ihr Vermögen das Freisein von Arbeit erlaubte. Diese Bürger bezogen in der Mehrzahl ein ausreichendes Einkommen aus ihrem Grundeigentum, das sie bearbeiten ließen oder verpachteten. Neben den Kleruchen besaßen auch reiche Politen häufig Land außerhalb Attikas. In der Stadt und im Piräus sind außerdem Mietshäuser bezeugt.[203] Eine profitablere, wenn auch risikoreichere Erwerbsquelle war das Halten von Sklaven, die, wie schon erwähnt, vermietet oder als eigenständig Arbeitende im Handwerk oder Handel eingesetzt werden konnten. Bei der Vermietung von fünf oder sechs

---

[199] Vgl. Bleicken, J. (1994), S. 385f.

[200] Einem solchen Prozess fiel 399 auch *Sokrates* zum Opfer.

[201] Vgl. Bleicken, J. (1994), S. 151; Price, S., Religions of the Ancient Greeks, Cambridge, New York, Melbourne 1999, S. 85-88.

[202] Vgl. Meier, C. (1979), S. 379.

[203] Vgl. Casson, L. (1984), S. 38f.

Sklaven soll der Unterhalt einer durchschnittlichen Bürgerfamilie gewährleistet gewesen sein.[204] Die Besitzer größerer Geldvermögen konnten auch durch direkte Darlehensgewährungen (s. Abschnitt 3.1.2) ein zusätzliches Vermögenseinkommen erzielen. Weitere Erwerbsquellen für wohlhabende Politen lagen in der Pacht der staatlichen Silberminen oder in der Steuerpacht (s. Abschnitt 3.1.1 bzw. Abschnitt 3.2.1).

Zweifellos war aber die große Mehrheit der Politen gezwungen, für ihren Lebensunterhalt selbst zu arbeiten. Von den erlosten Jahresämtern der Beamten und Ratsherren abgesehen, reichten die öffentlichen Tagegelder für die Tätigkeit in den Gerichten oder in der Volksversammlung sowie das Schaugeld nicht entfernt zur dauernden Bestreitung des Lebensunterhaltes aus.[205] Sie konnten lediglich ein Zusatzeinkommen darstellen, das zudem nur unregelmäßig floss und nicht gesichert war. Die meisten Bürger Attikas bestellten als Kleinbauern ihr Land, eine Tätigkeit, welche sie, wie dargelegt, zu manchen Zeiten vom öffentlichen Leben der Polis fernhielt. Außer in Zeiten finanzieller Anspannung bot die mächtige stehende Flotte Tausenden von Athenern für etwa die Hälfte des Jahres Beschäftigung als Ruderer, ebenso im Schiffbau und in der Instandhaltung.[206] Wie erwähnt, profitierten viele ärmere Athener auch über die Landzuteilung in den Kleruchien von der Seeherrschaft. Das in Griechenland weit verbreitete Söldnertum scheint dagegen für Athener nur in begrenztem Umfang in Frage gekommen zu sein.

Dem Politen, der keinen ausreichenden Grund und Boden besaß, stand bei entsprechender Befähigung und Mittelausstattung auch eine Betätigung als Handwerker oder Händler offen, wodurch er sich aber bewusst in wenig geachtete Tätigkeiten begab.[207] Die geringste Achtung erfuhr jedoch ein Bürger, der den Unterhalt seiner Familie als Tagelöhner verdienen musste.

Die Ehe bedeutete für den Athener vielfach mehr ein Rechtsinstitut als eine starke gemüthafte Bindung; eine solche suchte er mitunter im Umgang mit Hetären[208] oder in den ebenso als selbstverständlich angesehenen Liebesbeziehungen zu Knaben und jungen Männern.[209]

---

[204] Vgl. Bürgin, A. (1996), S. 78.
[205] Vgl. Lauffer, S. (1958), S. 499.
[206] Genauere Zahlen über die so Beschäftigten lassen sich allerdings nicht ermitteln. Vgl. Finley, M. I., Die antike Wirtschaft, München 1977 (Erstausgabe Berkeley, Los Angeles 1973), S. 207.
[207] Vgl. Bürgin, A. (1996), S. 73.
[208] Hetären (ἑταίρα = Gefährtin) waren Prostituierte sehr verschiedenen gesellschaftlichen Ranges und Anspruches. Einige waren hochgebildet und spielten in der Gesellschaft eine herausgehobene Rolle.
[209] Vgl. Freund, W. (1972), S. 25. Die Päderastie (παιδεραστής = Knabenliebhaber) war ein gesellschaftlich verankertes, oft ethisch idealisiertes Phänomen in ganz Griechenland. Ihre käufliche Form war allerdings in Athen im Gegensatz zur weiblichen Prostitution strafbar.

Die athenische **Frau** war nicht nur von der Volksversammlung, den Gerichten und den politischen Ämtern ausgeschlossen, ihr fehlte auch weitestgehend die Rechtsfähigkeit. Sie war nur durch ihren Vormund (meist der Vater oder Ehemann) geschäftsfähig und hatte ihren eigentlichen Lebensbereich im Haus zu sehen. Verstarb ihr Ehemann, war sie nur als Zwischenerbin für ihre Söhne erbfähig. Für Mädchen war keine schulische Ausbildung vorgesehen. Andererseits war die Athenerin grundsätzlich persönlich frei, musste versorgt und für die Ehe mit einer erheblichen Mitgift ausgestattet werden (die der Ehemann bei Scheidung zurückzugeben hatte), und genoss einen Rechtsschutz vor schlechter Behandlung. Bei den öffentlichen Kulten spielten Frauen, wie angedeutet, eine wichtige Rolle.[210]

Außerhalb der engeren familiären Hausgemeinschaft war der Athener aufgrund verschieden alter Traditionen in eine Anzahl von Korporationen unterschiedlicher gesellschaftlicher Ebenen eingebunden, so in Phratrie, Demos, Trittys und Phyle,[211] die bis auf die Trittys eigene Aufgaben und Kulte besaßen. Die wohlhabenderen Politen, darunter besonders der alte Adel, suchten sich außerdem in exklusiven Klubs (Hetärien), die oft oligarchisch gesinnt waren, von den unteren sozialen Schichten abzugrenzen.[212]

Weitere, zeitlich begrenzte Zusammenschlüsse waren die bereits erwähnten Darlehensgemeinschaften (ἔρανοι), welche (wohl vorwiegend im bäuerlichen Bereich) zinslose Darlehen für bedürftige Mitbürger oder andere Personen aufbrachten.[213] Solche unentgeltlichen Leihen und sonstige Hilfeleistungen standen in der alten, dem Marktverkehr vorgelagerten Tradition der Gegenseitigkeit von Gabe und Gegengabe.[214] Dieser Tradition war auch die Institution der Gastfreundschaft mit Angehörigen anderer Staaten verpflichtet, die oft über mehrere Generationen bestand und auch auf diplomatischer Ebene genutzt wurde.[215]

Eine weitere Erscheinung des (höheren) gesellschaftlichen Lebens waren die abendlichen Symposien (συμπόσιον = Gelage), die meist nach einem gemeinsamen Essen veranstaltet wurden. Auf diesen pflegte man neben geselligen Trinkliedern auch geistige Unterhaltung wie den Disput, Rezitationen oder Dichtung aus dem Stegreif. Mit Ausnahme der Sklavinnen und Flötenspielerinnen zur Unterhaltung der Zecher waren Frauen von den Symposien ausgeschlossen.[216]

---

[210] Vgl. Bleicken, J. (1994), S. 96f.

[211] Zu diesen Begriffen s. gegebenenfalls das Glossar auf S. 171.

[212] Vgl. Bleicken, J. (1994), S. 37.

[213] Vgl. Millett, P. (1991), S. 153-159.

[214] Vgl. Weber, M. (1988), S. 146; Schefold, B., Spiegelungen des antiken Wirtschaftsdenkens in der griechischen Dichtung, in: Ders. (1994), S. 197f.

[215] Vgl. etwa Thuk. V, 43.

[216] Vgl. Freund, W. (1972), S. 25.

Ausbildung und geistiges Leben

Obwohl die Erziehung der Knaben nicht von der Polis gelenkt und beaufsichtigt wurde, konnten doch wahrscheinlich fast alle Athener lesen und schreiben. Der Vater sorgte je nach Neigung und Bildungsstand für die Unterweisung des Sohnes, die von gewerbsmäßigen Erziehern betrieben wurde. Das Lesen und Schreiben erlernte der Athener etwa ab dem sechsten Lebensjahr bei dem Elementarlehrer (γραμματιστής), vor allem an den Epen Homers. Der Einfluss von Ilias und Odyssee, die auch später die Hauptlektüre blieben, kann hierbei kaum überschätzt werden. Sie vermittelten dem jungen Athener Handlungsmuster für jede erdenkliche Situation und die Normen des sittlichen und religiösen Verhaltens der Adelsgesellschaft, in der sie entstanden waren. Wie weiter unten deutlich wird, kommt dabei dem adligen Ideal des mit Krieg, Jagd und Wettkampf befassten, wirtschaftlich autarken Herren eine weitreichende Bedeutung zu. An diese Ausbildung schloss sich bald der Musikunterricht an, meist mit Gesang und Spiel auf der Kithara, einem Saiteninstrument. Die musikalische Bildung erschien den Griechen für eine harmonische Ausbildung des Charakters unverzichtbar. Für die körperliche Ausbildung, die als ebenso wichtig galt, war der Unterricht bei einem Sportlehrer (παιδοτρίβης) üblich.[217]

Wahrscheinlich schon im 5. Jahrhundert hatten die Politen ab dem vollendeten 18. Lebensjahr eine (im späten 4. Jahrhundert zweijährige) militärische Grundausbildung, die Ephebie, abzuleisten. Während dieser Zeit lebten die jungen Athener in Zeltgemeinschaften und hatten im zweiten Dienstjahr die attischen Grenzbefestigungen zu bewachen.[218]

Nur die wohlhabenderen Athener konnten ihren Söhnen nach dem Besuch des Elementarunterrichts eine Unterweisung durch Lehrer anspruchsvollerer Geistigkeit, etwa in Mathematik, Philosophie oder Rhetorik ermöglichen. Dieser Unterricht lag in den Händen der **Sophisten**, die aus der ganzen griechischen Welt nach Athen zogen. Ihre Bedeutung wurde umso größer, je mehr in der Demokratie nicht vornehme Abkunft oder Reichtum entscheidend waren, sondern eine geschulte Rhetorik nötig wurde, um die Volksversammlung und die Gerichtshöfe zu beeinflussen.[219] Die verschiedenen Sophisten vertraten keine gängigen Unterrichtsstoffe, sondern brachten unterschiedliche Anschauungen über die göttliche und menschliche Ordnung mit, die häufig am traditionellen Lebensgefüge der Polis rüttelten.[220] Der im Geiste einer rationalistischen Aufklärung geführte Angriff auf den Götterglauben rührte, wie dargelegt, an wesentlichen Grundlagen der Polis. Von einzelnen Sophisten wurde sogar die Institution

217 Vgl. Bleicken, J. (1994), S. 364.
218 Vgl. ebenda, S. 119 und S. 366.
219 Vgl. Freund, W. (1972), S. 25f.
220 Vgl. Bleicken, J. (1994), S. 364f.

der Sklaverei in Frage gestellt.[221] Eine weitere, schwerwiegende Herausforderung des Polisgedankens lag in der Vorstellung vom Recht des Stärkeren, welche die Geltung der allgemeinen Moral und der staatlichen Gesetze für das starke Individuum bestritt.[222]

In scharfem Gegensatz zur Sophistik stand die **sokratische Philosophie**, die nach dem Tod des *Sokrates* (469–399), der selbst nie etwas geschrieben hat, hauptsächlich durch seinen Schüler *Platon* und über diesen später durch *Aristoteles* vertreten wurde.[223] Beide Philosophen gründeten eigene Lehranstalten in Athen, von denen schließlich vielfältige Wirkungen ausgehen sollten.

2.3 Stilmerkmale der Gesellschaftsverfassung

In Vorbereitung auf ihre Zusammenführung mit den primären Entwicklungsdeterminanten in Kapitel 5 werden nun die das Wirtschaften berührenden Grundzüge des gesellschaftlichen Rahmens zu Merkmalen des Wirtschaftsstils verdichtet.

Dazu wird versucht, aus der historischen Gesellschaftsbetrachtung diejenigen Sinnzusammenhänge zu gewinnen und sinnvoll zu gruppieren, welche die Bedingungen des Wirtschaftens unmittelbar bestimmen. Weitere, mittelbar stilwirksame Charakteristika der athenischen Gesellschaft fließen über die Merkmalsbildung der „Wirtschaftsverfassung" (Kapitel 3) und des „Wirtschaftsgeistes" (Kapitel 4) in die Untersuchung ein.

Die für den Wirtschaftsstil unmittelbar bedeutsamen äußeren und inneren Bedingungen der Polisgesellschaft lassen sich unter den allgemeinen Hauptmerkmalen **Staatlicher Rahmen** und **Herrschafts- und Sozialstruktur** erfassen. Diese beiden Hauptmerkmale erhalten ihre spezifische Ausprägung durch die charakteristischen Einzelmerkmale der athenischen Gesellschaft.

2.3.1 Merkmale des staatlichen Rahmens

Unter dem „staatlichen Rahmen" des Wirtschaftens werden hier die „Größe des wirtschaftlichen Gesellschaftskreises"[224] und seine äußeren Strukturprinzipien

---

[221] Vgl. Brockmeyer, N. (1974), S. 51; Bleicken, J. (1994), S. 91.

[222] Vgl. Freund, W. (1972), S. 27. In dieser Auffassung wurde der „Homo-mensura-Satz" („Aller Dinge Maß ist der Mensch") des *Protagoras*, der als Begründer der Sophistik gilt, zur äußersten Konsequenz geführt.

[223] Zu den für den „Wirtschaftsgeist" bedeutsamen Anschauungen s. Abschnitt 4.2.

[224] Spiethoff, A. (1932), S. 77.

verstanden. Die stilbestimmenden Charakteristika des staatlichen Rahmens im klassischen Athen sollen in den beiden Einzelmerkmalen *Polisprinzip* und *Suprematiestreben* erfasst werden.

Polisprinzip

Die Polis der klassischen Zeit war als vorherrschender Rahmen der staatlichen und religiösen Ordnung die unumstrittene Trägerin der griechischen Kultur und ihrer Entwicklung. In Abgrenzung zu den „archaischen" Stammesstaaten ohne städtisches Zentrum, die besonders im nordwestlichen Teil Griechenlands vorherrschten, musste den Griechen das organisierte, überschaubare Staatsgebilde der Polis als Vorbedingung zivilisierten Lebens erscheinen. Alle wesentlichen politischen, religiösen und künstlerischen Lebensäußerungen wie auch die entwickelteren Formen des wirtschaftlichen Handelns gingen von der Polis aus. Damit bildete sie den selbstverständlichen Ausgangspunkt aller staatstheoretischen und auch ökonomische Fragen betreffenden Überlegungen.

Insbesondere in der vollständig verwirklichten Demokratie war die Vorstellung vom Staatsganzen weniger auf das Staatsgebiet, sondern auf seine Träger, den Personalverband der Politen bezogen. Eine politische Einheit der staatstragenden Kräfte war nur in der Form der Polis denkbar. Um die Mechanismen des solidarischen Ausgleichs unter den Politen zu bewahren, und um die demokratischen Verfahren ohne eine Zentralisierung von Kompetenzen organisierbar zu halten, musste der Gesellschaftskreis geschlossen und überschaubar bleiben. Eine Erweiterung des Bürgerrechts und sein Aufgehen in einem einzigen Bürgerrecht eines aus zahlreichen Einzelgemeinden bestehenden Reiches lag außerhalb des Polisinteresses.[225]

Größere Flächenstaatsbildungen, wie die späteren hellenistischen Großreiche, hätten dagegen eines monarchischen Prinzips bedurft.[226] In der lokalen Eigenart und teilweisen Exklusivität der Kulte lag ein weiteres Hemmnis einheitsstaatlicher Entwicklung.

Zu den Existenzbedingungen der Polis zählte somit ein ausgeprägter Partikularismus, der beständig die politische Freiheit und ökonomische Unabhängigkeit von außen, die Autarkie (αὐτάρκεια), zu sichern suchte.

Suprematiestreben

Das Streben der Polis nach Autarkie und Selbstbestimmung bedeutete durchaus nicht, dass diese Ideale gleichzeitig auf andere Gemeinwesen bezogen wurden. „Freiheit und Herrschaft über andere" werden bei *Thukydides* als „das Größte"

---

[225] Attikas nördlicher Nachbar, der böotische Bundesstaat unter der Führung Thebens, nahm in dieser Hinsicht eine Ausnahmestellung ein. Vgl. Weber, M., Wirtschaft und Gesellschaft. Grundriss der verstehenden Soziologie, Tübingen [5]1972, S. 812.

[226] Vgl. Bürgin, A. (1996), S. 91f.

bezeichnet,[227] und *Aristoteles* nennt unter den Gründen, warum ein Staatsmann die Kunst der Kriegführung beherrschen solle, auch den, „ein Herrenregiment über die zu gewinnen, die es verdienen, Sklaven zu sein“[228]. Die eigene Freiheit erblickte man nicht allein darin, dass man keiner fremden Herrschaft unterworfen war, sondern auch in dem Vermögen, anderen die eigene Herrschaft aufzuzwingen. Ohne die Beherrschung anderer war die volle Freiheit nicht denkbar.[229]

Im Fall Athens, dem seit seinem Aufstieg zur Seemacht ein wirksames Mittel zur Beherrschung anderer Poleis zur Verfügung stand, ergänzten sich Autonomie und Hegemonie in einmaliger Weise. Der Herrschaftswille der Athener, der niemals wirklich erlahmte, versprach ihrer Polis nicht nur Geltung und Ruhm, sondern auch immensen materiellen Gewinn.[230] Eine erhebliche Entlastung der Staatsfinanzen durch auswärtige Tribute, die Möglichkeit der Aussendung (oder Unterhaltung) von Kleruchen und die Kontrolle über die Versorgungswege waren direkte ökonomische Vorteile der Herrschaft, welche dem Bevölkerungsdruck und der sozialen Polarisierung innerhalb der Polis entgegenwirkten und ihre Lebensgrundlagen zu sichern halfen.

Wenn athenische Redner bei *Thukydides* gelegentlich auch das mit der Herrschaft verbundene Unrecht einräumen, wird dieses doch stets dem Stolz über Ruhm und Größe der Polis als Wert an sich untergeordnet.[231] Ob solche Motive oder die materiellen Vorteile der Hegemonie im Vordergrund standen, lässt sich nicht eindeutig beantworten.[232] Nach der These von *Schmitz* hatten Reichtum, auswärtiger Besitz und Versorgung „nicht primär eine finanzielle und ökonomische, sondern vor allem eine starke politische Bedeutung“, und dienten vorrangig dazu, die athenische Führungsposition in Griechenland zu sichern.[233]

In jedem Fall war der Preis ungeheuer, welchen die Athener unter unermüdlichem Einsatz und Opferwillen in dauernder Kriegführung für ihre Suprematie zu zahlen bereit waren.

2.3.2 Merkmale der Herrschafts- und Sozialstruktur

Die „Herrschafts- und Sozialstruktur“ bezeichnet die Gliederung einer Gesellschaft nach der Verteilung der politischen und ökonomischen Verfügungsrechte sowie nach der materiellen Ausstattung.

---

[227] Thuk. III, 45.
[228] Aristot. Pol. 1333b-1334a.
[229] Vgl. Austin, M., Vidal-Naquet, P. (1984), S. 104.
[230] „Hauptsächlich Furcht, dann die Ehre, schließlich auch unser Vorteil“ habe sie zum Ausbau ihrer Herrschaft bewogen, so die Rechtfertigung der athenischen Gesandten in Sparta laut *Thukydides*. Thuk. I, 75.
[231] Thuk. I, 76; II, 65.
[232] Vgl. Bleicken, J. (1994), S. 324f.
[233] Vgl. Schmitz, W. (1988), S. 328.

Die Besonderheiten des politischen Aufbaus und der sozialen Schichtung der attischen Bevölkerung werden in den drei Einzelmerkmalen *Politenherrschaft*, *Kaufsklaverei* und *Unverbundenheit der politischen und sozialen Struktur* erfasst.

Politenherrschaft

Mit der Vollendung der attischen Demokratie stieg die Masse der Athener zum Souverän des Gemeinwesens auf. Unter den Männern Athens entstand mit der Verleihung des Bürgerrechts eine neue, allgemeine Zugehörigkeit zum „politischen Stand" der Träger und Teilhaber der Polis, eine politische Identität.

Als nahezu konkurrenzlose Zugehörigkeit machte die politische Identität fast die ganze gesellschaftliche Identität der Athener aus. Daher konnte es zu einer besonders starken Solidarisierung innerhalb der Politengemeinschaft kommen.[234] Häufig wurde „die Polis" in einem engeren Sinne mit dem Personalverband der Bürger gleichgesetzt.

Da die politische Klasse den Staat verkörperte, ohne dass sich über ihr eine weitere Instanz befunden hätte, beinhaltete das Bürgerrecht eine starke gemeinsame Verpflichtung zur stetigen Teilnahme am politischen Geschehen. Die Demokratie, misstrauisch gegenüber jeder Institutionalisierung von Macht, besetzte die meisten Staatsämter durch jährliche Auslosung anstatt durch Wahlen, wodurch eine große Zahl von Bürgern direkt in Regierungs- und Verwaltungsaufgaben eingebunden war. In das wichtigste Regierungsorgan, den Rat der Fünfhundert, entsandten alle Teile Attikas ihre Vertreter, und mindestens jeder sechste Bürger diente einmal als Ratsherr.[235] Ein beträchtlicher Anteil der Politen nahm außerdem über das Richteramt am lebhaften Gerichtswesen Athens teil, welches den Prozessparteien ein hohes Maß an persönlicher Initiative abverlangte. Für jeden Bürger Attikas manifestierte sich seine politische Rolle schließlich durch Sitz und Stimme in der Volksversammlung. Die Vielgeschäftigkeit (πολυπραγμοσύνη) der direkten Demokratie brachte es also mit sich, dass Hunderte und Tausende von Athenern täglich politisch tätig waren.

Von der übrigen Bevölkerung waren die Bürger in erster Linie durch ihre politischen Privilegien und ihre hohe Beanspruchung im öffentlichen Raum geschieden, ferner durch ihr Vorrecht auf Grundeigentum, das hierdurch zusätzliche Statusbedeutung erhielt.

Das antike attische Bürgerrecht schuf mithin eine Bürgerschaft als rein politischen Stand, kein „Bürgertum" im modernen Sinne einer politisch und kulturell erst aufstrebenden, durch wirtschaftlichen Erfolg gestärkten und wirtschaftlicher Tätigkeit zugewandten Klasse.

---

[234] Vgl. Meier, C. (1979), S. 391.
[235] Vgl. ebenda, S. 392.

Kaufsklaverei

Schon seit frühester Zeit war die antike Gesellschaft durch die Ausbeutung Unfreier geprägt. Seit der archaischen Periode war die Arbeitskraft von Sklaven zunehmend zu einer allgemein verfügbaren und handelbaren Ware geworden. Bis zum Höhepunkt der athenischen Macht im 5. Jahrhundert hatte sich der Anteil der Sklavenbevölkerung in Attika vervielfacht.

Das Nebeneinander von Freiheit und Unfreiheit in der entwickelten Polis wurde nicht als Widerspruch, sondern als einander notwendig ergänzend und bedingend angesehen.[236] Ähnlich wie sich die Freiheit Athens auf die Beherrschung seiner Bundesgenossen stützte, bedurfte die Verwirklichung der politischen Rolle der freien Bürger der Existenz einer auf Sklavenarbeit gestützten Produktionsweise.[237]

Unverbundenheit der politischen und sozialen Struktur

Der Blick auf die drei rechtlich definierten Bevölkerungskategorien Attikas zeigte, dass diese nicht zugleich drei soziale Klassen repräsentierten. Sowohl innerhalb der Bürgerschaft, als auch unter den Metöken und Sklaven bestanden erhebliche soziale Unterschiede. Die Metöken und – mit Einschränkungen – selbst Sklaven konnten es aufgrund ihrer Tätigkeit in den potentiell „dynamischeren" Wirtschaftsbereichen außerhalb der Landwirtschaft zu bedeutendem Reichtum bringen.

Im klassischen Athen standen der politische Aufbau und die soziale Schichtung nahezu unverbunden nebeneinander.[238] Die Unterschiede in der materiellen Ausstattung oder gar die verschieden starke gewerbliche Durchdringung der Bevölkerung vermochten es in der klassischen Zeit nicht, die politische Standeseinteilung zu prägen.[239] Wie später deutlicher wird, hatte dies tiefgreifende Bedeutung für den Stellenwert des Wirtschaftlichen in der Polis.

Der gesellschaftliche Rang, d. h. das Ansehen des Einzelnen in der Öffentlichkeit, wurde durchaus nicht allein von seinem politischen Status, sondern auch von seinem Vermögen mitbestimmt. Wie erwähnt, setzte sich der gesellschaftliche Verkehr insofern über Standesgrenzen hinweg, als etwa wohlhaben-

---

[236] Vgl. Austin, M., Vidal-Naquet, P. (1984), S. 17.

[237] Die speziellen Aspekte des Sklaveneinsatzes in der Produktion werden in einem Merkmal der „Arbeitsverfassung" in Abschnitt 3.3.3 erfasst.

[238] Vgl. Bürgin, A. (1996), S. 80; Hansen, M. H. (1995), S. 88f.; Austin, M., Vidal-Naquet, P. (1984), S. 84.

[239] Vgl. auch Bürgin, A. (1996), S. 35. Zu dieser Feststellung sind zwei wenig bedeutende Einschränkungen zu nennen; zum einen die wohl niemals aufgehobene Beschränkung des passiven Wahlrechts der Theten als Relikt der timokratischen Ordnung, zum anderen die gezeigte Durchlässigkeit der politisch-rechtlichen Grenzen zwischen Politen, Metöken und Sklaven infolge persönlichen wirtschaftlichen Aufstiegs, die allerdings äußerst begrenzt war.

de Politen gleichrangig und ungezwungen mit wohlhabenden Metöken verkehrten. Der Umgang mit unbemittelten Mitbürgern wurde dagegen oft weniger geschätzt.[240] Schließlich wurde möglicherweise der gesellschaftliche Status eines Theten, der seinen Lebensunterhalt als Tagelöhner verdienen musste, niedriger als der eines Sklaven in guter Stellung angesehen.[241]

Umso mehr musste in der Bürgerschaft, besonders unter den ärmeren Politen, der Wunsch bestehen, die politische Abgrenzung zu den anderen Ständen aufrecht zu erhalten. Das Bürgerrecht war zweifellos ein Privileg, nach dem insbesondere wohlhabende Metöken griechischer Herkunft strebten, und das für Sklaven nahezu unerreichbar blieb. Von diesen beiden gesellschaftlichen Kategorien, den Hauptakteuren des Wirtschaftslebens, galt es, sich abzugrenzen. Die allgemeine Bewertung wirtschaftlicher Tätigkeit unter den Bürgern muss in einem engen Zusammenhang mit diesem Umstand gesehen werden.

[240] Vgl. Lauffer, S. (1958), S. 499.
[241] Vgl. Bürgin, A. (1996), S. 73.

3. Wirtschaftsverfassung

Die „Wirtschaftsverfassung“ bezeichnet die rechtliche und faktische Regelung und Organisation des Wirtschaftens bezüglich der Verfügungsrechte, der Gütererzeugung, der gesellschaftlichen Arbeitsteilung und der Verteilung.

3.1 Das private Wirtschaftsleben

Mit dem Versuch, die Wirtschaft Attikas anschaulich darzustellen, tritt ein fundamentaler Unterschied antiker und heutiger Denkweisen zutage. Es ist wichtig zu betonen, dass die hier vorgenommene, dem Denken in „Wirtschaftssektoren“ folgende Zusammenstellung der uns überlieferten wirtschaftlichen Aktivitäten nur einer modernen Perspektive entspringen kann. Sie widerspricht in zumindest zwei Aspekten dem antiken Verständnis vom „Wirtschaften“.

Einesteils ist die hier vorgenommene „Entzerrung“ von Gesellschaft und Wirtschaft ein Kunstgriff, der wohl keinem Athener eingefallen wäre. Schon im persönlichen Herrschaftsbereich des Politen, dem (in der Mehrzahl bäuerlichen) Haushalt (οἶκος), war eine Trennung der sozialen und wirtschaftlichen Funktionen nicht denkbar. Die persönlichen Beziehungen zu Familie und Gesinde, ihre Führung und Versorgung durch landwirtschaftliche Tätigkeit und Tausch bildeten, wie deren Besprechung in *Xenophons* Lehrdialog „Oikonomikos“ und in der unter dem Namen des *Aristoteles* überlieferten gleichnamigen Schrift anschaulich belegt, eine selbstverständliche Einheit.[242] Die Gesamtheit dieser Funktionen bildet den ursprünglichen Sinngehalt des Wortes οἰκονομία. Im Denken der Griechen trat der wirtschaftende Einzelne nicht heraus in einen autonomen, zusammenhängenden Wirtschaftskörper, sondern er erfüllte eine notwendige, auf die Haushaltung bezogene soziale Aufgabe.

Doch auch auf der gesamtgesellschaftlichen Ebene der Polis standen wirtschaftliche Angelegenheiten ständig im Einflussbereich übergeordneter, nichtwirtschaftlicher Überlegungen. Der „Ökonomie“ im modernen Sinne des Wortes kam im klassischen Athen keine autonome Existenz zu; sie blieb als ein Aspekt des Gesellschaftlichen den Prinzipien der Polis untergeordnet.[243] So erklärt sich das Fehlen des Begriffes „Wirtschaft“ im antiken Wortschatz.

Daraus ergibt sich als weiterer hier hervorzuhebender Aspekt des griechischen Wirtschaftsdenkens, dass die nun zu schildernden wirtschaftlichen Aktivi-

---

[242] Xen. Oik. 3; [Aristot.] Oik. 1343b-1344b. Vgl. hierzu auch Egner, E., Der Verlust der alten Ökonomik. Seine Hintergründe und Wirkungen, Berlin 1985, S. 25.

[243] Vgl. Austin, M., Vidal-Naquet, P. (1984), S. 10; Bürgin, A. (1996), S. 56.

täten gedanklich nicht als Einheit gesehen wurden.[244] Gemäß seiner faktischen „Einbettung“ ins Gesellschaftliche erscheint ökonomisches Handeln im griechischen Denken gemeinsam mit anderen Handlungstypen, wie etwa bei der Einordnung des Raubes und der Kriegskunst unter die „natürlichen“ Erwerbsformen durch *Aristoteles* im Rahmen seiner Kategorisierung der „Erwerbskunst“.[245] Wie das antike Wirtschaften eingebettet war in ein komplexes System anderer Sozialbeziehungen, so war es auch in andere Begriffskategorien eingebunden.

3.1.1 Agrikultur und Bergbau

Die Landwirtschaft zu klassischer Zeit

Wie in der gesamten Antike, so blieb die Landwirtschaft auch im klassischen Athen die tragende Säule des allgemeinen Wohlstands. Die attische Landbevölkerung blieb wahrscheinlich auch nach den dramatischen Landverwüstungen und verstärkter Stadtsiedelung während des Peloponnesischen Krieges[246] gegenüber der Stadtbevölkerung in der Mehrzahl, und viele Stadtbewohner besaßen zweifellos auch Grund und Boden außerhalb des Stadtbezirks.

Ob die Masse der attischen Landwirte eher über das Land verstreut oder in den kleinen Landgemeinden (Demen) beisammen lebte, ist nicht sicher zu erweisen; ohne Zweifel erstreckte sich aber um die Mauern Athens ein ausgedehnter Vorstadtbereich, in dem die Güter dicht beieinander lagen.[247] *Bleicken* vermutet, dass im 4. Jahrhundert noch mindestens zwei Drittel aller Bürger Grundbesitzer waren.[248]

Über die **landwirtschaftlichen Erzeugnisse** der Athener sind wir recht gut unterrichtet. An Getreide wurde auf den vorwiegend leichten Böden Attikas bevorzugt die flachwurzelnde Gerste gegenüber dem tiefwurzelnden Weizen angebaut. Im Jahre 329/8 betrug dieses Verhältnis etwa 11 zu 1, und der Gesamtertrag des Landes lässt sich auf ungefähr 225.000 hl schätzen.[249]

---

[244] Vgl. Finley, M. I. (1977), S. 12; Spahn, P. (1992), S. 526.

[245] Aristot. Pol. 1256b.

[246] Thuk. II, 17.

[247] Vgl. Hopper, R. J. (1982), S. 179.

[248] Vgl. Bleicken, J. (1994), S. 101. *Dionysios von Halikarnassos* berichtet, dass ein Gesetzesantrag im Jahre 403, der das Bürgerrecht an den Grundbesitz binden wollte, im Falle seiner Annahme fast 5.000 Athener um ihre politischen Rechte gebracht hätte. Vgl. Austin, M., Vidal-Naquet, P. (1984), S. 235f. mit Dion. Hal., Lys. 32.

[249] Anhand einer Getreideabgabenliste des Demeterheiligtums in Eleusis. *Bleicken* schätzt, dass diese Menge für etwa 100.000 Menschen gereicht haben dürfte. Vgl. Bleicken, J. (1994), S. 100; Jones, A. H. M. (1986), S. 77f.

Die Getreideproduktion konnte allerdings nicht mit der Bevölkerungsentwicklung Schritt halten; wahrscheinlich bereits unter *Solon* (etwa im Jahr 594) war die Ausfuhr von Getreide verboten worden.[250] Spätestens seit Beginn des 5. Jahrhunderts führten die Athener regelmäßig Getreide ein, hauptsächlich aus dem Schwarzmeergebiet und Sizilien, aber auch aus Italien, Zypern und Ägypten. Aufgrund ihrer lebenswichtigen Bedeutung für die Polis wurden die Getreideeinfuhren zu einem der ersten Anliegen athenischer Politik (s. unten Abschnitt 3.2.2).

Mit anderen landwirtschaftlichen Produkten war die Polis offenbar recht gut versorgt. Vor allem gedieh die Olivenkultur, so dass Attika Öl exportieren konnte. Aber auch Wein, Feigen und weitere Obst- und Gemüsesorten lieferte das Land offenbar in hinreichendem Maße.[251]

Die spärliche Überlieferung lässt auf eine relativ untergeordnete Bedeutung der Viehwirtschaft in der landwirtschaftlichen Erzeugung schließen. Immerhin muss es eine ausgedehnte Ziegenwirtschaft als Hauptquelle von Häuten, Fleisch und Milch gegeben haben, wie denn auch die attische Landschaft lediglich für Kleinvieh (auch Schafe und Schweine) hinreichend Weidefläche bot. Die Großviehhaltung war wohl im wesentlichen auf die Aufzucht von Zug- und Opfertieren beschränkt. An keiner Stelle lassen sich hingegen Belege für eine systematische Entwicklung der Viehwirtschaft oder praktische Erörterungen über Züchtung, Wartung und Einsatz von Nutztieren finden.[252] Indessen hat die Haltung und Aufzucht von Pferden eine gewisse Bedeutung erlangt, wenn auch mehr aus militärischen und Statusinteressen denn aus wirtschaftlichen Gründen.[253]

Gewiss befand sich ein bedeutender Anteil der kultivierbaren Fläche Attikas im Staatseigentum bzw. in der Verfügungsgewalt der Demen und ihrer ländlichen Heiligtümer, wenn hierzu auch keine genaueren Angaben möglich sind. Bisweilen erstreckten sich die Verfügungsrechte der Polis auch auf privaten Grundbesitz, wie im Falle der geheiligten Olivenbäume, deren Ertrag von der Polis verpachtet wurde und deren Entfernung mit Verbannung und Vermögenskonfiskation bestraft wurde.[254]

Leider lässt die Quellenlage auch keine gesicherten Angaben über die **Größenaufteilung des individuellen Landbesitzes** zu. Zweifellos überwog aber die Zahl der kleinen und mittleren Höfe; auch gibt es für die klassische Zeit kaum Hinweise auf eine Konzentration des Grundeigentums.[255] Im Übrigen ließ die

---

[250] Plut. Solon 24, 1.
[251] Vgl. Bleicken, J. (1994), S. 99.
[252] Vgl. Hopper, R. J. (1982), S. 185.
[253] Vgl. beispielsweise Xen. Oik. 3, 8 und Demosth. 42, 24.
[254] Lys. 7, 2-3.
[255] Vgl. Audring, G. (1977), S. 40.

räumliche Gliederung Attikas nur in den Ebenen einen Zusammenschluss zu größeren Gütern zu. *Bleicken* schätzt einen Besitz von 20 ha als bereits über dem Durchschnitt liegend ein.[256] Das Erbrecht, das kein Erstgeburtsrecht kannte und die gleichmäßige Verteilung des Besitzes unter die legitimen Söhne vorsah,[257] und die Praxis der Mitgift mögen eher zu einer Zersplitterung des Grundbesitzes beigetragen haben. Im Besitz einzelner vermögender Familien sind bis zu sieben Güter in verschiedenen Teilen Attikas überliefert.[258]

Eng verbunden mit dem Problem der Betriebsgrößen ist die Frage des **Sklaveneinsatzes** in der Landwirtschaft. Die Mehrzahl der attischen Kleinbauern konnte sich wahrscheinlich aufgrund des begrenzten Umfangs des οἶκος außerhalb der Erntezeit keine zusätzlichen Arbeitskräfte, ob frei oder unfrei, leisten.[259] Auf den größeren Landgütern, die sich wohl meist noch im Besitz der alten Adelsfamilien befanden, wurde dagegen gewiss mit Hilfe von Sklavenarbeit gewirtschaftet.[260]

Es ist selbstverständlich davon auszugehen, dass solche größeren Höfe, die auch bewusst für den Markt und (zumindest im Falle der Gewinnung von Olivenöl) sogar für den Export produzierten, auch bereits eine einfache Art schriftlicher Buchführung kannten.[261] Für die Mehrzahl der kleineren Bauerngüter kann dies jedoch nur eingeschränkt gelten. *Xenophon* legt in seinem Lehrdialog über die Haushaltsführung das größte Gewicht auf die Vermittlung des Gedankens der ἐπιμέλεια, des bloßen „Sich-Kümmerns" um die verschiedenen Belange des Hofes.[262] Dieses Minimalprogramm ist weit entfernt von unserer Vorstellung einer „rationalen" Betriebsführung. Auch die auf das späte 4. Jahrhundert datierte pseudo-aristotelische Haushaltungsschrift liefert nur sehr bescheidene Winke für eine systematische Verwaltung von Aufwendungen und Gerätschaften.[263]

Das vorrangige Produktionsziel der bäuerlichen Hauswirtschaft blieb die Selbstversorgung. So deuten die Quellen häufig auf gemischte Betriebsformen

---

256 Vgl. Bleicken, J. (1994), S. 101.
257 Vgl. Finley, M. I. (1977), S. 122.
258 Vgl. ebenda, S. 114.
259 Vgl. Bleicken, J. (1994), S. 101f.
260 Vgl. etwa Xen. Oik. 20, 16. Von den römischen „Sklavenkasernen" der Kaiserzeit, von denen aus große Flächen mit rationellen Methoden bewirtschaftet wurden, waren diese Güter jedoch weit entfernt. Zur Annahme begrenzten Sklaveneinsatzes auf attischen Bauernhöfen vgl. auch Weber, M. (1988), S. 148f. Eine differenzierte Quellenanalyse hierzu bietet Hopper, R. J. (1982), S. 181f.
261 Vgl. beispielsweise die Ertragsaufstellung in der Demosthenesrede gegen Phainippos um die Mitte des 4. Jahrhunderts, Demosth. 42, 20.
262 Seine Schrift enthält diesen Begriff, die Varianten mitgerechnet, 111mal. Vgl. Audring, G., Einführung zu Xenophons „Oikonomikos", in: Xenophon, Ökonomische Schriften, Berlin 1992, S. 26.
263 [Aristot.] Oik. 1345a.

hin; der Anbau von Getreide, Obst und Oliven und eine bescheidene Kleinviehhaltung erlaubten dem durchschnittlichen οἶκος – zumindest vor den Verheerungen des Peloponnesischen Krieges – eine weitgehende Autonomie. Überschüsse wurden auf dem Markt angeboten, von wo auch zusätzlich benötigte Güter beschafft wurden, wie Salz, Geräte und Artikel des gehobenen Bedarfs.[264]

Die bäuerliche Hauswirtschaft des einzelnen Politen, welche die Grundstruktur der attischen Wirtschaft bildete, war also eine relativ in sich geschlossene Einheit; der Agora kam demgegenüber nur eine ergänzende Funktion zu.[265] Indessen bestand wohl im näheren Einzugsbereich Athens eine zunehmende Tendenz zur erwerbswirtschaftlichen Orientierung auch kleinerer Einheiten,[266] möglicherweise im Zusammenhang mit der Not der Bauernschaft in den Nachkriegsjahren des 4. Jahrhunderts.

Der Eindruck einer natürlichen Beschränkung in der erwerbswirtschaftlichen Orientierung wird vertieft durch den Blick auf die **Technik** der landwirtschaftlichen Produktion. Weder eine Produktivitätssteigerung noch ein ökonomischer Rationalismus, welcher diese zielbewusst mittels Weiterentwicklung der Arbeitsorganisation und der landwirtschaftlichen Methoden anstrebte, lassen sich hier in bemerkenswertem Umfang nachweisen.[267] Die grundlegenden Techniken der Bodennutzung waren aus vorantiker Zeit tradiert. In der klassischen Zeit wurde ihnen wenig Neues hinzugefügt. So glich der primitive Pflug, den wir von Vasenbildern kennen, im wesentlichen dem prähistorischen *Ard*;[268] auch wurde Getreide offenbar noch ausschließlich mit der Handsichel geerntet.[269]

Indessen kannte man zu klassischer Zeit Zusammenhänge zwischen der Beschaffenheit unterschiedlicher Böden und dem Gedeihen verschiedener Nutzpflanzen; zur Bodenverbesserung wandte man neben der Gründüngung auch bereits tierischen Dünger an und begann ansatzweise, die unproduktive Brache durch Rotation verschiedener Kulturpflanzen zu ersetzen.[270]

Fortschritte in der technischen Beherrschung der Natur lassen sich also nur in Details ausmachen. Solche Verfeinerungen ergaben sich im wesentlichen aus der praktischen Erfahrung und täglicher Beobachtung. Auch das uns erhaltene Schrifttum zur οἰκονομία, das solchermaßen akkumuliertes Wissen in vereinzelten Verfahrenshinweisen wiedergibt, kann schwerlich als „agrarwissenschaft-

---

[264] Vgl. Bleicken, J. (1994), S. 102; [Aristot.] Oik. 1344b.

[265] Dies betonen, wenn auch (in der Tradition von *Rodbertus* und *Bücher*) mit zu großer Ausschließlichkeit, *E. Egner* (1985, S. 16f.) und *K. Polanyi* (1977, S. 166).

[266] Vgl. Audring, G. (1977), S. 32f.

[267] Vgl. Finley, Technical Innovation and Economic Progress in the Ancient World, in: The Economic History Review, Second Series, Vol. 18, Utrecht 1965, S. 30.

[268] Vgl. Hopper, R. J. (1982), S. 184.

[269] Vgl. Toutain, J., The Economic Life of the Ancient World, London 1968 (Engl. Erstausgabe 1927), S. 37.

[270] Vgl. ebenda, S. 37f.

lich“ bezeichnet werden. Nicht von ungefähr schreibt *Xenophon*, die Landwirtschaft zeichne sich vor den anderen Fächern dadurch aus, dass sie durch bloßes Zusehen und Zuhören unverzüglich erlernt werden könne.[271]

Über die Bedeutung der **Verpachtung** bei der ökonomischen Verwertung privaten Grundbesitzes sind wir kaum unterrichtet. Da Pachtverträge zwischen Privatpersonen nicht auf Stein, sondern auf leichter verderbliches Material geschrieben wurden, sind lediglich Verträge zwischen Einzelpersonen und öffentlichen Körperschaften (wie Demen und Phratrien, oder auch kleineren Kultgemeinschaften) erhalten, die vornehmlich Grundstücke von Tempeln und anderen Heiligtümern betreffen.[272] Dabei ist insbesondere das gänzliche Vorherrschen der Geldpacht gegenüber der Naturalpacht bemerkenswert. Aus den umfangreichen und detaillierten Auflagen für die Bodenbestellung geht auch hervor, wie man das Land am besten kultivieren und erhalten zu können glaubte.

Im Zusammenhang der ökonomischen Verwertung landwirtschaftlichen Besitzes ist abschließend die Frage von Bedeutung, inwieweit das Grundeigentum selbst **Verkehrsobjekt** war. Gesetzliche Bodenverkehrsbeschränkungen wie wahrscheinlich in der solonischen Zeit bestanden in der klassischen Bürgerpolis offenbar nicht; indessen erhoben noch im 4. Jahrhundert die attischen Demen eine Abgabe auf den Landbesitz nicht zum Demos gehörender Personen.[273]

Doch ist zu fragen, ob die Verkehrsfreiheit des Grundeigentums notwendigerweise zu einer Kommerzialisierung führen musste. In einer Rede des *Lysias* wird vom raschen Wechsel unter den Eigentümern und Bewirtschaftern eines Landstückes berichtet;[274] der erste Eigentumswechsel resultiert dabei allerdings aus einer Vermögenskonfiskation, und die beiden genannten Verkäufe fanden in der Krisenzeit zum Ende des Peloponnesischen Krieges (404/403) statt. Auch der bekannte Bericht des *Ischomachos* in *Xenophons* „Oikonomikos“, in dem er *Sokrates* von dem Grundstückshandel seines Vaters erzählt, der mehrmals vernachlässigte Grundstücke erwarb, um sie nach ihrer Kultivierung mit Gewinn weiterzuverkaufen,[275] ist wohl ebenfalls auf die Ausnahmesituation während dieses Krieges mit seinen dramatischen Landverwüstungen und Menschenverlusten zu beziehen.

Typischer scheint dagegen das Beispiel einer wohlhabenden Familie zu sein, deren Besitz zweier Landgüter über mehrere Generationen des 5. und 4. Jahrhunderts hinweg verfolgt werden kann.[276]

---

[271] Xen. Oik. 15, 10 und 19, 17.

[272] Eine Zusammenstellung der einschlägigen Inschriften aus dem 4. Jahrhundert bietet Hopper, R. J. (1982), S. 189-192.

[273] Vgl. Weber, M. (1988), S. 134.

[274] Lys. 7, 4-10.

[275] Xen. Oik. 20, 22-26.

[276] Vgl. Finley, M. I. (1977), S. 114f.; Davies, J. K. (1971), S. 77-89.

Angesichts der traditionellen Bedeutung des Landbesitzes für die Versorgung und den gesellschaftlichen Status der meisten Bürgerfamilien liegt es nahe, dass er als besondere Güterkategorie bewertet wurde und ererbter Grund und Boden nur in Ausnahmefällen für den Verkauf zur Verfügung stand.[277] *Finley* weist darauf hin, dass es weder einen erkennbaren Immobilienmarkt gab noch auch nur einen griechischen Begriff für „Landverkäufer“ oder „Makler“.[278]

Aufgrund der Geographie Attikas hatte – im Unterschied zur Jagd – der **Fischfang** der Küstenbewohner große Bedeutung für die Versorgung der Polis. Neben vielerlei Fischarten auf dem Markt ist auch das Angebot verschiedener Fischkonserven belegt.[279]

Der Bergbau

Eine für die ökonomische Situation der Polis unschätzbare Bedeutung kam dem attischen **Bergbau** zu. Neben den Marmorbrüchen in den Gebirgszügen des Pentelikon und Hymettos sind hier vor allen Dingen die Silberminen im Gebiet von **Laureion** an der Südspitze Attikas zu nennen, welche die ergiebigsten des griechischen Mutterlandes waren.

Die Polis behielt sich – zumindest im 4. Jahrhundert – das ausschließliche Eigentum an den Silbergruben vor, selbst wenn sie unter privatem Grundbesitz angelegt waren. Privates Bodeneigentum begründete also kein Verfügungsrecht über die darunter liegenden Mineralien, und an den Bergwerken selbst konnte kein Privateigentum erworben werden.[280] Die Minen brachten der Polis nicht nur regelmäßige Einnahmen aus der Verpachtung, sondern lieferten ihr auch das Metall für die in der ganzen antiken Welt angesehene attische Silberwährung (s. u.).[281]

Aus den aufgefundenen staatlichen Pachtlisten geht hervor, dass das Bergbaugebiet sehr genau parzelliert war und die Pachtsummen für bereits erschlossene Gruben von deren bisheriger Ergiebigkeit beeinflusst waren.[282] Die Schürfrechte konnten (wohl im Zuge eines Bietverfahrens) auf Zeit von Bürgern und Metöken erworben werden; auch sind Partnerschaften mehrerer Personen zum Betrieb von Minen bezeugt.[283]

Zum Abbau und zur Verhüttung des Silbererzes setzten die Grubenpächter wohl vorwiegend Sklaven ein; ob neben den Konzessionären selbst noch andere Freie für Lohn in den Gruben arbeiteten, ist nicht überliefert. Entsprechend dem

---

[277] Vgl. Audring, G., Anmerkungen zu Xenophon, Ökonomische Schriften (1992), S. 128; im gleichen Sinne Austin, M., Vidal-Naquet, P. (1984), S. 125.
[278] Vgl. Finley, M. I. (1977), S. 139.
[279] Vgl. Heichelheim, F. M. (1969), S. 385.
[280] Vgl. Hopper, R. J. (1982), S. 213f.
[281] Vgl. Bleicken, J. (1994), S. 100.
[282] Vgl. Hopper, R. J. (1982), S. 214-217.
[283] Vgl. ebenda., S. 218 und S. 220f.

Ertragsrisiko und dem nicht von vornherein absehbaren Arbeitskräftebedarf war es dagegen üblich, Sklavenarbeit in großem Umfang zu mieten. *Xenophon* berichtet in seiner Schrift Πόροι, in der er die Ausweitung des (zu seiner Zeit daniederliegenden) Bergbaus empfiehlt, dass der reiche athenische Stratege *Nikias* allein 1.000 Sklaven nach Laureion vermietet habe, ein weiterer Athener 600 und ein dritter 300.[284] Diese Zahlen sind jedoch in Zweifel zu ziehen. Immerhin schätzt aber *Lauffer* die Gesamtzahl der in Laureion beschäftigten Sklaven auf zeitweise bis zu 30.000 bis 35.000 Arbeitskräfte.[285]

Der Bergbau bot also offenbar immense Gewinnmöglichkeiten; dennoch blieb die Fördertätigkeit auch nach der Beendigung des Dekeleischen Krieges deutlich eingeschränkt.[286] Erst etwa um die Mitte des 4. Jahrhunderts gewannen die Bergwerke anscheinend wieder an Bedeutung.[287] *Xenophon*, der seine Denkschrift etwa um 355 verfasste, verweist in diesem Zusammenhang auf die gegenwärtige Armut der Betreiber, das erhebliche Erschließungsrisiko und auf die daraus folgende mangelnde Bereitschaft, sich diesem Wagnis auszusetzen.[288] An anderer Stelle bemerkt er, in Laureion habe stets ein Mangel an Arbeitskräften geherrscht.[289]

Die im laurischen Bergbau angewandte Verfahrenstechnik und Fachkenntnis war bemerkenswert entwickelt, insbesondere in der Verhüttung des blei- und schwefelhaltigen Silbererzes, wo ein hoher Ausschmelzungsgrad und Feingehalt erreicht wurde.[290]

3.1.2 Städtisches Gewerbe und Handel

Das Handwerk

Eine ebenfalls in Griechenland einmalige Entfaltung erlebte das **Handwerk** im klassischen Athen. In der Blütezeit der Pentekontaëtie erreichten die Spezialisierung und die künstlerische Leistung der handwerklichen Berufe einen glanzvollen Höhepunkt.

Diese Beobachtung scheint kaum mit dem begrenzten Ansehen vereinbar zu sein, in dem die Handwerkertätigkeit allgemein stand (s. unten Abschnitt 4.3.2).

---

284 Xen. Poroi 4, 14-15.

285 Vgl. zusammenfassend Lauffer, S. (1979), S. 161f.

286 Laut *Thukydides* liefen im Zuge der spartanischen Besetzung Dekeleias im Jahr 413 angeblich über 20.000 Sklaven, „der größte Teil davon Handwerker", zum Feind über (Thuk. VII, 27).

287 Vgl. Hopper, R. J. (1982), S. 212.

288 Xen. Poroi 4, 28-29.

289 Xen. Poroi 4, 3-4.

290 Vgl. Lauffer, S. (1979), S. 42-44.

Der Widerspruch relativiert sich aber, wird man sich bewusst, dass das Handwerk zu großen Teilen in den Händen von Fremden lag. Dies waren zum einen die Metöken, deren wirtschaftliche Aktivitäten durch den Ausschluss vom Bodenerwerb auf Handwerk und Handel konzentriert waren. Des weiteren überließen ja, wie bereits erwähnt, vielfach reiche Athener ihren Sklaven oder Freigelassenen die selbstständige Leitung eines Ergasterions (ἐργαστήριον = Werkstätte, Laden). Darin wirtschafteten diese als Handwerker auf eigene Rechnung, wofür sie einen vereinbarten Betrag aus ihrem Verdienst an ihren Herren abzuführen hatten. Überdies arbeitete der freie Handwerker oft Seite an Seite mit seinem oder seinen Sklaven, was den dienenden, abhängigen Charakter seiner Tätigkeit unterstrich.

Am weitesten scheint die berufliche Differenzierung im lederverarbeitenden Gewerbe fortgeschritten zu sein; zumindest gehören die meisten und größten überlieferten Ergasterien zu diesem Handwerkszweig. Neben den Gerbern fanden sich Schuhmacher, Sattler, Halftermacher und Schildanfertiger,[291] und es scheinen regelrechte Zulieferbeziehungen bestanden zu haben. *Xenophon* beschreibt die Arbeitsteilung im Schuhmachergewerbe,[292] und eine arbeitsteilige Produktion auch innerhalb des einzelnen Betriebes wird durch ein auf der Agora gefundenes Relief belegt.[293]

Zumindest auch für größere Töpfereien lässt sich aus Vasenbildern eine betriebliche Arbeitsteilung feststellen, wie etwa eine personale Trennung in Aufseher, Töpfer, Maler und Brenner.[294] Ansonsten erreichte die gerade in Athen am weitesten entwickelte Keramikherstellung ihre Fortschritte ohne jegliche technische Innovation. Die Töpferscheibe, die Eigenschaften des Tons und die Technik des Brennens waren schon in der Bronzezeit bekannt. Die herausragende Leistung des attischen Töpferhandwerks bestand nicht in ihrer Weiterentwicklung, sondern in der größeren Kunstfertigkeit bei der Handhabung der bekannten Prozesse und Materialien.[295] Weitere Werkstätten im tonverarbeitenden Gewerbe stellten Backsteine und Ziegel, Öllampen oder Terrakottafiguren als Weihgeschenke und Spielzeug her.

Die Funde in allen Teilen der damals bekannten Welt bezeugen besonders für das 5. Jahrhundert die überragende Qualität attischer Vasen und das deutliche Übergewicht Athens auf dem „Markt" für Exportgefäße.[296] Außer der Ausfuhr von Keramik ist übrigens kein Export athenischer Manufakturwaren

---

[291] Vgl. Heichelheim, F. M. (1969), S. 375f.
[292] Xen. Kyr. VIII, 2, 5.
[293] Vgl. Camp, J. M., Die Agora von Athen: Ausgrabungen im Herzen des klassischen Athen, Mainz 1989 (Originalausgabe London 1986), S. 166-168.
[294] Vgl. Heichelheim, F. M. (1969), S. 372.
[295] Vgl. Finley, M. I. (1965), S. 31.
[296] Vgl. Heichelheim, F. M. (1969), S. 379f.

bekannt.[297] Doch darf man die Bedeutung der Keramikwerkstätten für den wirtschaftlichen Wohlstand Athens nicht überschätzen. Selbst für die Blütezeit werden höchstens etwa 100 Töpfer in Athen angenommen; zusammen mit den Hilfskräften waren also höchstens 500 Menschen mit der Herstellung von Keramik beschäftigt.[298]

Auch das holzverarbeitende Handwerk wies eine starke Berufsspezialisierung auf. Außer Zimmerleuten, Möbelschreinern und Schiffbauern hatten sich in klassischer Zeit auch Spezialberufe wie Drechsler, Kunst- oder Sargtischler etabliert.[299]

Von besonderer Bedeutung für die Macht Athens war, ebenso wie der Schiffbau, der ebenfalls bereits stark differenzierte Zweig der Metallverarbeitung. So sind mehrere Werkstätten zur Waffenherstellung überliefert. Aus dem Hauptgewerbe hatten sich Silber-, Gold-, Kupfer- und Eisenschmiede als eigenständige Berufe entwickelt; für das Kunsthandwerk war außerdem die Erzgießerei bedeutsam.[300]

Als letzte handwerkliche Berufszweige von herausragender Bedeutung, wiederum besonders als Kunsthandwerk im heutigen Sinne, seien die Steinmetze und Bildhauer genannt, die besonders im Neuausbau der Akropolis in der zweiten Hälfte des 5. Jahrhunderts bleibende Zeugnisse ihrer Kunst schufen.

Die dort und anderenorts gefundenen Bauabrechnungen der verantwortlichen Beamten geben wertvolle Einblicke in die bei den öffentlichen Baumaßnahmen herrschenden **Arbeitsverhältnisse**. Sie belegen, wie Bürger, in Attika ansässige Metöken und Sklaven nebeneinander und für die gleiche Bezahlung arbeiteten. Ein kleinerer Teil der Arbeitskräfte erhielt (ohne Ansehen des Berufs) einen festen Tageslohn von einer Drachme; die einzelnen Steinmetz- und Bildhauerarbeiten wurden dagegen genau arbeitsteilig und stückweise abgerechnet.[301] Der Lohn der Sklaven wurde wahrscheinlich direkt von ihren Herren einbehalten. Möglicherweise waren unter ihnen aber auch solche, die ihre Arbeitskraft selbstständig verwerteten, und ihren Eigentümern eine feste Abgabe zu entrichten hatten.[302]

Weiterhin geben diese Inschriften[303] Aufschluss über den erheblichen Planungsaufwand für Arbeitsabläufe und Materialbeschaffung, da (außer den Staatssklaven) jeweils eine Vielzahl kleiner Handwerker und Lieferanten mit

---

297 Vgl. Finley, M. I. (1977), S. 160.
298 Vgl. Bürgin, A. (1996), S. 71.
299 Vgl. Heichelheim, F. M. (1969), S. 380.
300 Vgl. ebenda, S. 382f.
301 Eine Auswertung der Bauabrechnungen des Erechtheions auf der Akropolis aus den Jahren 409–407 bieten Austin, M., Vidal-Naquet, P. (1984), S. 243-248.
302 Vgl. hierzu Weber, M. (1988), S. 142f. und Lauffer, S. (1979), S. 107f. mit Andok. 1, 38.
303 Vgl. zusammenfassend Hopper, R. J. (1982), S. 165-171.

den erforderlichen Arbeiten zu beauftragen und stückweise zu entlohnen war. Auffällig ist hierbei auch das offensichtliche Fehlen einzelner „Unternehmer“, welche die Baumaßnahmen unter Vorleistung privaten Betriebskapitals organisiert hätten.

Die Textil- und Nahrungsmittelherstellung war zu klassischer Zeit noch zu großen Teilen in der bäuerlichen Hauswirtschaft verhaftet. Oft lag das Weben von Kleidern und anderen Textilgegenständen sowie die Bereitung von Speisen wie Wurst, Käse oder Brot in den Händen der Hausfrauen des οἶκος, wobei Überschüsse verkauft wurden, was für die Übergangsphase von der Hausarbeit zu einem eigenständigen Handwerk bezeichnend ist. Als eigenständige Tätigkeiten in diesen Bereichen hatten sich daneben schon die Berufe des Walkers und Webers, sowie des Müllers und Bäckers herausgebildet. Gewiss gab es auch eine Anzahl Wirtshäuser im klassischen Athen.[304] Die Neue Komödie des späten 4. Jahrhunderts lässt außerdem mehrfach regelrechte Speiselieferantentrupps für private Festlichkeiten, bestehend aus Koch, Servierer und Küchenjungen, auftreten.[305] Als besonders arbeitsintensives Saisongewerbe ist abschließend der Betrieb von Öl- und Weinpressen zu nennen, bei denen 30 Sklaven beschäftigt werden konnten.[306]

Bezeichnend für diese wie für überhaupt alle technischen Vorgänge ist, dass man sich auf die Anwendung menschlicher Muskelkraft beschränkte; der Einsatz von tierischer Muskelkraft oder gar Wasserkraft lässt sich für die klassische Zeit kaum nachweisen.[307]

Ein Blick auf die **Betriebsgrößen** in den einzelnen produzierenden Gewerben führt zu einem weiteren, aus heutiger Sicht zunächst nicht leicht begreiflichen Wesenszug des attischen Wirtschaftslebens. Trotz weit fortgeschrittener Spezialisierung und teils auch innerbetrieblich arbeitsteiliger Organisation nahm die Produktion in Athen nicht den Charakter einer „industriellen“, d. h. einer nach rationellen Methoden in Großbetrieben zusammengefassten Fertigung an.

Die in den verstreuten literarischen Angaben und den Pacht- und Hypothekeninschriften überlieferten Ergasterien scheinen oft kaum mehr als an geringwertige Wohnhäuser angebaute Schuppen zu sein, in denen ein oder mehrere Sklaven allein oder mit ihrem Besitzer arbeiteten.[308] Der Eindruck einer weitgehenden Zersplitterung der Gewerbe in kleine und kleinste Einheiten wird durch die archäologischen Befunde im Töpferviertel und im Bereich der Agora bestätigt.[309] Die größten überlieferten Betriebe sind die Schildwerkstätte der

---

304 Vgl. Heichelheim, F. M. (1969), S. 374f. und S. 378f.
305 Vgl. Casson, L. (1984), S. 40.
306 Vgl. Pekáry, T., Die Wirtschaft der griechisch-römischen Antike, Wiesbaden ^{2}1979, S. 24.
307 Vgl. Hopper, R. J. (1982), S. 161.
308 Vgl. ebenda, S. 150; Pekáry, T. (1979), S. 24.
309 Vgl. Hopper, R. J. (1982), S. 154.

Metöken *Lysias*, des Redners, und seines Bruders, die im letzten Jahr des Peloponnesischen Krieges rund 100 Sklaven beschäftigt haben soll,[310] und die beiden Ergasterien, welche der Vater des *Demosthenes* besaß, eine Messerschmiede und eine Bettenwerkstatt mit 32 oder 33 beziehungsweise 20 Sklaven.[311]

Das Beispiel des *Demosthenes* illustriert, wie auch anderweitig belegt ist,[312] dass vermögende Personen eher mehrere kleine oder mittelgroße Betriebe mit unterschiedlicher Produktion als einzelne große Werkstätten besaßen, vielleicht ein Hinweis darauf, dass der große Betrieb riskant war oder nicht für organisierbar gehalten wurde.[313]

Einen aufschlussreichen Hinweis auf die Nachfragesituation im Athen des 4. Jahrhunderts bieten jedenfalls *Xenophons* Überlegungen zur begrenzten Aufnahmefähigkeit des Marktes in seinen „Poroi", als er die Ausweitung des Silberbergbaus empfiehlt. Er argumentiert dort, „dass allein in dieser von allen Arbeiten, die ich kenne, niemand auf andere neidisch wird, die sich noch hinzugesellen ... Denn hier liegen die Dinge anders als in dem Fall, dass die Kupferarbeiten billiger werden und die Kupferschmiede aufgeben, wenn es viele Kupferschmiede gibt, und die Eisenschmiede ebenso"[314]. Es ist außerdem anzunehmen, dass die Beschaffung größerer Mengen der benötigten Rohstoffe in manchen Gewerben Schwierigkeiten bereitete.[315]

Die Quellen zur Beschäftigung in den Ergasterien vervollständigen das Bild für die wichtige Frage, welchen Stellenwert die **freie Lohnarbeit** im klassischen Athen einnahm. Waren Werkstätten oder Landgüter groß genug, um dauerhaft die Dienste einer Anzahl von Arbeitskräften in Anspruch zu nehmen, so scheinen sie fast ausschließlich Sklaven beschäftigt zu haben. Tatsächlich sind Betriebe, die Freie auch nur in einem halbwegs dauerhaften Arbeitsverhältnis beschäftigten, in den Quellen nicht zu finden.[316] In den Bereichen dauerhafter Beschäftigung muss die Verfügbarkeit von Sklavenarbeit die erzielbaren Löhne gedrückt und die Möglichkeiten freier Lohnarbeit eingeschränkt haben.

Im Unterschied zu dem auf einem langfristigen Eigentums- und Unterhaltsverhältnis beruhenden Sklaveneinsatz eignete sich jedoch die Arbeit freier Tagelöhner besonders zur Deckung eines kurzfristigen Arbeitskräftebedarfs. Freie Lohnarbeit war also hauptsächlich Gelegenheitsarbeit und, besonders

---

310 Lys. 12, 8 und 19. Vgl. hierzu die vertiefte Quellenkritik von K. Bücher (1922), S. 11f.
311 Demosth. 27, 9.
312 Aischin. 1, 97; Demosth. 36.
313 Vgl. Bleicken, J. (1994), S. 103.
314 Xen. Poroi 4, 4-6. Vgl. Finley, M. I. (1977), S. 161f.
315 Vgl. Pekáry, T. (1979), S. 25.
316 Vgl. Finley, M. I. (1977), S. 80f.

durch den wechselnden Bedarf in der Landwirtschaft, auch saisonal bedingt.[317] Weitere typische Gelegenheitsarbeiten waren die Tätigkeit auf Baustellen und als Lastenträger im Hafen. Trotz der neueren Ausbeutungsformen der Mietsklaverei und des möglicherweise selbstständigen Arbeitsangebots abgabepflichtiger Lohnsklaven bestand wohl in diesen Bereichen meist ein Mangel an unfreien Arbeitskräften. Diese prinzipielle Funktionsteilung mag erklären, warum Freie das Arbeitsangebot der Sklaven offenbar nicht als Konkurrenz empfanden.[318]

Zur Vermittlung der Gelegenheitsarbeit freier und unfreier Tagelöhner entwickelte sich gegen Ende des 5. Jahrhunderts ein an dem westlich an die Agora angrenzenden Hügel (dem Kolonos Agoraios) gelegener Treffpunkt. Hier warteten, gewiss zu früher Stunde, die Arbeitssuchenden auf Nachfrage; der Kolonos Agoraios war also ein „Arbeitsmarkt" im engsten Sinne des Wortes.[319] Auf diesem „Markt" hat allerdings der Marktpreis, der Tageslohn, wahrscheinlich von vornherein festgestanden.

Der Handel Athens

In aller Regel verkauften wohl die Handwerker ihre Waren selber, entweder direkt vor oder in der Werkstatt oder auf der **Agora**. Ein großes Areal in der direkten Umgebung der Agora erwies sich bei den Ausgrabungen als dicht mit Werkstätten besetzt,[320] was die wirtschaftliche Bedeutung dieses städtischen Zentrums unterstreicht.

Weitere Anbieter dort waren neben den (stadtnahen) Bauern die Kleinhändler (κάπηλοι), die ebenfalls Nahrungsmittel und sonstige Artikel des Tagesbedarfs anpriesen. Um den Bedarf Athens an speziellen landwirtschaftlichen Erzeugnissen zu decken, begaben sich solche oder Zwischenhändler wohl mitunter auch in die entfernteren Dörfer Attikas.[321]

Auf der Agora konnte der Athener Brot, Gemüse, Früchte, Honig, Käse, Fische, Schlachttiere, Geflügel, Wein, Holzkohle, Parfüm, Geschirr, Bronze- und Eisenwaren u. Ä. erwerben; für die einzelnen Warengattungen gab es jeweils besondere Plätze und offenbar auch bestimmte Tage oder Stunden.[322] Um die Funktion der Agora als Austauschplatz für Überschüsse der οἶκοι und als Drehscheibe für den täglichen und gelegentlichen persönlichen Bedarf der Athener zu gewährleisten, suchte die Polis ihren geregelten Betrieb mit Hilfe

---

[317] Vgl. Finley, M. I. (1977), S. 80. *Mrozek* geht indessen von einem höheren Stellenwert langfristiger Lohnverhältnisse aus, ohne jedoch seine These für Athen schlüssig belegen zu können. Vgl. Mrozek, S., Lohnarbeit im klassischen Altertum. Ein Beitrag zur Sozial- und Wirtschaftsgeschichte, Bonn 1989, S. 26-28 und S. 168.

[318] Vgl. Finley, M. I. (1977), S. 89; Austin, M., Vidal-Naquet, P. (1984), S. 87.

[319] Vgl. Lauffer, S. (1958), S. 507.

[320] Vgl. Camp, J. M. (1989), S. 153.

[321] Vgl. Audring, G. (1977), S. 33.

[322] Vgl. Andreades, A. (1965), S. 314.

besonderer Beamter sicherzustellen (s. Abschnitt 3.2.2). Kaum zu trennen von der (ja erst später hinzugekommenen) wirtschaftlichen Funktion ist die politisch und sozial integrierende Funktion der Agora, die als Mittelpunkt des öffentlichen Lebens eine wichtige Begegnungsstätte der Polisbewohner unterschiedlichen Standes und sozialen Ranges darstellte.[323]

Das eigentliche, für die Existenz der Polis entscheidende Handelsgeschehen spielte sich jedoch auf dem **Emporion** (ἐμπόριον), dem Groß- und Fernhandelsplatz Attikas im Hafen Piräus ab. Der Aufstieg Athens zur größten Seemacht während der Perserzeit und seine hegemoniale Seebundspolitik hatten den Piräus zum ersten Handelsplatz der griechischen Welt werden lassen. Hier tauschten Fernhändler (ἔμποροι) mit Einheimischen oder untereinander Getreide, Wein, Sklaven, Metalle, Bauholz, Pech, Takelwerk, Wolle, Leder, Teppiche, Elfenbein usw.; die Erhebung der Hafenzölle von einem Fünfzigstel des Handelswertes von Einfuhr oder Ausfuhr wurde an Bürger verpachtet und brachte diesen und der Polis beträchtliche Einnahmen.[324]

Der Handel Athens war fast ausschließlich **Seehandel**. Der Binnenhandel über Böotien und die Megaris blieb wegen der schlechten Wegeverhältnisse und der Feindschaft dieser Nachbarn unbedeutend.[325] Doch auch die Handelsschifffahrt war durch erhebliche Unsicherheiten belastet. Das Geschäftsrisiko lag zum einen in dem Mangel an verfügbaren Informationen über Absatzmöglichkeiten und Preisentwicklung in den Zielgebieten. Aufgrund des mangelhaften Nachrichtenwesens waren die Händler auf ihre Erfahrung angewiesen und reisten meist ohne feste Bestellungen los.[326] Die Handelsfahrt selbst aber war durch Schiffbruch, Seeräuberei und kriegerische Auseinandersetzungen gefährdet.[327] Oft dauerte eine solche Fahrt mehrere Wochen, zumal die Lastschiffe in der Regel an den Küsten entlang segelten, um die Gefährdung durch Stürme zu verringern. In der schlechten Jahreszeit, etwa von Oktober bis April, ruhte dagegen bis auf wenige Ausnahmen der gesamte Schiffsverkehr.

Ein weiteres Problem stellte die mindere Qualität der Münzen anderer Poleis dar; dazu kam die Rechtsunsicherheit an den fernen Handelsplätzen.[328] Der Erhöhung der Rechtssicherheit diente aber die verbreitete Einrichtung der Proxenie, die in etwa dem modernen Konsulat vergleichbar ist. Der fremde Händler konnte sich um Hilfestellung in Rechts- und Geschäftsfragen an seinen

---

[323] Vgl. Bürgin, A. (1996), S. 100f.
[324] Vgl. ebenda, S. 94.
[325] Vgl. Bleicken, J. (1994), S. 107.
[326] Vgl. ebenda.
[327] *Thukydides* berichtet etwa (Thuk. II, 67), zu Anfang des Peloponnesischen Krieges hätten die Spartaner fast alle Kaufleute, die sie auf dem Meer ergriffen, ohne Ansehen ihrer Herkunft umgebracht.
[328] Vgl. Bleicken, J. (1994), S. 107f.

Proxenos, den offiziell akkreditierten Vertreter seiner Heimatstadt wenden.[329] Daneben bestanden vereinzelt Rechtshilfeabkommen zwischen Athen und anderen Poleis, die ab der Mitte des 4. Jahrhunderts durch die Ausbildung eines Handelsrechts ersetzt wurden, das vor allem fremde Kaufleute mit den athenischen Bürgern auf eine Stufe stellte, im Handel tätigen Sklaven die Rechts- und Geschäftsfähigkeit zuerkannte und beschleunigte Gerichtsverfahren vorsah.[330]

Die meisten Großhändler waren nicht selbst Schiffseigentümer (ναύκληροι), mieteten also von diesen Laderaum. Zudem mussten sie sich zur Beschaffung des Kapitals wie auch zur Verteilung des Risikos meist[331] einen privaten Darlehensgeber suchen, der somit als dritte beteiligte Partei zum Seegeschäft hinzutrat.[332] Diese Geldgeber waren in großer Mehrzahl Bürger, wohingegen ein Großteil der Händler sowie fast alle Schiffseigner Fremde oder Metöken waren.[333]

Die **Seedarlehen**[334], die meist relativ bescheidene Summen umfassten, wurden schriftlich niedergelegt und galten nur für die Dauer einer Handelsfahrt. Als Sicherheit bot der Schuldner entweder sein Schiff oder die Ladung oder beides, was für den Gläubiger die Gefahr eines Totalverlustes bedeutete. Das hohe Risiko schlug sich in einem äußerst hohen Zins (τόκος = Nachwuchs, Junges) nieder.[335] Die Bereitschaft beider Partner, diese Risiken einzugehen, lässt auf außerordentlich hohe Gewinnspannen bei gelungenen Außenhandelstransaktionen schließen.

Zieht man noch den Umfang der Handelsschifffahrt in Betracht,[336] erscheint es verwunderlich, dass sich im klassischen Athen, anders als im kaiserlichen Rom, keine diesem Volumen angemessenen Betriebsformen ausbildeten, wie etwa größere Handelshäuser oder Reedereien. Man hat dies auch auf die Risiken des Überseehandels sowie mangelnde Kapitalakkumulation zurückzuführen versucht.[337] Diese Erklärung erscheint jedoch wenig stichhaltig, da gerade durch Zusammenschlüsse diese Risiken verteilt und die erheblichen Kontrahierungskosten gemindert worden wären, und des weiteren das mit dem gegebenen

---

[329] Vgl. Casson, L., Traders and Trading in Classical Athens, in: Ders., Ancient Trade and Society, Detroit 1984, S. 33.

[330] Vgl. Austin, M., Vidal-Naquet, P. (1984), S. 122f.

[331] Oder immer? Vgl. Demosth. 34, 51: „Kein Schiff, kein Naukleros, kein Emporos ist imstande, seine Handelsfahrt anzutreten, ohne den ihm gewährten Kredit des Geldbesitzers". Übersetzung nach Hasebroek, J. (1966b), S. 7.

[332] Vgl. Casson, L. (1984), S. 27.

[333] Vgl. ebenda, S. 30.

[334] Hauptsächlich überliefert durch fünf Gerichtsreden, die *Demosthenes* für zu Schaden gekommene Geldgeber oder Kaufleute schrieb.

[335] Vgl. Austin, M., Vidal-Naquet, P. (1984), S. 123.

[336] *Pekáry* schätzt allein für die Getreideversorgung Athens im 5. Jahrhundert einen jährlichen Bedarf von 100 bis 200 Schiffsladungen. Vgl. Pekáry, T. (1979), S. 28.

[337] So Casson, L. (1984), S. 26f.; Bleicken, J. (1994), S. 108.

Handelsvolumen ohnehin verbundene Kapitalaufkommen vieler Einzelner effizienter gebündelt worden wäre. Als schlüssigere Begründung ist vielleicht neben dem fast völligen Ausfall der Handelsschifffahrt in den stürmischen Wintermonaten[338] das Fehlen eines „Unternehmerdenkens", d. h. einer auf ein langfristiges Erwerbsziel gerichteten ökonomischen Handlungsorientierung unter den Politen, in Betracht zu ziehen. Die überlieferten Engagements wohlhabender Athener im Seegeschäft tragen den Charakter reizvoller, kurzfristiger Gelegenheitsanlagen für einen begrenzten Teil ihres liquiden Vermögens.[339]

In jedem Falle bietet der Großhandel Athens ein ähnliches Bild wie die landwirtschaftliche und handwerkliche Produktion. Auch hier wurde das gegebene Volumen durch eine Vielzahl kleiner, kapitalschwacher Einheiten erwirtschaftet.

Leider lässt die Quellenlage keine quantitativen Aussagen zu, um den Stellenwert des athenischen Außenhandels genauer zu beurteilen. Der einzige Anhaltspunkt in dieser Beziehung wären die Zolleinnahmen der Polis, über deren Höhe sich allerdings auch nur vage Vermutungen äußern lassen. *Andreades* schätzt für das Athen der klassischen Zeit ein Minimum von 40 Talenten jährlich; die Zölle stellten überhaupt die wichtigste steuerliche Einnahme der griechischen Poleis dar.[340]

Neben der fiskalischen ist besonders die versorgungspolitische Bedeutung des Außenhandels für die Athener hervorzuheben. Die wichtigsten Importgüter – Getreide, Schiffsbauholz und Metalle – waren für das Dasein der Politengemeinschaft von existenzieller Bedeutung. Auf der Ausfuhrseite findet sich dagegen kaum Lebenswichtiges. Als größte Posten sind hier wohl der Export von Olivenöl und handwerklicher Artikel wie der bemalten Keramik anzuführen.[341] Die Frage nach dem Vorzeichen der attischen „Handelsbilanz" lässt sich durchaus nicht eindeutig beantworten. *Bleicken* geht von einer in ganzen eher positiven Handelsbilanz aus; dagegen nimmt *Bürgin* einen großen Importüberschuss an.[342] Fest steht jedoch, dass die Athener durch ihre reichen Silbervorkommen in die glückliche Lage versetzt wurden, etwaige Importüberschüsse mit gemünztem Silber begleichen zu können.[343]

---

[338] Vgl. Bleicken, J. (1994), S. 108.

[339] *Hasebroek* sieht in der Seedarlehensspekulation auch ein häufig gewähltes Mittel, einen Teil des Besitzes zu verschleiern und so dem Zugriff des Staates zu entziehen. Vgl. Hasebroek, J. (1966b), S. 92 und 165f. und unten Abschnitt 3.2.1.

[340] Vgl. Andreades, A. (1965), S. 317-323. Die Höhe der Zolleinnahmen würde indessen auch keine Unterscheidung von Ein- und Ausfuhren zulassen. Man muss sicherlich auch davon ausgehen, dass einzelne Geschäfte vor den Zolleinnehmern verheimlicht werden konnten.

[341] Vgl. Bürgin, A. (1996), S. 95.

[342] Vgl. Bleicken, J. (1994), S. 110; Bürgin, A. (1996), S. 98.

[343] Vgl. Bürgin, A. (1996), S. 98.

Die **attische Silberwährung**[344], im 6. Jahrhundert eingeführt, nahm überhaupt eine Sonderstellung unter den Währungen der griechischen Welt ein. Das Prägen eigener Münzen, das ein selbstverständliches Privileg der jeweiligen Polis war, hatte neben den wirtschaftlichen Zielen auch eine wichtige Bedeutung als Symbol politischer Unabhängigkeit.[345] Viele der bekannten 265 Poleis der klassischen Zeit, die eigene Währungen besaßen, erlagen dabei der Versuchung, aus der Verfälschung ihrer eigenen Münzen Profit zu ziehen, worunter letztlich auch die Akzeptanz dieser Münzen, besonders im Ausland, litt.[346] In Athen dagegen wurde bis auf eine Ausnahme[347] das Gewicht und der Feingehalt der Münzen niemals angetastet.

Die attische Währung wurde im gesamten Mittelmeerraum bevorzugtes Zahlungsmittel, und als solches als eine Art „Weltwährung" anerkannt.[348] Ihre Bedeutung für den Ruhm und die wirtschaftliche Anziehungskraft der Polis ist nicht zu unterschätzen. In diese Richtung zielte auch der Versuch Athens, in seinem Herrschaftsbereich seine Münzen als einziges Zahlungsmittel durchzusetzen, was die Verpflichtung der Bundesgenossen einschloss, ihre Tribute in attischem Geld zu entrichten.[349] In Athen selbst hatte der Gebrauch der Silbermünzen im Laufe des 5. Jahrhunderts den Tausch in Naturalien wohl weitestgehend ersetzt, wobei sich die Naturalwirtschaft auch wegen des chronischen Mangels an Münzen[350] noch weiter erhielt.

Die Notwendigkeit des Umtauschs fremder Münzen in die einheimische Währung hatte bereits im späten 6. Jahrhundert den Beruf des **Trapeziten** (von τράπεζα = Tisch), des Geldwechslers und Prüfers, entstehen lassen. Angesichts der Komplexität des griechischen Münzsystems erforderte diese Aufgabe umfangreiche Kenntnisse über die Vielzahl von Typen und Standards. Die Tätigkeit des Geldwechslers wurde auch durch Fälschungen und dadurch erschwert, dass manche Münzen jahrhundertelang in Umlauf blieben.[351]

Die zweite Funktion des Trapeziten war die Entgegennahme von Einlagen, die sich wahrscheinlich allmählich aus der Praxis, sich der Wechsler als Zahlungsmittler zu bedienen, entwickelte. Die Einschaltung eines Wechslers bei größeren Zahlungen hatte den Vorteil, dass der Gläubiger sicher sein konnte, in

---

344 Vgl. Anhang II, S. 170.

345 Vgl. Austin, M., Vidal-Naquet, P. (1984), S. 103.

346 Vgl. Andreades, A. (1965), S. 195f.

347 In der schweren Kriegszeit des Jahres 406 wurden Münzen mit Kupferkern in Umlauf gebracht. Vgl. ebenda, S. 218.

348 Vgl. Heichelheim, F. M. (1969), S. 295.

349 Vgl. Finley, M. I. (1977), S.201f. *Finley* sieht diese Maßnahme als rein machtpolitisch motiviert an.

350 Vgl. ebenda, S. 198.

351 Vgl. Bogaert, R. (1986), S. 7f.

vollwertiger Münze bezahlt zu werden, während der Schuldner einen Zeugen für die Zahlung hatte. Gewiss erwies es sich als praktikabel, größere Summen für noch unbestimmte Zahlungen zu hinterlegen, insbesondere im Falle der Fernkaufleute, die oft abwesend waren und den größten Teil der Kunden ausmachten.[352] Bargeldlose Zahlungen zwischen verschiedenen Plätzen, die das erhebliche Risiko des körperlichen Geldtransports umgangen hätten, waren dagegen unbekannt.[353] Ob die Trapeziten im klassischen Athen für bestimmte Depositen Zinsen zahlten, lässt sich nicht zweifelsfrei nachweisen; indessen vermutet man heute eine Vergütung von zehn Prozent für solche Einlagen, die dem Trapeziten zur Weiterverwendung zur Verfügung standen.[354]

Diese dritte Funktion des Trapeziten, die Gewährung von Darlehen aus bei ihm hinterlegten Münzsummen, lässt ihn schließlich zu einem „Bankier" im modernen Sinne werden. Für den Anfang des 4. Jahrhunderts sind in Athen allein acht Bankiers sicher bezeugt, in der Mehrzahl Metöken, von denen der bereits erwähnte *Pasion* als der reichste galt.[355] Die Zinssätze der Banken für die im allgemeinen durch Pfänder in Edelmetall besicherten Darlehen bewegten sich wahrscheinlich um die 18 Prozent.[356] Neben Geld wurden übrigens auch Gegenstände wie Tafelgeschirr und Gewänder ausgeliehen, was eher an ein Leihhaus als an ein Kreditinstitut denken lässt.[357]

Bezeichnend für die Rolle der Banken wie für das Wesen der attischen Wirtschaft überhaupt ist nun, dass offenbar nur ein geringer Teil dieser Kredite produktiven Zwecken diente. Die weitaus meisten Darlehen von Trapeziten scheinen für persönliche Zwecke wie Konsum- und Repräsentationsausgaben, die Begleichung früherer Privatschulden oder die Finanzierung von Mitgiften und Bestattungen vergeben worden zu sein.

Dieses Ergebnis wird allerdings durch die Forschungen *Cohens* relativiert, der auf die Schwierigkeiten bei der Bestimmung des Kreditgrundes verweist und Hinweise auf die Vergabe von Seedarlehen durch athenische Bankiers gefunden hat.[358] Keine der in Frage stehenden Gerichtsreden bezeugt jedoch sicher einen Trapeziten als Darlehensgeber dieses einzig typischen Geschäftskredits der griechischen Antike. Den Grund für diese Zurückhaltung der Bankiers sieht *Bogaert* vor allem in dem Risiko solcher Darlehen, welches das Vertrauen in die

352 Vgl. Bogaert, R. (1986), S. 10.
353 Vgl. Hasebroek, J. (1966b), S. 90.
354 Vgl. Bogaert, R. (1986), S. 16f.
355 Vgl. Bürgin, A. (1996), S. 66.
356 Vgl. Bogaert, R. (1986), S. 18f.
357 Vgl. Hopper, R. J. (1982), S. 145 mit [Demosth.] 49, 22-24.
358 Vgl. Cohen, E. E., Commercial Lending by Athenian Banks: Cliometric Fallacies and Forensic Methodology, in: Classical Philology 85, 1990, S. 177-190, insbesondere S. 185-190 mit Demosth. 33, [Demosth.] 49 und Isokr. 17.

Sicherheit der Bankeinlagen erschüttert hätte.[359] Mit Ausnahme der Seedarlehen zeigen die Ausleihungen unter Privatleuten, die zumeist mit Grundbesitz besichert wurden und den größten Teil der überlieferten Darlehensgewährungen ausmachen, das gleiche Bild.[360] In den meisten dieser Fälle standen der oder die Geldgeber in einer engen Beziehung zum Schuldner, und die Darlehenssumme wurde, gemäß der Tradition der Gegenseitigkeit von Gabe und Gegengabe, zinslos gewährt.[361]

Außer im Seehandel ließ die attische Wirtschaftsweise offenbar keinen Kapitalbedarf in größerem Umfang entstehen. Die Bedeutung der Trapeziten für die antike Wirtschaft ist so im wesentlichen in ihrer für den Handel unentbehrlichen Geldwechsler- und Zahlungsmittlerfunktion (die noch im ganzen 4. Jahrhundert die Anwesenheit beider Parteien erforderte[362]) zu suchen.

3.2 Der Staat und die Wirtschaft

3.2.1 Die athenische Staatswirtschaft

Sowenig die Athener in der Gesamtheit aller privatwirtschaftlichen Aktivität eine Einheit sahen, so uneinheitlich gestalteten sie auch bis weit in das 4. Jahrhundert hinein ihre staatswirtschaftlichen Aktivitäten.

Die Vorstellung eines Budgets, das öffentliche Einnahmen und Ausgaben auf jährlicher Basis einander gegenübergestellt hätte, war unbekannt; es gab somit auch keine regelmäßige zentrale Vorsorgeplanung für die Gesamtfinanzierung des öffentlichen Bedarfs.[363] Erst in den letzten Jahren der klassischen Periode ist eine Tendenz zur Konzentration der Finanzverwaltung erkennbar, die mit den Namen des *Eubulos* und des *Lykurg* verbunden ist, welche ab der Mitte des 4. Jahrhunderts (nach dem Zusammenbruch der Staatsfinanzen) jeweils weitreichende Kompetenzen auf sich vereinigen konnten. Der genaue Umfang ihrer Ämter und die einzelnen finanzpolitischen Maßnahmen, mit denen sie ihren Nachruhm erlangten, sind allerdings unbekannt.[364]

---

[359] Vgl. Bogaert, R. (1986), S. 19.
[360] Vgl. ebenda, S. 18 und die Zusammenstellung nicht-produktiver Kredite von Millett, P. (1991), S. 59-71.
[361] Vgl. Millett, P. (1991), S. 127-159 und oben S. 60.
[362] Vgl. Bogaert, R. (1986), S. 10.
[363] Vgl. Austin, M., Vidal-Naquet, P. (1984), S. 97.
[364] Vgl. Andreades, A. (1965), S. 397-401.

Das System der Ausgabendeckung

Dass die Deckung der erforderlichen Ausgaben ohne eine zentrale, zusammenhängende Finanzverwaltung in der Regel gelang, erreichte die Politengemeinschaft mit mehreren nebeneinanderstehenden Einrichtungen, die eine möglichst direkte Verbindung zwischen Einnahmen und Ausgaben gewährleisten sollten. Träger dieses dezentralen Finanzsystems waren verschiedene, voneinander unabhängige Beamtengruppen, die allerdings alle dem Rat als zentraler Kontrollbehörde zur Rechenschaft verpflichtet waren.[365]

Die staatlichen Gelder waren auf eine Anzahl verschiedener **Kassen** verteilt, die jeweils von eigenen Kassenbeamten verwaltet und aus den regelmäßigen Einnahmen der Polis bedient wurden. Die meisten dieser Kassen dienten der Finanzierung der relativ konstanten und berechenbaren regelmäßigen Ausgaben. So gab es eine Vielzahl kleinerer und kleinster Kassen, etwa für Ausgaben der demokratischen Institutionen, der Marktbeamten (s. u.) oder der Opferpriester.

Eine gewisse Auffangfunktion bei außergewöhnlichen und unvorhergesehenen Belastungen erfüllten dagegen die großen, auf der Akropolis verwahrten Kassen. Dies waren die Tempelkasse „der Göttin" (Athene) und die „der anderen Götter" (zeitweise waren diese beiden Kassen auch zusammengefasst) und bis zum Ende des Peloponnesischen Krieges zusätzlich eine staatliche Kasse und die Kasse des Seebunds, die 411 miteinander vereinigt worden waren.[366]

Die Tempelkasse der Athene bildete den Staatsschatz, in den Überschüsse, Beuteanteile und ein kleiner Anteil der Bundesgenossentribute abzuführen waren. Entnahmen sollten dagegen nur in Form von Anleihen vorgenommen werden. Durch dieses Einschieben der Göttin schützten sich die Athener gewissermaßen vor ihrer eigenen Unbeständigkeit.[367] Nach *Thukydides* betrugen diese Reserven am Vorabend des Peloponnesischen Krieges allein 6.000 Talente in gemünztem Silber; außerdem wurde aus dem Schatz ein Betrag von 1.000 Talenten ausgesondert, der nur bei äußerster Gefahr für die Polis angetastet werden sollte, unter Androhung der Todesstrafe für jeden, der eine andere Verwendung beantragen würde.[368] Bis zum Scheitern der Sizilischen Expedition im Jahr 413 gelang mit diesen Maßnahmen auch tatsächlich die Erhaltung des Staatsschatzes; danach jedoch war an eine Rückzahlung der entnommenen Gelder nicht mehr zu denken.[369]

Alle fälligen Beträge, darunter auch die Tribute der Bundesgenossen, wurden von den so genannten Apodekten (ἀποδέκτης = Einnehmer) eingezogen und waren nach Möglichkeit noch am selben Tag nach Maßgabe der Volksbeschlüs-

---

[365] Vgl. Bleicken, J. (1994), S. 253.
[366] Vgl. ebenda.
[367] Vgl. Andreades, A. (1965), S. 341f.
[368] Thuk. II, 13 und II, 24.
[369] Vgl. Andreades, A. (1965), S. 343.

se auf die verschiedenen Kassen zu verteilen. Die dritte wichtige Gruppe von Finanzbeamten neben den Kassenbeamten und Apodekten waren die Poleten (πωλητής = Verkäufer), welche unter der direkten Aufsicht des Rates die Schürfrechte in den Minen von Laureion sowie die Zölle und andere Steuern (s. u.) an Privatleute verpachteten, die Aufträge für die öffentlichen Bauten vergaben und das Vermögen der Verbannten und der zum Tode Verurteilten versteigerten.[370] Die Veruntreuung von Geldern scheint sich dabei in Grenzen gehalten zu haben. Die zahlreichen überlieferten Anklagen wegen Unterschlagung sind nach Meinung *Bleickens* eher Ausdruck einer wirksamen Kontrolle als etwaiger Mängel des Systems.[371]

Das Leiturgiewesen

Die wichtigste Institution, mit der die Athener parallel zu ihrem Kassensystem dem Problem der Ausgabendeckung begegneten, war die erwähnte Praxis der **Leiturgien** (λειτουργία = Dienst an der Gemeinschaft). Durch die Verpflichtung eines wohlhabenden Bürgers oder Metöken zur Übernahme der Kosten und Durchführung einer öffentlichen Aufgabe konnten feste Ausgaben direkt mit festen Einnahmen verbunden und die Verwaltung der Polis erheblich entlastet werden. Der Kreis der Verpflichteten richtete sich, wie erwähnt, nach einem Mindestvermögen von drei oder vier Talenten, und zwischen jeder solchen Verpflichtung lag in aller Regel ein Jahr.[372]

Aus dem 4. Jahrhundert sind über einhundert regelmäßige und unregelmäßige Leiturgien überliefert.[373] Die bedeutendsten unter ihnen dienten kultischen und militärischen Zwecken. Als wichtigste Leiturgie galt die **Choregie**, bei welcher der Chorege den Chor für einen der zahlreichen dramatischen oder musikalischen Wettbewerbe zusammenzustellen, auszurüsten und zu verpflegen hatte. Die **Gymnasiarchie** bestand in der Finanzierung der sportlichen Wettkämpfe und Fackelläufe anlässlich der großen religiösen Feste der Polisgemeinschaft, während die **Hestiasis** wohl vornehmlich öffentliche Speisungen zu derartigen Feiern einschloss.[374]

Die weitaus bedeutendste militärische Leiturgie war die **Trierarchie**. Der Trierarch übernahm für ein Jahr die Verpflichtung, eine von der Polis gestellte

---

[370] Vgl. Bleicken, J. (1994), S. 249.
[371] Vgl. ebenda, S. 260.
[372] Vgl. Davies, J. K. (1971), S. XXIV; Bleicken, J. (1994), S. 252.
[373] Vgl. Finley, M. I. (1977), S. 180.
[374] Vgl. Andreades, A. (1965), S. 310-312.
[375] Der normale Typ des attischen Kriegsschiffs mit drei Ruderreihen auf jeder Seite; die Besatzung umfasste so allein 170 Ruderer.

Triere[375] in Stand zu halten, für das Kommando zu sorgen, und zumindest einen Teil des Mannschaftssolds zu zahlen. Im Verlauf des Peloponnesischen Krieges wurden jährlich bis zu 400 Trierarchen bestellt; diese außergewöhnliche Belastung der reicheren Schichten führte dazu, dass nach 411 die Einrichtung der gemeinsamen Trierarchie von zwei oder schließlich auch mehr Personen aufkam. Weitere Reformen im 4. Jahrhundert zielten darauf, die Trierarchie durch Organisation der Trierarchiepflichtigen in Gruppen (Symmorien) sicherzustellen.[376]

Im System der Leiturgien zeigt sich deutlich das Wesen der Polis als Solidargemeinschaft. Die Übernahme einer Leiturgie galt als ehrenvoll, und oft kam es sogar vor, dass Verpflichtete mehr Leiturgien auf sich nahmen als nötig, und sich der Aufgabe mit größtmöglicher Freigiebigkeit entledigten, um ihre Hingabe an das Gemeinwesen zu demonstrieren.[377] Das Leiturgiewesen war damit auch Ausdruck der angestrebten persönlichen Eigenständigkeit der Polisbürger. Die persönliche Verantwortung und Zurechnung eines bestimmten Dienstes an der Allgemeinheit förderten zudem ihren Eifer, andere an Leistung zu übertreffen.[378] Zweifellos zog ostentative Freigiebigkeit – trotz der formalen Gleichheit aller Politen – eine günstigere Machtposition des Wohltäters in politischen Angelegenheiten oder vor Gericht nach sich.[379] Allerdings ist auch nicht zu verkennen, dass die Bereitschaft zur Übernahme öffentlicher Leistungen angesichts einer zunehmend rücksichtslosen Inanspruchnahme in der Krisenzeit seit dem Ende des 5. Jahrhunderts notwendig zurückgehen musste.

Das Problem der Bestimmung der Leiturgiepflichtigen und der Anpassung der Leiturgielisten an die Vermögensverhältnisse wurde teilweise durch die ebenso eigentümliche wie wirksame Einrichtung der **Antidosis** (ἀντίδοσις = Austausch) gelöst. War jemand der Meinung, dass eine ihm auferlegte Leiturgie richtiger einem anderen zukäme, konnte er auf Vermögensaustausch klagen. War der von dem Verpflichteten Benannte hierzu nicht bereit, so verblieb ihm die Wahl, die Leistung seinerseits zu übernehmen oder das Gericht zur Klärung der Verhältnisse anzurufen.[380]

Das besondere, direkte Solidarverhältnis zwischen dem Einzelnen und der Polisgemeinschaft, das sich im Leiturgiewesen (trotz der allmählichen Zunahme

---

[376] Vgl. Gabrielsen, V., Financing the Athenian Fleet. Public Taxation and Social Relations, Baltimore 1994, S. 173-183.

[377] Vgl. Austin, M., Vidal-Naquet, P. (1984), S. 100.

[378] Vgl. Meier, C., Wie die Athener ihr Gemeinwesen finanzierten, in: U. Schultz (Hrsg.), Mit dem Zehnten fing es an. Eine Kulturgeschichte der Steuer, München 1986, S. 31.

[379] Vgl. Davies, J. K. (1971), S. XVIIf. mit Belegen.

[380] Vgl. Andreades, A. (1965), S. 313. Es ist allerdings unklar, ob es jemals zu einem solchen Vermögensaustausch kam.

des Zwangsaspekts) vielfach äußerte, erfährt seine Bestätigung durch die aus dem 4. Jahrhundert häufig überlieferte Praxis der **Epidosis**. Die ἐπιδόσεις waren freiwillige Geldspenden einzelner Bürger oder auch Fremder, vorwiegend für außerordentliche kriegerische und religiöse Zwecke, aber auch Sachgeschenke wie Bauten, Schiffe, Waffen oder Getreidespenden.[381]

Die Staatsausgaben der Athener

Unter den Ausgaben, die über das System der öffentlichen Kassen abgewickelt wurden, bildeten die **Tagegelder** (μισθοί) der Polisdemokratie den größten Posten.

Wie gesehen, war im Laufe des 5. Jahrhunderts die Besoldung der Teilnehmer an den demokratischen Institutionen eingeführt worden, zunächst ein Tagegeld in Höhe von anfangs zwei Obolen für Richter, dann auch für die Ratsherren und sonstigen Beamten und um 400 auch für den Besuch der Volksversammlung.[382] Schließlich wurde sogar für den Besuch der Aufführungen im Rahmen der religiösen Feste das erwähnte Schaugeld (θεωρικόν) gezahlt. Dessen Bedeutung nahm im 4. Jahrhundert zu, indem es auch auf den zahlreichen Festen verteilt wurde, an denen keine Aufführungen stattfanden, und gipfelte in dem Beschluss, die Überschüsse der anderen Kassen in der Theorikon-Kasse zu vereinigen.[383]

Weitere Auszahlungen leistete die Polis an die Familien der im Krieg Gefallenen bis zur Volljährigkeit der Waisen sowie an alle durch Invalidität Erwerbsunfähigen.[384]

Die Zusammenfassung dieser Auszahlungen sowie der Tagegelder und der Zuteilung von Landstücken in den Kleruchien (vgl. oben S. 42) unter dem Begriff „Sozialpolitik" würde im Hinblick auf die übersichtlichen Verhältnisse in der direkten Polisdemokratie einen falschen Akzent setzen. Die Selbstverständlichkeit sozialer Fürsorge ergibt sich bereits aus dem Wesen der Polis als Personalverband, der die Existenz seiner Glieder zu sichern hat. Es gab keine „Sozialpolitik" als Maßnahme eines abstrakten Staats, vielmehr waren die Auszahlungen des demokratischen Athen eine Selbstversorgung der Bürgerschaft, eine Verteilung gemeinschaftlicher Einkünfte.[385]

Einen weiteren Ausgabenschwerpunkt bildeten die Besoldung der Soldaten und Seeleute des stehenden Heeres sowie die sonstigen Aufwendungen für die

---

[381] Vgl. Andreades, A. (1965), S. 142 und S. 372.
[382] Vgl. ebenda, S. 269f.
[383] *Andreades* beklagt mehrfach die „verhängnisvolle" Wirkung dieser späten Entwicklung auf die Machtfähigkeit und Eigenständigkeit Athens. Vgl. ebenda, S. 277f. und S. 405f. *Bleicken* hebt dagegen die konsolidierende Wirkung der Kassenzentralisierung unter *Eubulos* und später *Lykurg* hervor. Vgl. Bleicken, J. (1994), S. 78 und S. 258.
[384] Vgl. Andreades, A. (1965), S. 262f.
[385] Vgl. auch Austin, M., Vidal-Naquet, P. (1984), S. 98f.

mächtige Flotte, wie der Schiffbau und die Anlage von Schiffshäusern (da die Schiffe nicht zu lange im Wasser liegen durften).

Finley weist darauf hin, dass die umfassende Bezahlung der bürgerlichen Pflichterfüllung in Griechenland einzigartig war, und wertet dieses Prinzip als Grund für die bemerkenswerte innere Stabilität Athens über fast zwei Jahrhunderte.[386]

Neben die Besoldung der Amtsträger traten als weitere Kosten der allgemeinen Verwaltung insbesondere die Ausgaben für den Unterhalt der zahlreichen Staatssklaven, darunter die skythische Polizeitruppe und die öffentlichen Bauarbeiter.

In den ungeheuren Aufwendungen für die öffentlichen Baumaßnahmen – deren Schwerpunkt viel mehr auf kultischem und repräsentativem denn auf infrastrukturellem Gebiet lag – drückte sich der Anspruch der demokratischen Bürgerschaft aus, die Macht und Wohlhabenheit ihrer Polis zu demonstrieren und ihre kulturelle Leistung mit der Adelsgesellschaft zu messen.[387] Ähnlich motiviert, doch berechenbarer waren die erheblichen Ausgaben der Gemeinschaft für ihre regelmäßigen kultischen Feste und Opfer.

Angesichts der Häufigkeit bewaffneter Konflikte mag es nicht ganz treffend erscheinen, die damit verbundenen höheren militärischen Belastungen als „außerordentliche" Ausgaben zu bezeichnen. In jedem Falle unterlagen die Aufwendungen Athens hierdurch von Jahr zu Jahr starken Schwankungen, die eine vorausschauende Ausgabenbudgetierung erheblich erschwerten.

Die Staatseinkünfte der Athener

Die staatlichen Einnahmen der Athener, aus welchen die verschiedenen öffentlichen Kassen bedient wurden, lassen sich wegen des hegemonialen Charakters der Polis neben ihrer Unterscheidung in ordentliche und außerordentliche noch in einheimische und auswärtige Einkünfte unterteilen.

Hinsichtlich der in Attika erzielten ordentlichen Einnahmen ist zunächst an die **Erträge aus dem staatlichen Eigenbesitz** zu denken. Die Nutzungsrechte an Weide- und Kulturland wurden gemäß der dezentralen Kassenorganisation vielfach direkt von den lokalen Demen oder Kultgemeinschaften verpachtet (vgl. oben S. 74). Noch wesentlicher waren wohl die Einnahmen aus der Verpachtung der laurischen Silberminen (vgl. oben S. 75) durch die Poleten.

Nicht unerheblich scheinen auch die **gerichtlichen Einkünfte** gewesen zu sein, zumal im 5. Jahrhundert, als Athen die Zuständigkeit seiner Gerichte auf das gesamte Bündnisgebiet ausdehnte. Neben den Gerichtsgebühren, die wohl direkt in die Zahlung des Richtersolds einflossen, zählen hierzu die teils unmäßig hohen Geldstrafen und die Erlöse aus den für viele Vergehen größtenteils

---

[386] Vgl. Finley, M. I. (1977), S. 207f.
[387] Vgl. Meier, C. (1986), S. 33.

politischen Charakters verhängten Vermögenskonfiskationen.[388] *Aristoteles* beklagt in seiner „Politik" die Demagogen in den Demokratien, die dauernd Anklagen gegen die Reichen erhöben, um ihre Güter konfiszieren zu können.[389]

Das Komplement zur möglichsten persönlichen Eigenständigkeit der Politen im Leiturgiesystem war die weitgehende Vermeidung einer direkten Besteuerung von Bürgern im attischen Steuersystem. **Direkte Steuern** galten als Merkmal der Tyrannis und wurden von der Mehrzahl der Bürger als erniedrigend abgelehnt.[390] Die Erhebung direkter Steuern bei Nichtbürgern symbolisierte demgegenüber deren minderwertigen Status als politisch Außenstehende.[391] In seiner institutionenökonomischen Analyse des attischen Steuersystems weist *Lyttkens* auf die geringe Verhandlungsmacht derjenigen Gruppen hin, die von der Polis einer regelmäßigen direkten Besteuerung unterworfen wurden.[392]

Die bereits erwähnte Kopfsteuer für Metöken (μετοίκιον) stellte wegen deren großer Zahl einen bedeutenden Teil der ordentlichen Einkünfte Athens dar.[393] Sie betrug zwölf Drachmen jährlich für Männer und sechs für alleinstehende Frauen. Eine weitere Fremdensteuer, das ξενικόν, war anscheinend von denjenigen zu zahlen, die auf der Agora tätig waren.[394] Möglicherweise hatten freigelassene Sklaven zusätzlich zum Metoikion noch eine Abgabe von drei Obolen (τριώβολον) zu entrichten; auch eine Sklavensteuer ist nicht auszuschließen. Dagegen ist das Bestehen einer Dirnensteuer (πορνικόν) sicher bezeugt.[395]

Unter den **indirekten Steuern** waren einzig die Verkaufssteuern auf der Agora und die Hafenzölle von größerer Bedeutung für die Polis. Erstere wurden vor Ort bei den Händlern auf der Agora erhoben, und zwar offenbar zu leicht unterschiedlichen, jedoch niedrigen Sätzen (um ein Prozent) für verschiedene Warengattungen.[396]

Die **Hafenzölle** bildeten angesichts der Bedeutung des Piräus sicherlich die wichtigste steuerliche Einnahme Athens.[397] Bis auf vorübergehende Variationen[398] betrug der Zoll im Piräus zwei Prozent auf alle Güter, ganz gleich, ob sie

---

[388] Die Gütereinziehung war in der Regel aber keine Strafe an sich, sondern Folge einer schweren Strafe wie Tod oder Verbannung. Vgl. Andreades, A. (1965), S. 291-293.

[389] Aristot. Pol. 1304b.

[390] Vgl. Austin, M., Vidal-Naquet, P. (1984), S. 100.

[391] Vgl. Finley, M. I. (1977), S. 195.

[392] Vgl. Lyttkens, C. H., A Predadory Democracy? An Essay on Taxation in Classical Athens, in: Explorations in Economic History 31, 1994, S. 70.

[393] *Andreades* hält einen Anteil von zehn Prozent für denkbar. Vgl. Andreades, A. (1965), S. 298.

[394] Vgl. ebenda, S. 296f.

[395] Vgl. ebenda, S. 300-302.

[396] Vgl. ebenda, S. 155 und S. 314.

[397] *Andreades* schätzt diese zu allen Zeiten auf über 40 Talente. Vgl. ebenda, S. 319.

[398] Vgl. ebenda, S. 316f.

importiert oder exportiert wurden und woher sie auch kamen. Der Gedanke, mittels der Zölle Warenströme zu beeinflussen oder durch Errichtung von Zollschranken heimische Gewerbezweige zu schützen, blieb der Politengemeinschaft fern. Wie auch bei den anderen Abgaben auf wirtschaftliche Tätigkeit steht ihr rein fiskalischer Zweck deutlich im Vordergrund.[399]

Für die Erhebung ihrer regulären Steuern verließen sich die Athener, entsprechend zur ökonomischen Verwertung ihrer gemeinschaftlichen Besitzungen, auf das Institut der **Steuerpacht**. Alljährlich versteigerten die Poleten die einzelnen Steuertitel gegen hohe Bürgschaften unter Privatleuten, die die Steuern dann eintrieben und sich zumindest für die bedeutenderen Steuern unter einem Oberpächter zusammenschlossen.[400] Der Vorteil dieses Systems für die Polis bestand in der Sicherstellung (wenn auch nicht der Bevorschussung) fester Summen und – setzt man Wettbewerbsbedingungen bei der Versteigerung voraus – in der Minimierung der Erhebungs- und Durchsetzungskosten, welche durch die Pächter vom eigentlichen Steueraufkommen einbehalten wurden. Bemerkenswerter erscheint aber die sich darin äußernde Bestrebung der Athener, den Umfang der staatlichen Verwaltung, zu deren Ausbau sie zweifellos in der Lage gewesen wären, gering zu halten, auch um den Preis einer Übertragung großer Verfügungsmacht auf Einzelne.[401]

Eine Möglichkeit zur **außerordentlichen** Entlastung der öffentlichen Kassen boten die bereits erwähnten freiwilligen Spenden (ἐπιδόσεις), zu welchen die Polis in drängenden Notlagen aufrief.

Erst als letztes Mittel verließ die Polis das Grundprinzip bürgerlicher Eigenständigkeit und ging zur direkten Besteuerung ihrer wohlhabenderen Mitglieder über. Die schon erwähnte **Eisphora** (εἰσφωρά) war eine außerordentliche Vermögenssteuer, die wohl zumeist in der Form erhoben wurde, dass ein dringend benötigter Betrag auf die reicheren Bürger und Metöken umgelegt wurde.[402] Im Jahre 378/7 führte die Polis eine umfassende Vermögensschätzung durch; später wurden die 300 reichsten Bürger dazu bestimmt, dem Staat den Gesamtbetrag der Eisphora vorzustrecken und von den Mitverpflichteten einzuziehen. Diese προεισφορά genannte Vorerhebung war für die Polis günstiger als eine Verpachtung, da die Verpflichteten ihre Erhebungs- und Durchsetzungskosten nicht erstattet bekamen;[403] folgerichtig galt die προεισφορά als Leiturgie. In den letzten Jahren der Demokratie wurde eine jährliche Eisphora zu

[399] Vgl. Austin, M., Vidal-Naquet, P. (1984), S. 101f.
[400] Vgl. Andreades, A. (1965), S. 171.
[401] Vgl. auch Lyttkens, C. H. (1994), S. 71f.
[402] Vgl. Andreades, A. (1965), S. 351.
[403] Vgl. Lyttkens, C. H. (1994), S. 82f.

Errichtung von Schiffshäusern und anderer Bauwerke für die Landesverteidigung erhoben; zumindest dem äußeren Anschein nach verlor sie damit nicht den Charakter einer zweckgebundenen Sonderumlage.[404]

Die zunehmende Belastung der Minderheit wohlhabender Politen zugunsten des Gemeininteresses infolge der Zerrüttung der Staatsfinanzen nach dem Peloponnesischen Krieg drohte der Solidargemeinschaft der demokratischen Polis die Grundlage zu entziehen. In den schweren Jahren des ausgehenden 5. und des 4. Jahrhunderts häuften sich die Klagen über den hohen Steuerdruck in Athen, in dessen Folge es zunehmend zur Verheimlichung und Thesaurierung von Vermögen kam.[405] Infolge der genaueren Fixierung der staatlichen Ansprüche und der Lastenverteilung musste auch die Leistungsbereitschaft innerhalb des alten Adels zurückgehen, dessen Leistungen mehr und mehr als Bürgerpflicht denn als Ausdruck adliger Generosität angesehen wurden.[406] In diesem Zusammenhang gewann die antike Unterscheidung zwischen „sichtbarem" und „unsichtbarem" Privatvermögen an Bedeutung. Unter „unsichtbarem" Vermögen wurden besonders ausgeliehene Gelder verstanden, die kaum nachweisbar und so dem staatlichen Zugriff entzogen waren.[407]

Eine kontinuierliche Finanzierung des Staates über Anleihen bei privaten Gläubigern blieb dagegen in der klassischen Zeit praktisch undenkbar, insbesondere aus Gründen der Staatsbonität, der Vertretbarkeit von Schuldtiteln und der mangelnden Verfügbarkeit beweglichen Kapitals.[408]

In der Befolgung des antiken Grundsatzes, die eigene Kriegführung wie auch andere Ausgaben aus den Gütern oder Lösegeldern der Besiegten zu decken, machten auch die Athener keine Ausnahme. Einzelne militärische Erfolge brachten mitunter beträchtliche Summen in die Kassen der Polis.[409]

Die entscheidende Stütze der athenischen Staatswirtschaft stellten jedoch die auswärtigen **Tribute** dar, welche die Athener aus dem ersten (478–404) und zweiten (378/7–338) Seebund unter ihrer Führung bezogen. Die Beiträge der Bundesgenossen, ursprünglich für die Verteidigung des Seebundes gegen die Perser bestimmt, hatten bald den Charakter von Untertanentributen angenommen, über deren Verwendung Athen allein entschied. Wenn auch die Kosten der Seerüstung erheblich waren, so ermöglichten die Tribute doch auch die großen öffentlichen Baumaßnahmen der perikleischen Zeit (vgl. oben S. 42). Auch nach

---

404 Vgl. Andreades, A. (1965), S. 349.

405 Vgl. Hasebroek, J. (1966b), S. 92. *Hasebroek* spricht sogar vom „Kampf zwischen Staat und Individuum um den Besitz" (ebenda, S. 165).

406 Vgl. Schmitz, W. (1988), S. 321 und S. 323.

407 *Hasebroek* erklärt so die zunehmende Bedeutung des Darlehensgeschäfts in dieser Zeit. Vgl. Hasebroek, J. (1966b), S. 165f.; Salin, E. (1963), S. 155-157.

408 Vgl. Andreades, A. (1965), S. 179-187.

409 Vgl. ebenda, S. 339.

Gründung des weniger bedeutenden zweiten Seebundes verfolgten die Athener, wie gesehen, nach einer kurzen Periode gemäßigter Beitragserhebung wieder die alte, gewaltsame Tributpolitik.

Diese Verhältnisse zeigen deutlich, wie der ökonomische Bereich den allgemeinen politischen Zielsetzungen der Selbstständigkeit und Machtentfaltung untergeordnet wurde. Nicht mittels Verfeinerung der fiskalischen Methoden aufgrund von Erkenntnissen ökonomischer Zusammenhänge, sondern durch Ausübung politisch-militärischer Macht nach innen bzw. außen versuchten die Athener, die ökonomische Grundlage ihrer Polis zu sichern.

Schätzungen über die jährlichen Gesamteinnahmen Athens sind stark schwankend und mit zahlreichen Unsicherheiten behaftet; doch zeigen sie den außerordentlich hohen Anteil der Tribute an den Einkünften. Die Gesamtsumme der Einkünfte belief sich nach antiken Angaben um 433 auf mindestens 1.000 Talente, um 422 (nach Erhöhung der Tribute) auf fast 2.000, im Jahre 355 (nach dem Bundesgenossenkrieg, s. oben S. 46) dann nur noch auf 130 und im Jahre 340 auf 400 Talente.[410] *Thukydides* gibt die jährlichen Tribute der Verbündeten am Vorabend des Peloponnesischen Krieges mit 600 Talenten an;[411] die inländischen Gesamteinkünfte ließen sich somit für die Blütezeit Athens auf etwa 400 Talente schätzen.[412]

3.2.2 Politik und Wirtschaft

Angesichts einer fehlenden antiken Vorstellung von „der Wirtschaft" als einer eigenständigen gesellschaftlichen Kategorie relativiert sich bereits vorab die Fragestellung, ob es denn eine bewusste „Wirtschaftspolitik" von seiten des Staates, und das heißt der Bürgerschaft Athens, überhaupt gab. Es bleibt zu fragen, inwieweit einzelne Bereiche ökonomischer Aktivität bewusst reguliert wurden, welche Ziele die Politengemeinschaft damit verfolgte und ob sich dahinter partikuläre wirtschaftliche Interessen erkennen lassen.

War auch die Ökonomie selbst kein Ausgangspunkt politischer Aktivität, so wurde doch das Handeln der Polis durch grundlegende ökonomische Zwänge mitbestimmt. Diese bestanden in erster Linie in dem Erfordernis der Ausgabendeckung und dem Bedürfnis der Polis nach Versorgung mit lebenswichtigen Gütern.[413] Die Betrachtung der athenischen Maßnahmen zur Deckung der öffentlichen Ausgaben zeigte bereits, dass Belange der Wirtschaft deutlich hinter dem rein fiskalischen Zweck zurücktraten, und dass dieses ökonomische Ziel durch Einsatz politischer Machtmittel angestrebt wurde.

---

[410] Vgl. Andreades, A. (1965), S. 375 mit den Quellen.
[411] Thuk. II, 13.
[412] Vgl. auch Andreades, A. (1965), S. 378f.
[413] Vgl. Bleicken, J. (1994), S. 116f.

Politik im Interesse der Versorgung

Ein vergleichbares Bild bieten die auf den Handel in ihrem Machtbereich zielenden Beschlüsse der Athener. Mit einer Anzahl von Vorschriften reglementierten sie den Handel der Bundesstädte in der Weise, dass bestimmte Erzeugnisse ausschließlich nach Athen zu liefern waren.[414] In weiteren Bestimmungen dominierten die herrschafts- und machtpolitischen Ziele, wie in dem erwähnten Münzgesetz, das alle Einzelwährungen der Bundesstädte abzuschaffen versuchte, und in dem Beschluss, der die Polis Megara vom Handel im gesamten athenischen Herrschaftsgebiet ausschloss.[415]

Soweit die Athener aber direkten Einfluss auf die Handelsströme zu nehmen versuchten, galt ihre Sorge einzig der Versorgung der Polis mit Lebensmitteln und anderen existenzwichtigen Gütern, wie Bauholz und anderen Materialien für den Schiffbau, vor allem aber Getreide. Mit ihrem niedrigen Stand der Technik, den begrenzten Methoden der Distribution und der beschränkten Fähigkeit, Nahrungsmittel zu konservieren, lebte die antike Stadt in ständiger Bedrohung durch Hungersnöte.[416] Es spricht für sich, dass in Athen die Bestimmung galt, dass in der ersten ordentlichen Volksversammlung einer jeden Prytanie, d. h. zehnmal im Jahr, als fester Tagesordnungspunkt neben der Landesverteidigung Fragen der Getreideversorgung zu beraten waren.[417] Im 4. Jahrhundert mussten ungefähr zwei Drittel des Getreidebedarfs der Polis importiert werden.[418]

Mit dem Verlust seiner politischen und militärischen Vormachtstellung nach dem verlorenen Peloponnesischen Krieg im Jahre 404 waren die Möglichkeiten Athens, direkt oder indirekt Kontrolle über die Quellen der Getreidelieferungen auszuüben, stark eingeschränkt. Bis dahin hatten sich die Athener zur Sicherung der Versorgungswege besonders auf den dauernden Einsatz ihrer mächtigen Flotte stützen können. Nun mussten sie zur Sicherstellung ihrer Bezugsquellen verstärkt zu Mitteln der Diplomatie greifen. So wurden etwa freundschaftliche Beziehungen zu den Herrschern am Bosporus, auf der Krim und auf Zypern angestrebt.[419]

Diesen Versorgungsinteressen entsprangen auch die bereits erwähnten verfahrensrechtlichen Verbesserungen für Fernkaufleute in der zweiten Hälfte des 4. Jahrhunderts, insbesondere die rechtliche Gleichstellung Fremder und die Beschleunigung der Handelsprozesse.

---

[414] Vgl. Bleicken, J. (1994), S. 117; Austin, M., Vidal-Naquet, P., (1984), S. 259-261.

[415] Thuk. I, 67 und I, 139. Dieses Dekret gab, wie erwähnt, den letzten Anstoß zum Peloponnesischen Krieg.

[416] Vgl. Finley, M. I. (1977), S. 203.

[417] Aristot. Ath. Pol. 43, 4.

[418] Davon stammte etwa die Hälfte aus dem entfernten Schwarzmeergebiet. Vgl. Pekáry, T. (1979), S. 28 mit Demosth. 20, 31-32.

[419] Vgl. Austin, M., Vidal-Naquet, P. (1984), S. 94-96.

Der Getreidehandel war auch der einzige Wirtschaftszweig, den die Politen mittels einer umfangreichen Gesetzgebung zu regeln versuchten. So war es jedem Bewohner Attikas gesetzlich verboten, Getreide in einen anderen Hafen als den Piräus zu schiffen, geschweige denn auszuführen; ein Drittel des im Piräus angelandeten Korns musste an Ort und Stelle und zwei Drittel in der Stadt verkauft werden. Ein späteres Gesetz (vermutlich um 350) verbot die Vergabe von Seedarlehen an Getreideschiffe, die ihre Ladung nicht nach Athen brachten.[420] Außerdem durften die Getreidehändler, die das Getreide in der Stadt weiterverkauften, von den Fernhändlern nicht mehr als 50 „Maße" auf einmal übernehmen; diese Vorschrift sollte betrügerische Spekulationen verhindern.[421]

Über die Ausführung dieser und weiterer Bestimmungen hatten mehrere Beamtengruppen zu wachen, welche im Interesse der Konsumenten ein reibungsloses Funktionieren des Handels im Piräus und auf der Agora gewährleisten und gegebenenfalls regulierend in das Marktgeschehen eingreifen sollten.

Für die Durchsetzung der Importvorschriften hatten zehn Aufseher über den Handelshafen und die so genannten „Getreidewächter" (σιτοφύλακες) zu sorgen. Letztere (ursprünglich ebenfalls zehn, zu Zeiten des *Aristoteles* sogar 35) hatten außerdem sicherzustellen, dass die Preise für Mehl und Brot in einem angemessenen Verhältnis zum Getreidepreis standen. Für die Kontrolle anderer Verkaufspreise und der Qualität der Waren waren wiederum zehn Marktaufseher (ἀγορανόμοι) zuständig. Weitere zehn Losbeamte, die μετρονόμοι, wachten über die Einhaltung der amtlichen Hohlmaß- und Gewichtsnormen.[422] Auf der Agora hat man eine Reihe amtlicher Gewichte und Referenzmaße gefunden, deren Gebrauch (wie etwa Füllhöhen für einzelne Fruchtsorten) genau reglementiert war.[423]

Stieg aber nun der Getreidepreis aufgrund von Versorgungsengpässen über ein für die Verbraucher erträgliches Maß an, ernannte die Polis als letztes Mittel Beamte, die σιτῶναι (Getreideeinkäufer) genannt wurden, und die die Vorräte zum laufenden Preis aufkauften, um sie zu rationieren und zum gewohnten „Normalpreis" wieder abzugeben.[424]

Die genannten politischen Eingriffe erwecken nicht den Eindruck, als habe die Polis ein zusammenhängendes Versorgungskonzept verfolgen wollen und können, das sich auf Einsichten über den Gesamtzusammenhang zwischen Importen, eigener Produktion und Preisbildung abstützte.[425] In der Vielzahl der

---

[420] Vgl. Austin, M., Vidal-Naquet, P. (1984), S. 95 und S. 256 mit [Demosth.] 35, 51.
[421] Vgl. ebenda, S. 95 und S. 257-259 mit Lys. 22, 17-22.
[422] Aristot. Ath. Pol. 51.
[423] Vgl. Camp, J. M. (1986), S. 143-147.
[424] Vgl. Finley, M. I. (1977), S. 203. Wahrscheinlich wurden solche Maßnahmen ausschließlich durch Epidoseis reicher Athener finanziert (vgl. Andreades, A. (1965), S. 260).
[425] Vgl. Bürgin, A. (1996), S. 80.

unterschiedlichen Bestimmungen klingt vielmehr der spontane Charakter der durch gelegentliche Beschlüsse der Volksversammlung getragenen Maßnahmen an. Es wird gleichfalls deutlich, dass diese Politik nur in einem stark eingeschränkten Sinne als „Handelspolitik“ anzusprechen ist. Die Athener betrieben offensichtlich lediglich Importpolitik und nicht Exportpolitik. Sie scheinen niemals die Absicht gehabt zu haben, „Exportmärkte“ für die einheimische Produktion zu erschließen und diese gegen die Konkurrenz anderer Poleis zu unterstützen.

Überdies wurde bei der Verfolgung des Versorgungsziels offenbar keinerlei Rücksicht auf die wirtschaftlichen Konsequenzen der Maßnahmen für einheimische Produzenten und Händler genommen,[426] wie etwa im Falle der durch das Ausfuhrverbot und die massiven Importe betroffenen Getreideproduzenten oder bei der oben erwähnten rechtlichen Gleichstellung ausländischer Kaufleute. Sofern in Einzelfällen einheimische Erwerbszweige von politischen Maßnahmen profitierten, war dies lediglich ein Nebeneffekt übergeordneter Interessen. Die Sorge der Polis galt den wirtschaftlichen Interessen ihrer Bewohner also nur in ihrer Eigenschaft als Konsumenten, nicht als Produzenten.[427]

Dieses zunächst verblüffende Ergebnis legt einen vertieften Blick auf die Besonderheit der attischen Sozialstruktur nahe. Wie in Kapitel 2 gezeigt, standen der politische Aufbau und die soziale Gliederung der Bevölkerung weitgehend unverbunden nebeneinander. Dem Metökenstand, der im Wirtschaftsleben dominierte, war eine Mitbestimmung des politischen Lebens verwehrt. Zudem stand die ethnische und soziale Inhomogenität dieser gesellschaftlichen Gruppe der Möglichkeit entgegen, ihr ökonomisches Gewicht zu (wirtschafts)politischen Forderungen zu nutzen. Die Verhandlungsmacht reicher Metöken beschränkte sich im Wesentlichen auf die Möglichkeit, die Polis zu verlassen und ihr Vermögen aus Attika abzuziehen.[428] Da sie kein Grundeigentum erwerben durften, waren sie gewiss mobiler als reiche Politen; indessen stellt sich die Frage, ob ein anderes Gemeinwesen ihnen vergleichbaren Schutz und wirtschaftliche Prosperität bieten konnte.

Innerhalb der Bürgerschaft dagegen schloss die politische Gleichstellung aller Politen, also der gleichberechtigte Zugang aller sozialen Schichten zu den Entscheidungsgremien, die Durchsetzung einer wirtschaftlichen Interessenpolitik einzelner Gruppen aus.[429] Von gewerbepolitisch motivierten Eingaben produzierender oder handeltreibender Athener findet sich in den überlieferten öffentlichen Debatten keine Spur.[430] Selbst die elementarsten Existenzinteressen

---

[426] Vgl. Hasebroek, J. (1966b), S. 164; Bleicken, J. (1994), S. 117.
[427] Vgl. Austin, M., Vidal-Naquet, P. (1984), S. 92.
[428] Vgl. Lyttkens, C. H. (1994), S. 69.
[429] Vgl. Bleicken, J. (1994), S. 114.
[430] Vgl. Hasebroek, J. (1966b), S. 105f.

der weitaus größten Produzentengruppe unter den Bürgern, der Bauern, wurden vom Machtinteresse der gesamten Polis überlagert, als die Athener sich 431 für den Krieg entschieden und dabei bewusst die regelmäßige Verwüstung Attikas durch das überlegene gegnerische Landheer in Kauf nahmen.[431] Die Unterordnung agrarischer Interessen im Handeln der Polis ist sicherlich auch darauf zurückzuführen, dass die Landbevölkerung Attikas, wie erwähnt, im politischen Leben Athens gewöhnlich unterrepräsentiert war.[432]

Die Macht und Herrschaft Athens und seine Versorgung mit lebenswichtigen Gütern lagen hingegen im Interesse der gesamten Politengemeinschaft. Über viele Jahre hinweg gelang es der Polis, mit der direkten Verbindung dieser Ziele die Existenz ihrer Glieder zu sichern. Die Ökonomie konnte unter dieser Voraussetzung nur ein den allgemeinen Zielsetzungen untergeordneter Teilaspekt der politischen Überlegungen bleiben.

Auch im 4. Jahrhundert, als die außenpolitische Macht ihrer Polis erheblich geschwächt war, blieb den Athenern der Gedanke einer systematischen Entwicklung der eigenen Wirtschaftskraft fern. Hiervon zeugen selbst die Vorschläge, die *Xenophon* um 355 zur Erhöhung der Einkünfte macht, und die unstreitig eine Vorstellung von den Möglichkeiten der ökonomischen Entwicklung Athens erkennen lassen.[433] Doch nicht Exportförderung, sondern eine allgemeine Steigerung der Handelsumsätze durch Maßnahmen zur Verbesserung der Infrastruktur und des Handelsklimas sollen den Athenern über höhere Marktsteuer- und Zolleinnahmen Wohlstand bringen.[434] Nicht der Ausbau heimischer Produktionszweige, sondern die Ankurbelung des Silbererzabbaus und die Vermietung von Staatssklaven in die verpachteten Silberminen sollen die wirtschaftliche Basis der Polis bilden.[435]

Bezeichnenderweise war das selbstverständliche Ziel dieser Überlegungen nicht die wirtschaftliche Aktivierung der Athener, sondern die Abschöpfung einer Rente für alle Bürger aus einer von Fremden und Sklaven getragenen Wirtschaftstätigkeit.

---

[431] *Schmitz* hat Indizien dafür gesammelt, dass in der Kriegsfrage auch unter den Bauern selbst die rein ökonomischen Motive von anderen, insbesondere Rachemotiven überlagert wurden. Vgl. Schmitz, W. (1988), S. 194.

[432] Vgl. Audring, G. (1977), S. 57.

[433] Vgl. Audring, G., Einführung zu Xenophons Poroi (1992), S. 134.

[434] Xen. Poroi 3, 5 und 4, 40.

[435] Xen. Poroi 4, 11-33.

3.3 Stilmerkmale der Wirtschaftsverfassung

Als Ergebnis der phänomenologischen Betrachtung werden nun die bestimmenden Charakteristika des Wirtschaftslebens der Athener begrifflich zu Stilmerkmalen verdichtet.

Diese Stilmerkmale lassen sich, in Anlehnung an *Spiethoff*, in die Hauptmerkmale **Eigentums-**, **Produktions-**, **Arbeits-** und **Verteilungsverfassung** gliedern, deren Ausprägung wiederum jeweils durch spezifische Einzelmerkmale bestimmt wird.

3.3.1 Einzelmerkmale der Eigentumsverfassung

Die „Eigentumsverfassung" bezeichnet die rechtliche (d. h. kodifizierte oder gewohnheitsrechtliche) Ausgestaltung der Verfügungsformen (Eigentumsordnung) und deren faktische Verteilung auf die gesellschaftlichen Gruppen.

Die spezifische Ausprägung der Eigentumsverfassung im klassischen Athen lässt sich in den drei Einzelmerkmalen *Abstufung der Eigentumsrechte*, *Labilität des Privateigentums* und *Dominanz des Gemeineigentums* erfassen.

Abstufung der Eigentumsrechte

Wie gesehen, unterlag die Institution des Privateigentums in Attika einer Abstufung in den Verfügungsrechten der einzelnen gesellschaftlichen Gruppen.

Das Recht auf privates Grundeigentum blieb in der klassischen Zeit ein exklusives Privileg der attischen Bürger. Metöken blieben in aller Regel vom Grunderwerb in ganz Attika ausgeschlossen. Sklaven dagegen stellten selbst „Eigentum" dar und waren folglich nach der Rechtslogik überhaupt nicht eigentumsfähig. In der Praxis jedoch konnten Sklaven eine Art Sondereigentum erwerben, etwa um auf eigene Rechnung für ihre Herren zu wirtschaften. Dieses Sondervermögen, das in Einzelfällen zu der paradoxen Situation führen konnte, dass Sklaven sich unter Verwendung eigener Mittel bei ihren Herren freikauften, wurde vermutlich erst in Rom unter der Bezeichnung *„peculium"* rechtlich geregelt.

Labilität des Privateigentums

Auch während der politisch vergleichsweise stabilen klassischen Periode behielt das Privateigentum in Athen einen spezifisch labilen Charakter.

Grundsätzlich war privates Eigentum durch Gesetz und Gerichtsbarkeit geschützt. In der attischen Rechtspraxis jedoch ragten häufig gemeinschaftliche Ansprüche in die Sphäre des Privateigentums hinein, was sich vor allem in der Ausgestaltung der Verteilungsverfassung (s. u.) äußerte.

Die Polis setzte außerdem, wie gesehen, sakral- und bergbaurechtliche Verfügungsbeschränkungen über Grundeigentum durch, und es kam zu radikalen Vermögenseingriffen durch die Strafgerichtsbarkeit, bis hin zur vollständigen Vermögenskonfiskation. Die bloße Möglichkeit eines gerichtlichen Vermögensaustauschs im Zusammenhang mit einer Leiturgieverpflichtung bietet eine weitere anschauliche Illustration des attischen Eigentumsverständnisses.

Dominanz des Gemeineigentums

Der relativen Schwäche des Privateigentums entsprechend und den grundlegenden Prinzipien der Polisgemeinschaft folgend, befand sich ein hoher Anteil des Volksvermögens in den Händen der Polis, die Staat und Religionsgemeinschaft zugleich verkörperte.

Wie gesehen, überlagerten die Finanzen der Polis, des größten aller „οἶκοι", in vielen Bereichen die private Haushaltung, etwa in den Ausgaben für die zahlreichen gemeinsamen Feiern und die gemeinschaftliche Repräsentation, sowie zuweilen für die Lebensmittelversorgung. Dementsprechend wurde die private Kapitalbildung teilweise durch eine öffentliche überlagert, wie *Weber* anhand der staatlichen Vorauszahlungen bei öffentlichen Bauaufträgen und der typischerweise fehlenden Bevorschussung durch privates Kapital bei der Steuerverpachtung gezeigt hat.[436]

3.3.2 Einzelmerkmale der Produktionsverfassung

Die „Produktionsverfassung" bezeichnet die rechtliche und faktische Regelung und Organisation der Gütererzeugung.

Die attische Produktionsverfassung wird in den folgenden vier Einzelmerkmalen *Bedarfsdeckung in der Landwirtschaft, Geringes Skalenniveau, Fehlen gewerblicher Zusammenschlüsse* und *Fehlen staatlicher Wirtschaftsförderung* erfasst.

Bedarfsdeckung in der Landwirtschaft

Die Betrachtung der landwirtschaftlichen Produktion zeigte, dass die Grundstruktur der Wirtschaft Attikas, die bäuerliche Hauswirtschaft, noch weitgehend auf eine bedarfsdeckende Selbstversorgung ausgerichtet war. Dabei bedienten sich die attischen Bauern des Marktes, um Überschüsse zu verwerten und zusätzlich benötigte Güter zu beschaffen.

Für eine wachsende erwerbswirtschaftliche Orientierung der οἶκοι lassen sich nur vereinzelte Anhaltspunkte finden, die vorwiegend mit der Not der Bauernschaft im 4. Jahrhundert in Verbindung zu bringen sind. Es gab zweifel-

[436] Vgl. Weber, M. (1988), S. 26f.

los Betriebe, die bewusst für den großstädtischen Markt und auch für den Export produzierten; hingegen gibt es keine Hinweise auf systematische Anstrengungen zur Rationalisierung der Abläufe und zur Verbesserung der Agrartechniken.

Geringes Skalenniveau

Als grundlegendes Merkmal der Wirtschaftsstruktur Athens erweist sich die weitgehende „Zersplitterung" der Betriebe in kleine und kleinste, kapitalschwache Einheiten. Bis auf wenige Ausnahmen zieht sich dieses Merkmal gleichermaßen durch Landwirtschaft, Bergbau, gewerbliche Produktion und Handel.

Ein wesentlicher Grund für die begrenzten Betriebsgrößen mag die prekäre Absatzsituation gewesen sein. Im Falle außerordentlicher Nachfrage, wie etwa in der Waffenherstellung zu Kriegszeiten, wurde die betriebliche Fertigung offenbar – soweit es die übrigen Bedingungen erlaubten – einfach durch Vervielfachung der gegebenen Produktionsarrangements erhöht. Solche Betriebe stellten lediglich eine Konzentration bestehender Arbeitsverhältnisse und Arbeitsformen dar; sie waren eher leistungsfähigere Handwerksbetriebe als „Fabriken".[437] Angesichts des völligen Fehlens mechanisierter Produktion verbietet es sich auch, von einer „industriellen Fertigung" zu sprechen.

Fehlen gewerblicher Zusammenschlüsse

So vielfältig die Athener in die unterschiedlichsten Korporationen auf verschiedenen gesellschaftlichen Ebenen eingebunden waren, so wenig kannten sie dauerhafte Zusammenschlüsse mit rein wirtschaftlicher Zwecksetzung. Lediglich im Silberbergbau und bei der Steuerpacht finden sich Partnerschaften, die Ressourcen bündelten und Risiken verteilten.

Unter der Vielzahl der landwirtschaftlichen und gewerblichen Produzenten und unter den Klein- und Zwischenhändlern fehlten derartige Zusammenschlüsse dagegen offenbar gänzlich. Besonders verwunderlich erscheint heute das Ausbleiben solcher Betriebsformen zur Kapitalsammlung und Risikoverteilung im Bereich des Seehandels, wo das Absatzvolumen zweifellos größere Gebilde zugelassen hätte, und die Risiken und Kontrahierungskosten für jede einzelne Handelsfahrt erheblich waren. Von möglichen Gründen hierfür, die bereits angesprochen wurden, wird noch vertieft zu handeln sein.

Ebenso wie betriebliche Zusammenschlüsse blieb aber auch eine betriebsübergreifende Selbstorganisation der Interessen einzelner Wirtschaftszweige aus. Vom Zunft- und Gildenwesen der mittelalterlichen Stadt, von einer selbstverfassten, rechtsetzenden Interessenorganisation blieben Handwerk und Handel des antiken Athen weit entfernt. Wie gesehen, lagen in der athenischen Herrschaftsstruktur erhebliche politische, ethnische und soziale Hindernisse gegen

[437] Vgl. Bürgin, A. (1996), S. 70.

eine solche Selbstorganisation. Der einzige ökonomische Interessenverband blieb die demokratische „Bürgerzunft“[438] selbst, die auf den Erhalt ihrer materiell nutzbaren politischen Monopolstellung bedacht war.

Fehlen staatlicher Wirtschaftsförderung

Der vertiefte Blick auf die Besonderheiten der attischen Herrschafts- und Sozialstruktur machte auch verständlicher, warum die Polis, genauer die Volksversammlung, keine Maßnahmen zur Förderung einheimischer Wirtschaftszweige ergriff.

Dem attischen Gesetzgeber lag der Gedanke betrieblicher Rechtsformen mit kodifizierten Beherrschungs-, Verfügungs- und Haftungsregeln zwecks Kapitalsammlung und Risikoverteilung fern. Ebenso wenig wandte die Polis wirtschaftsfördernde Einzelmaßnahmen wie die Errichtung von Zollmauern, Gewährung von Monopolen[439], Privilegierung oder Subventionierung an. Derartige Maßnahmen hätten eine spezialisierte Behörde und, noch grundlegender, ein Verständnis von der eigenen Wirtschaftskraft als förderungswürdigen Wohlstands- und Machtfaktor erfordert.

Sofern die Polis rechtliche Standards im Bereich der Wirtschaft setzte, betrafen diese den Schutz der Konsumenten. Sofern die Polis in Marktprozesse eingriff und wirtschaftliche Tätigkeit zu lenken versuchte, geschah dies im Interesse ihrer Versorgung, und dies ohne jede Rücksichtnahme auf die inländische Produktion.

Wie gezeigt, suchten die Athener die Lösung ökonomischer Probleme nicht in der Förderung der eigenen wirtschaftlichen Aktivität oder in der Steigerung der eigenen Produktivität, sondern vielmehr in der Ausübung von Herrschaft über andere.

3.3.3 Einzelmerkmale der Arbeitsverfassung

Die „Arbeitsverfassung“ bezeichnet die rechtliche und faktische Regelung und Organisation der Arbeitsverhältnisse. Grundsätzlich lassen sich in der Arbeitsverfassung zwangsweise, vertragliche und genossenschaftliche Arbeitsverhältnisse unterscheiden.

Die spezifischen Sinnzusammenhänge der Arbeitsverfassung im klassischen Athen werden in den folgenden beiden Einzelmerkmalen *Sklaveneinsatz* und *Fehlen langfristiger Lohnverhältnisse* wiedergegeben.

---

[438] Weber, M. (1972), S. 800.

[439] Die gewinnsichernde Eigenart des Monopols beschrieb *Aristoteles* in seiner berühmten Anekdote über *Thales*, Aristot. Pol. 1259a.

Sklaveneinsatz

Der zwangsweise Arbeitseinsatz Unfreier war das kardinale Merkmal der antiken Arbeitsverfassung. In Attika konnten Sklaven wie private Güter erworben und ihre Arbeitskraft ohne Auflagen verwertet werden. Die in der gewerblichen Produktion eingesetzten Sklaven wurden als „lebendige Geräte" zum Inventar des Betriebes gezählt, und bildeten nicht nur die Arbeitskräfte des Ergasterions, sondern auch den wesentlichsten Teil des „Betriebskapitals".

Neben dem Einsatz von Sklaven im Betrieb ihres Herren hatten sich in der klassischen Zeit aus Gründen der Praktikabilität und Rentabilität weitere Ausbeutungsformen entwickelt. Unfreie Arbeitskräfte wurden in erheblichem Umfang vermietet, oder sie standen in einem besonderen vertraglichen Verwertungsverhältnis zu ihren Herren, welches ein selbstständiges Wirtschaften der Sklaven als Lohnarbeiter, Handwerker oder Händler gegen Entrichtung einer vereinbarten Abgabe (ἀποφορά) vorsah. Unter einem solchen Arrangement beschäftigte Unfreie, denen faktisch eine (beschränkte) Geschäfts- und Vermögensfähigkeit eingeräumt wurde, entbanden den Sklavenhalter von der Geschäftsführung und damit von den Transaktionskosten, welche die Nutzung ihrer Arbeitskraft mit sich brachte. Die Möglichkeit, eigenen Besitz oder Sondereigentum zu erwerben, mobilisierte auch das Eigeninteresse der Sklaven an einem rentableren Ressourceneinsatz. Das besondere Abhängigkeitsverhältnis unfreier Handwerker zu ihren Herren bestand offenbar auch im Falle ihrer Freilassung meist in ähnlicher Form weiter.

Fehlen langfristiger Lohnverhältnisse

Aus dem Nebeneinander freier und unfreier Arbeit entwickelte sich, wie sich für das klassische Attika zeigen lässt, eine prinzipielle Funktionsteilung der Arbeitsverhältnisse. Der begrenzte Bedarf an dauerhaften Arbeitsverhältnissen ließ sich vollständig durch das Angebot der in ein langfristiges Eigentums- und Unterhaltsverhältnis eingebundenen Arbeitssklaven decken. Zur Deckung eines kurzfristigen Arbeitskräftebedarfs eignete sich dagegen besonders der Einsatz freier Tagelöhner.

Es war jedoch nicht allein die Verfügbarkeit von Arbeitssklaven, welche die Herausbildung langfristiger Lohnverhältnisse verhinderte, sondern auch, wie *Bürgin* betont, der bürgerliche Abgrenzungswille gegenüber Metöken und Sklaven, den Hauptträgern des städtischen Wirtschaftslebens.[440] Wie gezeigt, ging bürgerliche Lohnarbeit selten über die Verrichtung von Gelegenheitsarbeiten hinaus. Mit den beschriebenen neueren Ausbeutungsformen dehnte sich der Sklaveneinsatz zunehmend auch in den Bereich kurzfristigerer Arbeitsverhältnisse aus. Ein differenziertes Lohnsystem, das eine eindeutige Bewertung der

---

[440] Vgl. Bürgin, A. (1996), S. 76.

Arbeitskosten zugelassen hätte, konnte sich unter diesen Bedingungen nicht ausbilden. Dies wird anschaulich durch die fehlende Differenzierung der Arbeitsentgelte in den erhaltenen antiken Bauabrechnungen dokumentiert.

3.3.4 Einzelmerkmale der Verteilungsverfassung

Die „Verteilungsverfassung" bezeichnet die rechtliche und faktische Regelung und Organisation der gesellschaftlichen (Re)distribution.

Die Spezifika der Verteilungsverfassung des demokratischen Athen werden in den drei Einzelmerkmalen *Individualisierung der Aufgaben, Auszahlung gemeinschaftlicher Einkünfte* und *„Ökonomische Tyrannis"* erfasst.

Individualisierung der Aufgaben

Eine der bestimmenden Ideen des attischen Finanzsystems war der Grundsatz, Ausgaben und Einnahmen möglichst direkt miteinander zu verbinden. Dazu trat die demokratische Idee, welche der Zentralisierung von Kompetenzen entgegenstand und zugleich der möglichsten persönlichen Eigenständigkeit der Politen verpflichtet war.

Im Ergebnis war die Aufgabe der Distribution in die Verantwortung vieler Einzelner gelegt, was insbesondere im Leiturgiewesen und in der dezentralen Organisation der gemeinschaftlichen Kassen, aber auch in der Praxis der Epidosis und der Steuerverpachtung deutlichen Ausdruck fand. Mit solchen Einrichtungen gelang es den Athenern, die Kosten der gesellschaftlichen Redistribution gering zu halten. Auf der anderen Seite machten diese Regelungen eine Budgetierung der öffentlichen Aufgaben und damit eine vorausschauende Finanzplanung praktisch unmöglich.

Auszahlung gemeinschaftlicher Einkünfte

Das Wesen der athenischen Polis als selbstbestimmter Personalverband äußerte sich sinnfällig in den im Laufe des 4. Jahrhunderts umfassend entwickelten Auszahlungen an ihre Mitglieder. Der Verteilung von Geldern für die Teilnahme an den demokratischen Institutionen sowie an den gemeinsamen Festen und der Fürsorge für Erwerbsunfähige lag ein weitgehender Konsens der Solidargemeinschaft zugrunde, dessen Wurzeln bis auf die Verteilung gemeinschaftlicher Einkünfte des frühen Stammesstaats (wie etwa Kriegsbeute) zurückreichen.

Die Bedeutung dieser Auszahlungen für die politische Identität des Bürgerstandes und für die innere Stabilität der Polis ist nicht zu unterschätzen. Mit der außenpolitischen Schwächung Athens, infolge derer die Mittel für diese Selbstversorgung zunehmend innerhalb der Polis selbst aufgebracht werden mussten, war so auch immer das Stilgleichgewicht der Polisgemeinschaft bedroht.

„Ökonomische Tyrannis“

Die aus der Adelsgesellschaft übernommene Tradition der patriarchalischen Fürsorge Einzelner für das Gemeinwesen wurde in der demokratischen Polis insbesondere durch die Institutionalisierung des Leiturgiesystems fortgesetzt und verstetigt.

Wenn die Athener auch die für das Leiturgiewesen typische persönliche Eigenständigkeit des Staatsbürgers durch möglichste Vermeidung einer direkten Besteuerung zu wahren versuchten, nahm doch die Polis in der Verfolgung ihrer Ziele kaum Rücksicht auf die Tragfähigkeit Einzelner oder gar auf Belange der Produzenten.

Mit dem weitgehenden Wegfall der auswärtigen Einkünfte nach 404 und erneut nach 355 verlor die solidarische Polisgemeinschaft eine wesentliche ökonomische Grundlage. Die schonungslose Belastung der auswärtigen Untertanen erfuhr eine gewisse Entsprechung und Fortsetzung in den Eingriffen der Polis in die Vermögensverhältnisse ihrer Bewohner.[441] Für die „ganz rücksichtslos souveräne Verfügung der griechischen Polis, speziell der Demokratie, über das Privatvermögen ihrer Bürger“[442] hat *Jacob Burkhardt* den Begriff der „ökonomischen Tyrannis“ geprägt.

Der Begriff darf allerdings im Hinblick auf den gesellschaftlichen Kontext der antiken Polis, der ein ausgeprägtes Übergewicht des Gemeininteresses gegenüber dem Privatinteresse eigen war, nicht missverstanden werden. Die „ökonomische Tyrannis“ des 4. Jahrhunderts sicherte der athenischen Polis nach dem Verlust ihrer Suprematie nicht nur die Mittel, welche dem Renteninteresse der Mehrheit zugute kamen, sondern auch die Mittel zur Behauptung der gesamten Polisgemeinschaft. Daher ist sie mehr als ein strukturerhaltendes denn als ein die Polis gefährdendes Merkmal anzusehen.

---

[441] Als Beispiel mag hier die Verstetigung der Eisphora in den letzten Jahren der Demokratie hinreichen.

[442] Weber, M. (1988), S. 28.

4. Wirtschaftsgeist

Der „Wirtschaftsgeist", der Inbegriff der wirtschaftliches Handeln bestimmenden Zielvorstellungen, Beweggründe und Verhaltensnormen in einer Gesellschaft,[443] bildet den dritten und letzten Hauptbestandteil der vorliegenden Stilkonzeption.

Im Folgenden wird versucht, aus den erhaltenen Zeugnissen des attischen Wirtschaftsdenkens die vorherrschenden Werthaltungen zu identifizieren und diese als Merkmale des Wirtschaftsgeistes im klassischen Athen zu erfassen. Es ist in diesem Zusammenhang nicht beabsichtigt, Einsichten der klassischen Autoren in wirtschaftliche Zusammenhänge und Abläufe nachzuweisen und der vieldiskutierten Frage nachzugehen, inwieweit dabei bereits von „ökonomischer Theorie" gesprochen werden kann.[444] Die Untersuchung zielt vielmehr darauf ab, in den Quellen Reflexionen des Denkens über ökonomische Zielsetzungen und ökonomisches Handeln aufzufinden, und dadurch so weit wie möglich zu den Denkformen vorzudringen, welche tatsächlich bestimmenden Einfluss auf wirtschaftliche Entscheidungen und wirtschaftliches Handeln ausgeübt haben.[445]

Doch nach welchen Kriterien lassen sich diese „vorherrschenden Wertvorstellungen" identifizieren? Es zeigt sich, dass uns mit den staatstheoretischen Werken von *Platon* und *Aristoteles* sowie den beiden ökonomischen Schriften *Xenophons*, gegenüber einigen verstreuten Einzelzeugnissen, die einzigen geschlossenen Zeugnisse des Denkens über wirtschaftliche Vorgänge und Verhaltensweisen erhalten sind. Diese spiegeln das Wirtschaften im klassischen Athen jedoch zuallererst aus einer subjektiven, traditions- und politikorientierten Perspektive. Zugleich aber enthalten diese Betrachtungen die normative Kritik einer entgegengesetzten, auf ökonomischen Erwerb gerichteten Wirtschaftsgesinnung, die uns hierdurch ebenfalls ansatzweise überliefert wird.

Welche dieser Anschauungen nun war vorherrschend, d. h. entfaltete den stärksten, den stilbestimmenden Einfluss auf das konkrete wirtschaftliche Handeln? Um dem Problem der „herrschenden Wertvorstellungen" näher zu

---

[443] Vgl. die Definition der „Wirtschaftsgesinnung" bei Sombart, W. (1930), S. 181: „Der Inbegriff der die wirtschaftenden Menschen bestimmenden Zwecksetzungen, Beweggründe und Verhaltungsregelungen."

[444] Vgl. zur diesbezüglichen Diskussion etwa Lowry, S. T., The Greek Heritage in Economic Thought, in: Ders. (Hrsg.), Pre-Classical Economic Thought, Boston, Dordrecht, Lancaster 1987, S. 9-11 und S. 24; dagegen Schefold, B., Platon und Aristoteles, in: Ders. (1994), S. 149-154 und Bürgin, A. (1996), S. 125-128 und S. 135-144.

[445] Dieser Untersuchung liegt also die Überzeugung zugrunde, dass sich der Wirtschaftsprozess und die Ausbildung ökonomischer Institutionen unter dem Einfluss einer Wechselwirkung zwischen geistigen und materiellen Gegebenheiten vollziehen. Vgl. oben S. 19.

treten, muss zunächst der Geistesbegriff der Wirtschaftsstilkonzeption weiter präzisiert werden.

Personaler, objektiver und objektivierter Geist

Wie *Georg Weippert* betont hat, erweist es sich im Hinblick auf das grundlegende Spannungsverhältnis zwischen der Einheitsbetrachtung des Stils und der Vielgestaltigkeit der historischen Realität als unerlässlich, drei „Seinsformen" des Geistes zu unterscheiden.[446] Diese Unterscheidung des geistigen Seins in „personalen" (individuellen), „objektiven" (gemeinsamen) und „objektivierten" Geist hat zuerst umfassend *Nicolai Hartmann*[447] vorgenommen.

Der „personale" Geist lässt sich in der in diesem Zusammenhang allein gebotenen Einfachheit als die subjektive Denkwelt des einzelnen Individuums definieren.[448]

Sobald sich eine Übereinstimmung, ein Gleichlaut, eine Gemeinsamkeit im Denken mehrerer Personen ergibt, kann von einem „objektiven" Geist oder „Gemeingeist" gesprochen werden. Der hier untersuchte Wirtschaftsgeist ist, als übereinstimmende Denkform vieler Einzelner, ein solcher Gemeingeist.

Sowohl personaler als auch objektiver Geist können sich in konkreten Werken niederschlagen, also durch menschliches Handeln objektivieren. Damit entsteht die dritte Seinsform des Geistes, der „objektivierte", also in Werken und Handlungen (Objektivationen) verwirklichte und manifestierte Geist.

Jedes Werk eines Individuums ist zuerst eine Objektivation des personalen Geistes. Es ist darüber hinaus zugleich eine Manifestation des objektiven Geistes, sofern es einem bestimmten epochalen Stil zugerechnet werden kann. Der Stil einer Epoche ist also durch die Ausdruckseinheit einer Vielzahl von Objektivationen bestimmt. Diese Gemeinsamkeit im Ausdruck ist eine Wirkung des objektiven Geistes. Folglich kann von solchen Objektivationen auch auf die grundsätzliche Eigenart des dahinter stehenden objektiven Geistes zurückgeschlossen werden.[449]

Es ist indessen sehr wohl möglich, dass eine bestimmte Objektivation (z. B. eine Betriebsform) nicht dem herrschenden Stil einer Zeit zugeordnet werden kann. Sie ist dann entweder als Ausdruck rein personalen Geistes anzusehen, der vereinzelt bleibt, oder aber anderen Stilprinzipien zugehörig, welche mit dem herrschenden Stil im Widerstreit liegen und möglicherweise gerade im Schwinden oder im Aufstreben begriffen sind. Ein Beispiel ist das Auftreten vereinzelter Betriebsformen und Erscheinungen im Mittelalter, die ihrem Wesen nach

---

[446] Vgl. Weippert, G. (1967), S. 69-75.

[447] Hartmann, N., Das Problem des geistigen Seins, Berlin ^{3}1962 (Erstausgabe 1933).

[448] *Hartmann* selbst lehnt dagegen eine Begriffsbestimmung im Vorfeld seiner Untersuchung als unmöglich ab. Vgl. Hartmann, N. (1962), S. 46f.

[449] Vgl. Weippert, G. (1967), S. 70; Hartmann, N. (1962), S. 521.

einem anders gearteten, erst im Laufe der Neuzeit sich durchsetzenden „kapitalistischen“ Stilprinzip zuzurechnen sind.[450]

Die Unterscheidung der drei Seinsformen des Geistes als personaler, objektiver und objektivierter Geist erlaubt es also, mit der Tatsache des Nebeneinanders völlig verschiedenartiger Objektivationen innerhalb einer historischen Stilepoche umzugehen. Die Herrschaft einer Ausdruckseinheit, eines Stils schließt das gleichzeitige Auftreten ganz anders gearteter Objektivationen des personalen Geistes keineswegs aus.[451] Erst die Einsicht in die grundsätzliche Freiheit des personalen Geistes gegenüber dem Gemeingeist macht die Bewegung, die „Evolution“ von Wertvorstellungen und Weltanschauungen überhaupt erklärbar.

Weiterhin ist mit dem Begriff der Objektivation ein Kriterium bestimmt, welches Rückschlüsse auf die vorherrschenden Wertvorstellungen zulässt. Eine Untersuchung des Wirtschaftsgeistes muss zu diesem Zweck die in den literarischen Quellen überlieferten ökonomischen Anschauungen auf ihre Konsistenz mit den überlieferten gegenständlichen Objektivationen, also den historischen Wirtschaftserscheinungen prüfen.

Dabei ist zu beachten, dass sich die „Herrschaft“ einer Anschauung im Hinblick auf ihre Wirksamkeit im Wirtschaftsstil auch aus ihrer Verbindung mit politischer Gestaltungsmacht ergibt, d. h. dass verschiedenen gesellschaftlichen Gruppen, denen bestimmte Werthaltungen zugerechnet werden können, unterschiedlich große Spielräume zur Objektivierung ihrer Vorstellungen zur Verfügung standen.

Erweisen sich konkrete Objektivationen als konsistent mit einer überlieferten Werthaltung, und lässt sich hinter dieser Werthaltung eine hinreichende Gestaltungsmacht erkennen, kann von einer beherrschenden Stellung, d. h. einem stilbestimmenden Einfluss dieser Werthaltung ausgegangen werden.

Bevor die literarischen Zeugnisse des attischen Wirtschaftsdenkens und ihre Nähe zu den wirtschaftlichen Objektivationen untersucht werden, soll jedoch zunächst der religiöse Bereich des Geisteslebens betrachtet werden. Wie gesehen, hat die Religion größten Einfluss auf die äußere Lebensgestaltung der gesamten Polisgemeinschaft ausgeübt, und muss folglich auch bei der Formung ihrer bestimmenden Werthaltungen wirksam gewesen sein.

---

[450] Vgl. Weippert, G. (1967), S. 71f.
[451] Vgl. ebenda, S. 72.

4.1 Religion und Wirtschaftsgeist

Hartmann sieht im religiösen Glauben die „reinste und prototypische Form" des objektiven Geistes, da sich der objektive Geist hier aufgrund der vollständigen Durchdringung der durch den Glauben verbundenen Individuen in größtmöglicher Einheit und Geschlossenheit ausbilden könne.[452]

Tatsächlich deutet die große Ausdruckseinheit der künstlerischen Objektivationen des kultischen Bereichs auf eine starke Gemeinsamkeit der religiösen Vorstellungen in Attika hin. Die Betrachtung der gemeinschaftlichen Kultausübung auf der Ebene der Polis und darunter zeigte außerdem, wie wichtig die Religion – als geistiges Band nicht nur der Politen, sondern auch der meisten anderen Polisbewohner – für die Selbstdarstellung und den Zusammenhalt der Polis Athen war.

Allerdings trägt die griechische Religion spezifische Züge, die vermuten lassen, dass der Einfluss der Glaubenswelt auf die Ebene des konkreten (auch wirtschaftlichen) Handelns außerhalb des kultischen Bereichs wohl eher gering war.

Olof Gigon spricht in diesem Sinne von einer „seltsamen Uneigentlichkeit" der griechischen Religion, und von einer „spezifischen Verdünnung" ihres eigentlich religiösen Gehalts.[453] Er begründet diese Besonderheit vor allem mit der Verschränkung der griechischen Religion mit dem Mythos, also den Erzählungen von Leben und Taten der Götter und von ihren Beziehungen untereinander. Dadurch wurde die Welt der Götter für die Erfindungskraft der Dichter verfügbar, wie in der attischen Tragödie des 5. Jahrhunderts, doch bereits beginnend mit Homer.[454]

Das Bild der olympischen Götterfamilie unter der Führung des Zeus wurde wesentlich durch die homerischen Epen und die Götterlehre *Hesiods* geprägt. Der entscheidende Wesenszug dieser Glaubenswelt war der Anthropomorphismus der Götter, die Vorstellung von den Göttern in (idealer) Menschengestalt. Doch sind die Unsterblichen bei Homer nicht nur der Gestalt nach menschlich, sondern denken und fühlen wie Menschen und unterliegen daher auch allen menschlichen Schwächen. Außerdem tritt mit dem Begriff des Schicksals eine Macht neben die Götter, über die sie für gewöhnlich selbst keine Gewalt haben.[455]

Angesichts der Wirksamkeit des Mythos im griechischen Glauben wird erklärlich, warum die griechischen Gottheiten letztlich keine moralische Instanz

---

452 Vgl. Hartmann, N. (1962), S. 243-246.
453 Vgl. Gigon, O., Die Kultur der Griechen, Wiesbaden 1979, S. 45.
454 Vgl. ebenda, S. 46.
455 Vgl. Friedell, E. (1979), S. 88f.

verkörpern konnten. Zwar erklärte *Hesiod* die Herrschaft des Zeus mit seiner Verkörperung des Rechts (δίκη), doch erschien dieses Rechtsempfinden in der mythischen Überlieferung durchaus subjektiv und ambivalent. Daher wandte sich auch *Platon* entschieden gegen die Darstellungen göttlichen Unrechts bei den Dichtern.[456]

Die Suche nach ethischen Maßstäben führte während der klassischen Zeit einerseits zu der sophistischen Auffassung, allein der Mensch sei das Maß (vgl. oben S. 62), während auf der anderen Seite etwa der gläubige *Sophokles* ein ehrfürchtiges Sich-Fügen in eine unergründliche, übergeordnete Moralität der Götter vertrat.[457] Die Philosophie dagegen gelangte im Ringen um eine ethisch verbindliche Theologie zu einem neuen, rationalen Gottesbegriff, der jedoch mit innerer Notwendigkeit zur Zersetzung der Glaubenswelt beitrug. So war der Gott der Philosophie ungreifbar allgegenwärtig und Herr aller Dinge, was etwa die Vorstellung, der Gottheit an einem bestimmten Ort Opfer darbringen zu müssen, sinnlos erscheinen ließ.[458]

Was blieb im Alltagsglauben der klassischen Zeit an religiöser Substanz übrig? *Gigon* konstatiert eine „dünne Religiosität der Gebildeten", die sich in der vagen Anerkennung eines übergeordneten göttlichen Prinzips erschöpfte, und vermutet für das breite Volk „ein Substrat einfacher Religiosität, vermischt mit einigem Aberglauben", das wohl über mehrere Jahrhunderte hinweg relativ unverändert blieb.[459]

Jedenfalls scheint sich ein „frommes", d. h. gottgefälliges Leben im Wesentlichen in der Einhaltung der rituellen Gebräuche erfüllt zu haben. Gottlosigkeit (ἀσέβεια) war weniger eine unmoralische Haltung, als vielmehr die Missachtung oder Schmähung der Götter und die Verletzung kultischer Pflichten.[460] Eine über den Kult hinaus weisende Orientierung für eine bessere Lebensgestaltung vermochte der Götterglaube dagegen kaum zu vermitteln.

Gelegentliche direkte Handlungsbeeinflussungen ergaben sich aus dem Befund von Opfern, aus denen man – etwa vor militärischen Unternehmungen – die Zustimmung oder Ungnade der Götter lesen wollte, oder durch unvorhergesehene Naturerscheinungen, die man ebenfalls als Zeichen deutete.[461] Es ist aber kaum anzunehmen, dass der Glaube als übergeordnetes Entscheidungsprinzip auch nennenswerten Einfluss auf wirtschaftliche Entscheidungen ausgeübt hat.

Mit den mythischen Erzählungen von der Lebensführung der Götter blieben der Polisgesellschaft allerdings die Ideale der Adelszeit erhalten. Weitgehend frei

---

[456] Plat. Pol. 377d-378e.
[457] Vgl. Friedell, E. (1979), S. 252.
[458] Vgl. Gigon, O. (1979), S. 51f.
[459] Vgl. ebenda, S. 52 und S. 99; ähnlich Price, S. (1999), S. 7.
[460] Vgl. Friedell, E. (1979), S. 89.
[461] So etwa bei Thuk. V, 54 oder VII, 50.

von ethischer Selbstbeschränkung, lebten die Götter darin die alten Ideale der Herrschaft und Autarkie vor.[462] Im Bericht des *Thukydides* ziehen die Athener einmal sogar direkt das Beispiel der Götterherrschaft heran, um den Herrschaftsanspruch des Mächtigen, der wie die Unsterblichen „nach dem Zwang seiner Natur“ handle, zu rechtfertigen.[463]

Ein sichtbarer Ausdruck der Verschränkung adliger Werte und religiöser Tradition waren die zahlreichen athletischen und musischen Wettkämpfe, welche die demokratische Polis anlässlich der Feste zu Ehren der Götter veranstaltete.[464]

Gemäß ihrer Verkörperung der unterschiedlichen menschlichen Begabungen übernahmen einzelne Gottheiten auch Funktionen im Bereich wirtschaftlicher Tätigkeit, namentlich Athene als Herrin der planenden und schönen Handwerke, Hephaistos als Gott der Schmiede und Hermes als Gott der Händler.

Bei den beiden letzteren handelte es sich indessen um subalterne Gottheiten. Hermes, bei Homer der dienende Götterbote, erscheint neben seiner Herrschaft über die „wechslerischen Werke“ zugleich als gewandter Dieb und Meister des Betrugs.[465] Hephaistos dagegen wird im Mythos als einziger der großen Götter als hässlich, außerdem als hinkend und schmutzig beschrieben, und besaß, ähnlich wie Hermes, nur wenige Kulte in Griechenland.[466] In deutlicher Abgrenzung zur erhabenen Götterwelt, und unbeschadet des Lobes seiner Werke bei Homer, erscheint der Handwerker Hephaistos in einer untergeordneten Tätigkeit und Stellung, und wird so zum Exponenten einer „zweitbesten“ Lebensgestaltung.

Der Götterglaube stützte also das alte Adelsethos eines selbstbestimmten Daseins, das wirtschaftliche Tätigkeit als untergeordnete Kategorie betrachtete. Ansonsten blieb der geistige Einfluss der Religion in der klassischen Polis im Wesentlichen auf die Initiation kultischer Handlungen beschränkt, entfaltete aber damit eine entscheidende identitäts- und gemeinschaftsstiftende Wirkung, deren großartiger Ausdruck die zahlreichen Feste und künstlerischen Objektivationen Attikas waren.

---

[462] Zur adligen Geistestradition bei Homer vgl. oben S. 61.

[463] Thuk. V, 105.

[464] Vgl. Weber, M. (1972), S. 814.

[465] Vgl. auch Schefold, B., Spiegelungen des antiken Wirtschaftsdenkens in der griechischen Dichtung, in: Ders. (1994), S. 202.

[466] Vgl. Finley, M. I. (1977), S. 92.

4.2 Reflexionen des Wirtschaftsgeistes in den literarischen Quellen

Wie bereits erwähnt, erweisen sich die Werke *Xenophons*, *Platons* und *Aristoteles'* als die einzigen geschlossenen Zeugnisse des Denkens über wirtschaftliche Vorgänge im klassischen Athen.

Diese drei Autoren werden nun gemäß der eingangs vorgestellten Definition des Wirtschaftsgeistes systematisch untersucht. Dazu wird jeweils zunächst gefragt, welche Ziele ökonomisches Handeln nach der Vorstellung des Autors erfüllen soll, und wie er einzelne wirtschaftliche Handlungsformen bewertet, um jeweils abschließend zu einer Einschätzung zu gelangen, welchen Stellenwert der betreffende Autor dem Wirtschaften im gesellschaftlichen Gefüge der Polis beimaß.

Die sehr vereinzelten Äußerungen weiterer Autoren werden dabei jeweils im geeigneten Zusammenhang berücksichtigt.

Im Blickfeld der Untersuchung stehen folglich nur diejenigen Berührungspunkte mit wirtschaftlichen Fragen, welche über die normative Einstellung des jeweiligen Autors oder Dritter Aufschluss geben, und nicht etwaige analytische Einsichten in den Wirtschaftsprozess oder die positive Mitteilung wirtschaftshistorischer Fakten.

Der Abschnitt schließt mit der Prüfung der aufgefundenen Wertvorstellungen auf ihre Konsistenz mit den wirtschaftshistorischen Objektivationen, wodurch auf die eigentlich bestimmenden Geisteshaltungen in der Polis Athen geschlossen werden soll.

4.2.1 Xenophon

Der Schriftsteller und Historiker *Xenophon* (um 430–350) entstammte einer vornehmen athenischen Familie und gehörte zum Kreis der Schüler des *Sokrates*. An den Parteikämpfen gegen Ende des Peloponnesischen Krieges scheint er auf Seiten der oligarchisch gesinnten Reiterei teilgenommen zu haben. Als Söldner ging *Xenophon* nach Persien, und wurde später wegen seiner Parteinahme für Sparta von den Athenern verbannt. Darauf lebte er lange Jahre, mit Landwirtschaft und Schriftstellerei beschäftigt, auf seinem Gut in Elis auf der Peloponnes. Ob er später wieder nach Athen zurückkehrte, ist ungewiss.

Xenophons umfangreiches und vielseitiges literarisches Werk scheint uns vollständig erhalten zu sein. Von volkswirtschaftlichem Interesse sind insbesondere seine beiden schon mehrfach erwähnten Schriften „Oikonomikos", ein sokratischer Lehrdialog über die rechte Haushaltsführung, und „Poroi" (=„Mittel und Wege", um 355), seine späte Denkschrift mit verschiedenen Vorschlägen zur Steigerung der Staatseinkünfte Athens. Auch die „Memorabilien", seine

Erinnerungen an *Sokrates*, enthalten einzelne Hinweise auf seine sokratisch geprägte Wirtschaftsauffassung.

Ziele des Wirtschaftens

In seinem Gespräch über die Haushaltsführung entwickelt *Xenophon* klare Ziele der bäuerlichen Einzelwirtschaft. Aufgabe des Fachwissens οι≠κονομία sei es, das Notwendige für die Verwaltung des Hauses zu leisten und möglicherweise durch Erzielen eines Überschusses den οἶκος, und das heißt den gesamten brauchbaren Besitz, zu vergrößern.[467] Die Erhaltung des Vorhandenen sowie der größtmögliche Zuwachs „aus anständigem und gerechtem Wirken" sei „Sache der Besonnenen".[468] Im Weiteren werden die „größtmögliche Fülle" des Bodenertrages und „ein reichlicher Überschuss" als Verdienste eines guten Verwalters angeführt.[469]

Bemerkenswert ist dabei, dass diese Ziele der Hauswirtschaft mit den einfachsten Mitteln angestrebt werden sollen, unter denen, wie schon ausgeführt, der Begriff des bloßen „Sich-Kümmerns" (ἐπιμέλεια) eine zentrale Bedeutung einnimmt. Die ἐπιμέλεια wird als viel wichtiger als technische Neuerungen eingeschätzt,[470] und erscheint als Kerngedanke der vom Vater an den Sohn weitergegebenen agrarischen Tradition.[471]

Dem Ziel des Vermögenserwerbs setzt *Xenophons Sokrates* zudem eine klare Grenze, indem er den Begriff des Vermögens (χρήματα) nur auf diejenigen Güter beschränkt wissen will, welche jemand zu gebrauchen (χρῆσθαι) versteht.[472] *Sokrates* betont außerdem, mit ironischem Blick auf seine eigene Habe, dass der Grad von Armut und Reichtum erheblich vom jeweiligen Bedürfnis- und Anspruchsniveau abhänge.[473] Das Vermögen des Wohlhabenden verpflichte diesen zu erheblichen Aufwendungen für Leiturgien und sonstige öffentliche Leistungen.[474] Der eigentliche Sinn eines großen Vermögens, so lässt *Xenophon* schließlich den reichen Grundbesitzer *Ischomachos* erklären, liege denn auch in der Befähigung, die Götter angemessen zu ehren sowie seine Freunde und die Polis unterstützen zu können.[475] Auch in den „Memorabilien" berührt *Xenophon* das Ideal einer guten Bestellung des Hauswesens, und bringt es mit dem Dienst an Freunden und an der Polis in Verbindung.[476]

---

[467] Xen. Oik. 1, 1-4; 6, 4.
[468] Xen. Oik. 7, 15.
[469] Xen. Oik. 15, 1; 21, 9.
[470] Xen. Oik. 20, 5.
[471] Xen. Oik. 20, 20-22.
[472] Xen. Oik. 1, 7-15; 6, 4.
[473] Xen. Oik. 2, 2-4.
[474] Xen. Oik. 2, 5-6.
[475] Xen. Oik. 11, 8-9.
[476] Xen. Mem. II, 1, 19; ähnlich Xen. Mem. IV, 5, 10.

Als Endzweck aller Maßnahmen zur finanziellen Erholung der Polis hat *Xenophon* dort, wie schon angedeutet (vgl. oben S. 100), eine weitgehende Abstinenz der Athener von Handel und Gewerbe im Auge, welche durch Erzielung einer staatlichen Rente erreicht werden soll.[477]

Wertung einzelner Formen des Wirtschaftens

Auch hinsichtlich der normativen Einordnung unterschiedlicher Felder ökonomischer Betätigung bezieht *Xenophon* eindeutig Stellung.

An der obersten Stelle seiner Bewertungsskala steht die Landwirtschaft (γεωργία), deren Vorzüge er durch den gesamten Dialog „Oikonomikos" hindurch hervorzuheben bemüht ist.[478] Die Landwirtschaft sei „Mutter und Amme" aller anderen Berufe (τέχναι), indem diese von ihrem Gedeihen abhängig seien.[479] Für einen edlen und rechtschaffenen Mann (καλὸς κἀγαθός) sei die Landwirtschaft das beste Arbeitsfeld und Fachwissen, aus dem Menschen ihren Lebensunterhalt gewinnen.[480] Die bäuerliche Lebensweise stehe denn auch bei den Poleis in höchstem Ansehen, da sie dem Gemeinwesen die besten und ergebensten Bürger hervorzubringen scheine.[481]

Dagegen würden die so genannten handwerklichen Künste (βαναυσικαὶ τέχναι) zu Recht in den Städten sehr verachtet, weil sie den Körper schwächten, indem sie im Sitzen und ohne Luft und Licht ausgeübt würden, und einige sogar dazu zwängen, den ganzen Tag am offenen Feuer zuzubringen. Dadurch werde auch die Seele geschädigt.[482] Darüber hinaus ließen die Handwerkertätigkeiten am wenigsten freie Zeit, sich noch um Freunde und die Polis zu kümmern.[483] Die Schwächung von Körper und Seele, so *Xenophon*, komme am deutlichsten in der mangelnden Kriegstüchtigkeit der Handwerker zum Ausdruck.[484]

Ein früheres Zeugnis dieser Geisteshaltung findet sich bei *Herodot* (um 485–425), der in seiner „Historia" feststellt, dass bei den Griechen und fast allen Nichtgriechen „die Handwerker und ihre Nachkommen geringer geachtet werden als die übrigen Bürger. Wer von körperlicher Arbeit frei ist, gilt für edel, besonders wer sich der Kriegskunst widmet. Das haben sämtliche Griechenstämme übernommen, besonders die Spartaner. Am wenigsten verachten die Korinther die Handwerker"[485].

---

[477] Xen. Poroi 3, 9-10; 4, 17; 4, 49; 6, 1.
[478] Xen. Oik. 5; 6, 8-10; 15, 4; 15, 12; 19, 17.
[479] Xen. Oik. 5, 17.
[480] Xen. Oik. 6, 8.
[481] Xen. Oik. 6, 10.
[482] Xen. Oik. 4, 2; 6, 5.
[483] Xen. Oik. 4, 3.
[484] Xen. Oik. 6, 6-7.
[485] Hdt. 2, 167.

Ein etwas differenzierteres Bild bietet eine Erzählung aus den „Memorabilien“, in der *Sokrates* einem durch den Krieg in Not geratenen Freund empfiehlt, die zu ihm geflohenen weiblichen Verwandten zum Brotbacken und zur Kleiderherstellung anzuhalten. Zwar klingt auch hier die Minderwertigkeit der handwerklichen Beschäftigungen deutlich an; da sie aber dem notwendigen Lebensunterhalt dienen, werden sie dem nutzlosen Müßiggang vorgezogen.[486]

Einordnung des Wirtschaftens in das Gefüge der Polis

Aus den „Poroi“ *Xenophons* wird ersichtlich, dass er Metöken und Sklaven als die eigentlichen Träger des Wirtschaftslebens ansieht. Um den wirtschaftlichen Nutzen der Metöken für die Polis zu erhöhen, rät *Xenophon*, deren Zuzug durch geeignete Maßnahmen zu fördern.[487] Zur Bewirtschaftung der Silberminen in Laureion soll die Polis in großem Umfang Sklaven erwerben.[488]

Für die Politen sieht *Xenophon* dagegen die Landwirtschaft als das ideale Betätigungsfeld an, das sowohl der Charakterbildung als auch dem Dienst am Gemeinwesen am besten entgegen komme. Von Handels- und gewerblichen Tätigkeiten sollen die Bürger dagegen, so weit es die Umstände erlauben, befreit sein.

Im Idealfall soll die wirtschaftliche Existenz der Politen allein mit Hilfe der in der Polis vorhandenen Geldmittel garantiert werden. Die Polis erscheint so als Organisator des Wirtschaftslebens,[489] welches nicht aus seiner Versorgungsfunktion heraustritt und das Leben der Politen nur im Bedarfsfall mitbestimmt.

4.2.2 Platon

Xenophons Zeitgenosse *Platon* (um 427–347), ein Abkömmling ältester attischer Adelsgeschlechter, setzte sich ungleich gründlicher und konsequenter als sein Mitschüler mit dem philosophischen Vermächtnis seines Lehrers *Sokrates* auseinander. Er widmete sein Leben ganz der sokratischen Philosophie, darunter besonders der Staatstheorie. Nach der Hinrichtung des *Sokrates* unter der wiederhergestellten Demokratie (399) wandte sich *Platon* zunächst von Athen ab und unternahm längere Reisen zu den Poleis Unteritaliens und Siziliens, vielleicht auch nach Ägypten. Um 387 gründete er in Athen seine Schule, die „Akademie“[490], die der Forschung und Lehre vor allem in Philosophie, Astronomie und der reinen Mathematik gewidmet war.

---

486 Xen. Mem. II, 7, 1-12; ähnlich Xen. Mem. I, 2, 56-57.

487 Xen. Poroi 2. Vgl. oben S. 50.

488 Xen. Poroi 4, 17-21. Vgl. oben S. 100.

489 Vgl. Baloglou, C. P., Constantinidis, A. (1993), S. 83f.

490 Nach dem Hain vor den Toren Athens, der den Namen des Heroen Akademos trug. Die Akademie wurde erst 9 Jahrhunderte später in oströmischer Zeit geschlossen.

Platon reiste noch zwei weitere Male nach Sizilien, wo er hoffte, seine staatstheoretischen Vorstellungen verwirklichen zu können. Doch seine Versuche, die Tyrannis von Syrakus in die Richtung eines gesetzlich begrenzten Königtums zu bewegen, scheiterten.

Mit seinem Werk erhob *Platon* den Dialog zu einer feststehenden Gattung der Prosa. In seinen 26 Dialogen bildete er die dialektische Methode der Wahrheitsfindung des *Sokrates* nach, der auch die Hauptfigur aller Dialoge mit Ausnahme der „Gesetze" ist.

Mit ökonomischen Fragen setzt sich *Platon* im Dialog „Der Staatsmann" („Politikos") und insbesondere in seinen beiden staatstheoretischen Hauptwerken „Der Staat" („Politeia") und „Gesetze" („Nomoi") auseinander. Außerdem enthält der Dialog „Der Sophist" eine Systematik der „Erwerbskünste", die aber hier vernachlässigt werden kann.

Im „Staat" entwickelt *Platon* seine Vorstellungen von der idealen Polis. Als Ausgangspunkt dient ihm dabei die Frage nach Wesen und Wirkung der Gerechtigkeit (δικαιοσύνη), die anhand eines Staatsentwurfs sichtbar gemacht werden sollen.[491] In diesem als totalitär zu bezeichnenden Staatswesen sollen „die Philosophen" herrschen, denn wenn nicht „... entweder die Philosophen Könige werden in den Staaten oder die jetzt so genannten Könige und Gewalthaber wahrhaft und gründlich philosophieren ..., eher gibt es keine Erholung von dem Übel für die Staaten ... und ... auch nicht für das menschliche Geschlecht ..."[492]. Zugunsten der Herrschaft der reinen Vernunft verwirft *Platon* dabei jede schriftliche Gesetzgebung.[493]

Möglicherweise veranlassten ihn seine bitteren Erfahrungen in Syrakus, in seinem späten Werk „Gesetze", dem fiktiven Gespräch dreier Greise über eine geplante Staatsgründung auf Kreta, ein staatliches Ordnungsgefüge zu entwerfen, das leichter als die ideale Polis des „Staates" zu verwirklichen wäre. Zum Ziel des Gesetzesstaates erklärt *Platon* die Tugend (ἀρετή) in ihrer Gesamtheit, unter der die maßhaltende Besonnenheit (σωφροσύνη) als Einzeltugend einen hervorgehobenen Rang einnimmt.[494] Der „zweitbeste" Staat der „Gesetze" unterscheidet sich in wesentlichen Einzelheiten vom Idealstaat und trägt insgesamt realistischere Züge; auf die im hier verfolgten Zusammenhang wichtigen Unterschiede wird jeweils hingewiesen werden.

Ziele des Wirtschaftens

In *Platons* Blick auf das Wirtschaftliche treten normative Aspekte viel systematischer und ausgeprägter in den Vordergrund als im Werk *Xenophons*.

---

[491] Plat. Pol. 368e-369a.
[492] Plat. Pol. 473c-d.
[493] Plat. Pol. 425b-427b.
[494] Plat. Nom. 632d; 963a und Plat. Nom. 636d.

Wie erwähnt, soll *Platons* Entwurf eines idealen Staatswesens in der „Politeia" das Wesen und die Wirkung der Gerechtigkeit sichtbar machen. Zwar sieht der Philosoph den Ursprung der Polis im Zusammenschluss der Männer zur Erfüllung ihrer natürlichen Bedürfnisse,[495] doch zeigt sich bald, dass er der wirtschaftlichen Betätigung eine eigene, über die Deckung des gemeinschaftlichen Bedarfs hinausgehende Zielorientierung nicht zugesteht.

Aus der Notwendigkeit menschlicher Bedürfnisbefriedigung lässt *Platon* direkt das Prinzip der gesellschaftlichen Arbeitsteilung als grundlegende Voraussetzung der Polisorganisation folgen. Aufgrund ihrer von Natur aus verschiedenartigen Begabungen seien die Menschen, so lässt er *Sokrates* argumentieren, zu jeweils unterschiedlichen Geschäften geeignet.[496] Daher solle sich jeder Einzelne auf die für ihn geeignete Aufgabe beschränken: „Hiernach also wird alles reichlicher zustande kommen und schöner und leichter, wenn einer eines seiner Natur gemäß und zur rechten Zeit, mit allem anderen unbefasst, verrichtet"[497]. Für *Platon* folgt daraus eine strenge hierarchische Gliederung der Polisbevölkerung.

Die produktionssteigernde Wirkung der Arbeitsteilung erkennt der Philosoph dabei sehr wohl. Bezeichnenderweise wird dieser Gedanke jedoch nur an dieser Stelle berührt und nicht weitergeführt. Ziel des arbeitsteiligen Wirtschaftens in *Platons* Polis ist weniger eine Erhöhung der Produktivität und der produzierten Menge, als vielmehr die qualitative Verbesserung und erleichterte Herstellung der benötigten Güter. Als Beispiel für einen anderen Zusammenhang schildert *Platon* im „Politikos" auch ausführlich die Arbeitsteilung im Produktionsverfahren, nämlich in der Herstellung wollener Kleidung.[498] Die qualitative oder gar quantitative Bedeutung der Teilung des Arbeitsprozesses wird dort nicht einmal angedeutet.

Wirtschaftliches Handeln hat also der Bedürfnisbefriedigung der Polisbewohner zu dienen; diese ökonomischen Bedürfnisse will der Philosoph jedoch zugunsten höherer Ziele begrenzt wissen. Im Staat der „Gesetze" soll der Bürger „sich mit dem begnügen, was der Landbau bringt und einträgt, und auch diesen soll man nur so weit betreiben, als der Betrieb einen nicht in die Lage bringt dasjenige vernachlässigen zu müssen, um dessen willen alle Habe da ist. Das aber sind Seele und Leib, die ohne Gymnastik und sonstige Ausbildung so gut wie keinen Wert erlangen können"[499]. In der harmonischen Ausbildung von Leib und Seele, welche auch die grundlegende erzieherische Aufgabe des Staates darstellt, sieht

---

495 Plat. Pol. 369b-d.
496 Plat. Pol. 370a-b.
497 Plat. Pol. 370c.
498 Plat. Polit. 279a-283a.
499 Plat. Nom. 743d-e.

Platon nämlich die Voraussetzung für das höchste Staatsziel, die Führung des Menschen zur Tugend.[500] Die Sorge um Hab und Gut soll den Bürger daher erst an dritter und letzter Stelle, nach der Sorge um die Seele und um den Körper, beschäftigen.[501]

Ein ökonomischer Erwerb, der über einen als angemessen erachteten, „natürlichen" Bedürfnisstand hinaus Wirtschaftsgüter schafft und Reichtum erzeugt, tritt dagegen in einen direkten Gegensatz zum Erwerb dieser höheren Güter. Ökonomischer Reichtum und echte Tugend, so betont der Philosoph mehrfach, schließen einander aus.[502]

Auch der pseudo-platonische Dialog „Eryxias", der die Frage nach dem Wesen des Reichtums zum Inhalt hat, versucht, den Reichtumsbegriff zu relativieren. Ebenso wie in *Xenophons* „Oikonomikos" wird hier der Begriff des Vermögens auf die je nach den Lebensumständen „brauchbaren" Güter beschränkt, das „Unbrauchbare" hingegen ausgeschlossen.[503] Wer wenige Bedürfnisse habe, befinde sich offenbar im besten Zustand, wohingegen sich die „Reichsten" im „schlechtesten Zustand" befänden, weil sie auch das meiste bedürften.[504]

Der Gedanke der Bedürfnisbegrenzung, welcher sich in variierter Form in den späteren Lehren der Kyniker, *Epikurs* und der Stoa fortsetzt, findet sich auch in den Fragmenten des *Demokrit* aus Abdera, einem Zeitgenossen des *Sokrates*: „Wenn du nicht nach vielem begehrst, wird dir das Wenige viel scheinen. Denn geringes Begehren macht Armut ebenso stark wie Reichtum"[505]. „Wenn Geldgier nicht im Genughaben ihre Grenze findet, ist sie viel schlimmer als äußerste Armut. Denn größere Begierden erwecken größere Bedürfnisse"[506]. Zwei weitere Fragmente setzen sich mit der Herkunft des Reichtums auseinander: „Geld zu erwerben ist nicht unnützlich, auf ungerechte Weise aber ist es schlechter als alles"[507]. „Reichtum, der aus schimpflichem Gewerbe erwächst, besitzt einen umso offenkundigeren Makel"[508].

Liegt das Ziel aller wirtschaftlichen Betätigung im platonischen Idealstaat darin, begrenzte Bedürfnisse zu befriedigen, verliert dort alles weitere „wirtschaftliche Wachstum" nicht nur seinen Sinn, sondern gefährdet den Bestand des Gemeinwesens. Denn ebenso wie individueller Reichtumserwerb den Erwerb der Tugend gefährdet, droht die Polis, die über ihre natürliche Ausdehnung hinaus

---

[500] Plat. Nom. 791c; 967e; ähnlich Plat. Pol. 403c-d.
[501] Plat. Nom. 743e; 697b-c.
[502] Plat. Pol. 550e-551a; Plat. Nom. 742e-743a.
[503] [Plat.] Eryx. 400e.
[504] [Plat.] Eryx. 405e-406b.
[505] Demokrit Fr. 284 Diels/Kranz.
[506] Demokrit Fr. 219 Diels/Kranz.
[507] Demokrit Fr. 78 Diels/Kranz.
[508] Demokrit Fr. 218 Diels/Kranz.

wächst, ihre innere Einheit zu verlieren. Nur in der begrenzten, überschaubaren Polis lässt sich der ideale Staat verwirklichen. *Platon* sieht daher obrigkeitliche Maßnahmen zur Wahrung der richtigen Staatsgröße vor.[509]

Im Staat der „Gesetze" soll das Land in 5.040 Lose geteilt und an dieselbe Anzahl von Familien verteilt werden.[510] Diese Anzahl soll unter allen Umständen konstant gehalten werden. Sollten die diesbezüglichen Vorkehrungen, insbesondere eine gezielte Geburtenregelung, jedoch versagen, sieht *Platon* als letztes Mittel die Aussendung von Kolonien vor.[511]

Gleichbleibende Bedürfnisse bei gleichbleibender Bevölkerung bedeuten, dass *Platon* ein gleichbleibendes Produktionsniveau in der Polis anstrebt. Die starre gesellschaftliche Arbeitsteilung, das Grundprinzip der platonischen Staatsorganisation, soll also nicht etwa Wachstum, sondern einen „stationären Zustand" der Gemeinschaft hervorbringen.

In der idealen Polis des „Staates" unterscheidet *Platon* drei Stände: Den der Gewerbetreibenden, die für den materiellen Unterhalt zu sorgen haben, darüber den Stand der Wehrmänner oder Wächter (φύλακες), und schließlich die zum Herrschen bestimmten Philosophen, welche aus den Begabtesten des Wächterstandes ausgewählt werden. Dem Staat der „Gesetze" legt *Platon* dagegen die historische Dreiteilung der Bevölkerung in Sklaven, Metöken und Bürger zugrunde.

Darin, dass jeder gemäß seiner Natur das Seinige tue, wird im älteren Dialog schließlich die Verwirklichung der Gerechtigkeit in der Polis erblickt.[512] Die Ungerechtigkeit definiert *Platon* dagegen als Tätigkeit in einem fremden Arbeitsgebiet, wie etwa den Übergang eines von Natur zum Handwerker oder Händler Bestimmten in den Wächterstand.[513] Den Angehörigen des produzierenden und versorgenden Standes soll mithin eine Mitwirkung am politischen Leben verwehrt sein; der herrschende Stand soll sich dagegen vom Wirtschaftsleben fernhalten.

Für den Idealstaat sieht *Platon* sogar die vollkommene Besitzlosigkeit der Wächter vor, welche außerdem in Zeltgemeinschaften zusammenwohnen und ihre Mahlzeiten gemeinsam einnehmen sollen.[514] Weiterhin soll es für die

---

[509] Plat. Pol. 423b-c.

[510] Diese Zahl wählt *Platon*, da sie ganzzahlige Teilungen in ununterbrochener Reihe bis zehn umfasst (insgesamt 59). Damit kann die Bürgerschaft zu den verschiedensten Zwecken und Aufgaben leicht aufgeteilt werden. Plat. Nom. 737c-738a.

[511] Plat. Nom. 740b-e.

[512] Plat. Pol. 433e-434a.

[513] Plat. Pol. 434a-c.

[514] Plat. Pol. 416d-417b. Die letzteren beiden Vorschriften lassen die dorischen Staatswesen Kretas und in Sparta, wo die dünne militärische Oberschicht nach solchen Prinzipien lebte, als Vorbild erkennen.

Wächter und Philosophen weder Ehe noch Familie geben, sondern eine „Weiber- und Kindergemeinschaft".[515]

Im Blick auf diese Bestimmungen ist zu bemerken, dass sich der „Kommunismus" des platonischen Idealstaats nur auf die herrschende Elite der Wächter und Philosophen erstreckt. Die unteren Schichten wie Handwerker und Lohnarbeiter sowie die Sklaven (die im „Staat" kaum Erwähnung finden) nehmen am Kommunismus nicht teil. *Platons* Konzeption trägt mithin einen „ausgeprägt aristokratischen Charakter"[516]. Die materiellen Interessen der unteren Schichten spielen darin keine Rolle.

Der strenge Kollektivismus der Wächter soll ausschließlich dem Ziel dienen, persönliche und ökonomische Interessen von der herrschenden Elite fernzuhalten, und damit ihre Eintracht und die Einheit des Staates zu fördern.[517] Wirtschaftliche Betätigung würde den herrschenden Stand von seinen eigentlichen Aufgaben, dem Schutz und der Führung der Polis, ablenken.[518] Erst der von der Sorge um den Lebensunterhalt Befreite nämlich kann, so *Platon*, „die Tugend üben".[519]

Für seinen „zweitbesten Staat" in den „Gesetzen" erkennt *Platon* die vorläufige Undurchführbarkeit des kollektivistischen Ideals im Bürgerstand an; so stellt er fest, dass sich die Forderung, den Ackerbau gemeinschaftlich zu betreiben, nicht „mit der jetzigen Menschenwelt und ihrer Erziehung und Bildung" vertragen würde.[520] Auch dort wird der herrschende Stand jedoch klar von den (außerhalb der Landwirtschaft) produzierenden Ständen der Metöken und Sklaven geschieden.

Wertung einzelner Formen des Wirtschaftens

In der Verfolgung seiner Staatsidee bringt *Platon* seine Geringschätzung der wirtschaftlichen Dimension unmissverständlich zum Ausdruck.

Auch ihm gilt der landwirtschaftliche Anbau als eigene, den anderen Erwerbsarten übergeordnete Kategorie. Damit die Landwirtschaft nicht vom Erwerbsstreben erfasst wird und die Besitz- und Produktionsverhältnisse stabil bleiben, ist der private Landbesitz im Staat der „Gesetze" an eine Vielzahl von Bestimmungen gebunden. So dürfen die Grundbesitzer nicht frei über ihr Landlos verfügen, sondern sollen sich vor „schimpflichem Kauf und Verkauf

---

[515] An der Durchführbarkeit dieser Vorschrift lässt der Philosoph allerdings selbst Zweifel zu; Plat. Pol. 457c-e.

[516] Oncken, A., Geschichte der Nationalökonomie, Aalen ^{4}1971 (Neudruck der Ausgabe Leipzig 1902), S. 34.

[517] Plat. Pol. 462b-465d.

[518] Plat. Pol. 417a-b.

[519] Plat. Pol. 407a.

[520] Plat. Nom. 739c-740a.

untereinander" hüten.[521] Auch sollen sie „unnatürliche Viehzüchterei" unterlassen.[522] Nur ein – für die Fremden in der Polis bestimmter – Teil des Bodenertrages soll, wenn nötig, zwangsweise, auf den Markt gebracht werden.[523]

Bergbau ist im platonischen Staat nicht vorgesehen;[524] auch der Fischfang soll von den Bürgern gemieden werden, und die Jagd sich auf Formen beschränken, welche Körperkraft und Tapferkeit erfordern.[525] Besonders aber soll sich der freie Bürger, welcher „doch die allgemeine Ordnung des Staates erhalten und fördern" soll, nebst seinen Sklaven von berufsmäßiger Handwerksarbeit fernhalten.[526]

Platon verwendet den Begriff βαναυσία neben seiner Grundbedeutung für „Handwerk" auch bewusst für die mit dem Handwerkerdasein verbundene praktische und geistige Lebenshaltung. Wie schon in älteren Quellen schließt der Begriff auch bei *Platon* grundsätzlich eine pejorative Wertung mit ein.[527] Die Einseitigkeit „banausischen" Tuns schließt für den Philosophen den Erwerb von Tugend aus: „... denn das schon dem Namen nach verächtliche Banausentum lässt keine edle Sinnesart aufkommen"[528]. An anderer Stelle bezeichnet er die Vermittlung der für den Gelderwerb benötigten Fertigkeiten als „... handwerksmäßig (βάναυσον) und unedel und nicht wert überhaupt „Bildung" genannt zu werden"[529]. Hingegen lassen sich bei *Platon* durchaus auch wohlmeinende Anspielungen auf handwerkliches Können finden,[530] was seine Geringschätzung des Handwerkers jedoch unberührt lässt.[531]

Im „Staat" erwähnt *Platon* auch die im Gesellschaftsaufbau unentbehrlichen Tagelöhner, „Dienstleistende, die von seiten des Verstandes wohl nicht sehr in die Gemeinschaft gezogen zu werden verdienen ..."[532].

Wenn *Platon* das Handwerk vor allem wegen seiner Niedrigkeit und Tugendlosigkeit abwertet, so tritt in seinen Äußerungen über den Groß- und

---

[521] Plat. Nom. 741b.

[522] Plat. Nom. 743d. Nach einer anderen Auslegung dieser Stelle spielt *Platon* hier auf „Zuhälterei" an.

[523] Plat. Nom. 847e-848c.

[524] Plat. Nom. 842d.

[525] Plat. Nom. 823c-824a.

[526] Plat. Nom. 846d.

[527] Vgl. Rössler, D., Handwerker, in: E. C. Welskopf (Hrsg.), Soziale Typenbegriffe im alten Griechenland und ihr Fortleben in den Sprachen der Welt, Bd. 3, Berlin 1981, S. 216.

[528] Plat. Nom. 741e.

[529] Plat. Nom. 644a.

[530] So etwa Plat. Pol. 596b-c; Plat. Nom. 920d-e.

[531] Eine ähnliche Einstellung ist noch bei *Plutarch* (um 50–120 n. Chr.) zu finden, der erklärt, dass die Bewunderung für ein klassisches Kunstwerk keineswegs bedeute, dass auch dessen Schöpfer Achtung verdiene. Vgl. Austin, M., Vidal-Naquet, P. (1984), S. 162 mit Plut. Perikles 1, 4- 2, 1.

[532] Plat. Pol. 371d-e.

Kleinhandel noch ein weiteres Moment deutlicher hinzu. Nicht nur entzieht sich nach seiner Auffassung die niedrige Geisteshaltung der Händler jedem Tugenderwerb, sondern gefährdet, da sie von zügellosem Gewinnstreben (χρηματισμός) beherrscht wird, Ziele und Zusammenhalt des gesamten Staates: „Denn indem [die Nachbarschaft des Meeres] dem Großhandel wie dem Kleinhandel mit seiner Geldgier Tür und Tor öffnet, erzeugt sie in den Seelen eine Empfänglichkeit für trügerische und unzuverlässige Sinnesart und lässt in der Bürgerschaft den Geist der Treue und der Freundschaft gegen sich selbst schwinden und ebenso gegen die übrigen Menschen“[533].

Der Philosoph beklagt, dass die Gier nach Reichtum „... den Menschen so in Anspruch nimmt, dass er für nichts anderes Zeit hat als für die Sorge um sein Hab und Gut ..., dass er auf nichts anderes denkt als auf den täglichen Gewinn ...“, und „... aus unersättlicher Gier nach Gold und Silber bereit ist, sich auf alle Künste und Pfiffe, gleichviel ob anständige oder unanständige, einzulassen, die ihm zu Reichtum verhelfen könnten ...“[534]. *Platons* Verachtung des Handels leitet sich nun entscheidend daraus ab, dass gerade dieses Gewerbe, neben dem Geldverleih, dem zerstörerischen Erwerbsstreben das breiteste Betätigungsfeld und die unterschiedlichsten Möglichkeiten bot.

Bei dem Versuch, die Niedrigkeit des Handels mit seiner Gewinngier zu begründen, beruft sich *Platon* auf scheinbar allgemein verbreitete Ressentiments gegenüber diesen Erwerbsberufen: „Die große Masse der Menschen ... ist maßlos in ihren Bedürfnissen, und wenn sich Gelegenheit zu mäßigem Gewinn bietet, wächst bei ihr die Gier ins Unermessliche. So kommt es denn, dass alles, was mit dem Kleinhandel und Großhandel und mit Gastwirtschaft zu tun hat, in der Achtung tief gesunken und in bösen Ruf gekommen ist“[535].

Im Dialog „Gorgias“ ist beiläufig vom „Erwerbsmann“ (χρηματιστής) die Rede, der „recht mit Verachtung aller“ behaupte, der Reichtum sei das größte Gut für den Menschen.[536]

In der attischen Komödie war die Unredlichkeit von Händlern und Wirten ein häufig anzutreffender Topos.[537] Auch eine Passage aus einer Prozessrede des *Demosthenes*, wo es um das Gewerbe einer Bänderhändlerin geht, bezeugt eindeutig, dass die Händlerberufe allgemein in geringem Ansehen standen.[538]

Platon führt die behauptete Unredlichkeit dieser Gewerbe auf zwei Ursachen zurück, nämlich zum einen auf die Armut, welche durch Not und Leid zu Schamlosigkeit führe, und zum anderen auf den Reichtum, der die Seele der

[533] Plat. Nom. 705a.
[534] Plat. Nom. 831c-d.
[535] Plat. Nom. 918d.
[536] Plat. Gorg. 452b-c.
[537] So etwa bei Aristoph. Frösche 1386-1391 und Aristoph. Plutos 435-436. Vgl. Hopper R. J. (1982), S. 76 mit weiteren Belegen.
[538] Demosth. 57, 31-36.

Menschen durch Üppigkeit zugrunde richte.[539] Im „Staat" macht er den Reichtum wie auch die Armut für schlechtes Arbeiten verantwortlich; außerdem bringe Reichtum Faulheit und „Neuerungssucht", die Armut aber Niederträchtigkeit und Untauglichkeit mit sich.[540] Daher fordert *Platon*, die sozialen Gegensätze in der Polis so gering wie möglich zu halten. In den „Gesetzen", in denen erdrückende Armut und übermäßiger Reichtum auch als Ursache für „die schwerste aller Krankheiten" der Polis, den sozialen Aufruhr (στάσις) erkannt werden, fasst er diese Forderung in einen Gesetzentwurf, der verbindliche Ober- und Untergrenzen für Vermögen festlegen soll.[541] Das Ziel einer gleichmäßigeren Vermögensverteilung will er auch durch die Teilung der Bürgerschaft in vier Vermögensklassen als Grundlage für die Erhebung von Steuern und sonstigen Leistungen erreichen, was stark an die timokratische Ordnung *Solons* erinnert.[542]

Des Weiteren folgert *Platon* aus den Übeln des Reichtumsstrebens, dass der Umfang der Handelsaktivitäten auf ein Minimum beschränkt werden müsse.[543] Im „Staat" erkennt *Platon* die Notwendigkeit eines Außenhandels an; die für den Austausch auf der Agora unentbehrlichen Krämer sollen sich aus den „... körperlich Schwächsten .., die nicht taugen, irgendein anderes Geschäft zu verrichten ...", rekrutieren.[544] In den „Gesetzen" will der Philosoph den Außenhandel unter schärfste staatliche Kontrolle stellen, die nur das ins Land lässt, was für die Polis unentbehrlich ist, und jede Ausfuhr von im Innern benötigten Gütern unmöglich macht. Kleinhandel, der „zum Zwecke des Gelderwerbes" getrieben wird, soll dagegen ausgeschlossen sein.[545] Von den Bürgern soll keiner Krämer oder Kaufmann werden, noch sich zu einer sonstigen „... Dienstleistung an Privatleute hergeben, die ihm nicht gleiche Dienste leisten ...", ausgenommen Leistungen an die Ahnen oder würdige Ältere.[546] Der Handel des Gesetzesstaates soll ausschließlich in den Händen von Metöken und Fremden liegen.[547]

Einordnung des Wirtschaftens in das Gefüge der Polis

Es wurde bereits deutlich, dass *Platon* der wirtschaftlichen Dimension in seiner Staatsvorstellung nur eine sehr untergeordnete Stellung einräumte. Zwar erkannte der Philosoph die grundsätzliche Notwendigkeit von Güterproduktion und Austausch in der Polis zur Sicherung ihrer Lebensgrundlagen an. Doch soll die wirtschaftliche Aktivität, wie gesehen, sowohl nach Art und Umfang als auch im

[539] Plat. Nom. 919c, ähnlich Plat. Nom. 679b.
[540] Plat. Pol. 421d-422a.
[541] Plat. Nom. 744d-745a.
[542] Plat. Nom. 744c-d. Vgl. Abschnitt 2.1.1.
[543] Plat. Nom. 919c.
[544] Plat. Pol. 371a-d.
[545] Plat. Nom. 847b-e.
[546] Plat. Nom. 919d-e.
[547] Plat. Nom. 920a.

Hinblick auf ihre Träger streng begrenzt werden. Art und Umfang der wirtschaftlichen Aktivität sollen sich aus einem gegebenen, „natürlichen" Standard an Bedürfnissen bestimmen. Träger der wirtschaftlichen Aktivität sollen ausschließlich dazu bestimmte gesellschaftliche Gruppen sein, im Idealstaat der unterste von drei Ständen, im Staat der „Gesetze" die Metöken und Fremden, wobei der Bereich der Landwirtschaft als eigene Kategorie den Bürgern bzw. deren Sklaven vorbehalten bleibt.

Ebenso wie diese starr gefügte Ordnung gedenkt *Platon* den Wirtschaftsablauf, namentlich den Marktverkehr und den Betrieb der Handwerke, strengstens zu regulieren und zu kontrollieren.

Die Metöken des Gesetzesstaates sollen von der Zahlung des Metoikions oder von Verkaufssteuern befreit sein; allerdings müssen sie sich verpflichten, nicht länger als zwanzig Jahre in der Polis zu bleiben.[548] Überschreitet das Vermögen eines Nichtbürgers jedoch vor Ablauf dieser Zeit eine recht bescheidene Grenze, so hat er das Land mitsamt seiner Habe unter Androhung der Todesstrafe vorzeitig zu verlassen.[549] Die Handwerker sollen, dem jeweiligen lokalen Bedarf entsprechend, von den Behörden flächendeckend angesiedelt werden.[550]

Platon legt die Modalitäten des Marktverkehrs, wie etwa feste Austauschzeitpunkte für einzelne Güterkategorien, minutiös fest. Per Gesetz sollen Höchst- und Mindestpreise für alle Waren fixiert werden.[551] Die Marktaufseher (ἀγορανόμοι) sollen außerdem darüber wachen, dass ein einmal angegebener Preis weder erhöht noch gesenkt wird; auch soll jede Anpreisung der Ware unterbleiben.[552] Schließlich soll darauf gesehen werden, dass die Gewinne des Kleinhandels ein „zulässiges Maß" nicht überschreiten. „Bei solcher Überwachung dürfte denn der Kleinhandel für jedermann von Nutzen und für den staatlichen Betrieb möglichst unschädlich gemacht sein"[553].

Um die benötigten Güter einzutauschen, soll der Privatmann kein Gold oder Silber besitzen dürfen, „... sondern nur eine Münze für den täglichen unvermeidlichen Geschäftsverkehr mit Handwerkern und allen derartigen Leuten, die uns unentbehrlich sind ... Zu diesem Zweck gestatten wir den Besitz einer Münze, die in der Heimat ihren bestimmten Wert hat, in der übrigen Welt aber wertlos ist"[554]. Nur dem Staat selbst soll eine gemeingriechische Münze zur Verfügung stehen. Privatleute, die von einer zu genehmigenden Auslandsreise zurückkeh-

---

[548] Plat. Nom. 850b-c.
[549] Plat. Nom. 915b-c.
[550] Plat. Nom. 848e-849a.
[551] Plat. Nom. 849a-850a.
[552] Plat. Nom. 917b-c.
[553] Plat. Nom. 920c.
[554] Plat. Nom. 742a.

ren, müssen fremdes Geld in die einheimische Münze umtauschen lassen.[555] *Platon* versucht hier offensichtlich, dem Geld in seiner Polis keinen Wert an sich zukommen zu lassen. Nach seiner Vorstellung soll Geld ausschließlich als Zahlungsmittel dienen, dessen Tauschwert unabhängig vom Materialwert von der Polis zu bestimmen ist.[556] Dieser Vorstellung entsprechend soll das Zinsnehmen auf Gelddarlehen ausgeschlossen sein, wie es auch einem Schuldner freistehen soll, ob er die geliehene Summe zurückzahlt oder nicht.[557]

Nur im Falle des Zahlungsverzuges gegenüber Handwerkern soll ein festgelegter Zins zu zahlen sein.[558] Handwerker, die selbst in Leistungsverzug geraten, sollen dagegen den verlangten Preis ihrerseits zahlen und die Arbeit unentgeltlich erbringen. Außerdem sollen sie, ebenso wie die Verkäufer, ihre Leistung ihrem „wirklichen Wert" entsprechend anbieten, wobei der Weg zur Bestimmung dieses Wertes letztlich offen bleibt.[559] Weitere Schutzbestimmungen betreffen die genaue Regelung von Rückerstattungsverfahren bei unehrlichen Geschäften sowie die Sanktionierung von Verfälschung und Betrug.[560]

Mit diesen Vorschriften vervollständigt sich das Bild der Wirtschaftsauffassung *Platons*. Wo immer sich im Zusammenleben der Polisgesellschaft Bereiche ergeben, in denen das Streben nach Geld und Besitz zur obersten Handlungsmaxime der Menschen werden kann, sind diese auf das Notwendigste zu begrenzen, müssen niedergehalten und kontrolliert werden. Naturgemäß sind dies im Wesentlichen Bereiche wirtschaftlicher Aktivität. Einen näheren, diese Aktivitäten als eigenen Bereich zusammenfassenden Begriff – daran sei erinnert – kannte *Platon* nicht. Wirtschaftliche Zusammenhänge als solche interessierten ihn nicht. Sofern er sie berührte, trieb er „... nicht Wirtschafts-, sondern Staats- und Menschenlehre"[561].

Bezeichnend für die Einordnung der ökonomischen Funktion in die Ganzheit der Staatsbetrachtung ist eine Äußerung *Platons* im Dialog „Politikos". Bezüglich der Verwaltung eines großen οἶκος und einer überschaubaren πόλις stellt er fest, „... dass für alles dieses eine Wissenschaft gilt. Ob man sie nun als königli-

---

[555] Plat. Nom. 742b.

[556] Hierbei hatte *Platon* offenbar das Eisengeld Spartas im Sinn, welches allerdings die Gier der Spartaner nach Edelmetallen nicht einschränken konnte. Vgl. hierzu Andreades, A. (1965), S. 50f.

[557] Plat. Nom. 742c.

[558] Plat. Nom. 921c-d. Hierbei handelt es sich mehr um eine Strafe für unsolidarisches Verhalten als um einen Schadens- oder Gewinnersatz wie bei den mittelalterlichen Zinsgründen. Vgl. Schefold, B., Platon und Aristoteles, in: Ders. (1994), S. 125f.

[559] „Denn der Handwerker weiß ja doch genau, was seine Arbeit wert ist." Plat. Nom. 921a-b.

[560] Plat. Nom. 915c-916e.

[561] Salin, E., Politische Ökonomie. Geschichte der wirtschaftspolitischen Ideen von Platon bis zur Gegenwart, Tübingen, Zürich 1967, S. 5.

che oder als staatsmännische oder als Haushaltungswissenschaft bezeichnen will, das ist uns ganz gleichgültig“[562].

Unermüdlich weist der Philosoph aber auf die gefährliche Dynamik privater und wirtschaftlicher Einzelinteressen unter den Polisbewohnern hin, welche zur Vernachlässigung der bürgerlichen Aufgaben und zu sozialem Unfrieden führt und damit den Bestand der Polis bedroht.[563] Seine Schilderung des Verfalls der Aristokratie in vier Stufen (Timokratie, Oligarchie, Demokratie und schließlich Tyrannis), in der sich die Entwicklung Athens zur Demokratie und der von ihm erlebte Umsturz der „Dreißig Tyrannen“ als reales Vorbild erkennen lässt, führt als ein Charakteristikum des jeweiligen Staatszusammenbruchs stets auch das übertriebene Streben nach Besitz und Reichtum an.[564]

Hinter *Platons* eigener Staatskonzeption steht dagegen die Vorstellung einer naturgemäßen Ordnung, in der auch die Bedürfnisse einer natürlichen Begrenzung unterliegen. In diesem „Kosmos“ erschöpft sich die ökonomische Funktion der Polis in der Erfüllung des gegebenen Bedürfnisstandards. Die Versorgungsfunktion des Marktes versucht *Platon* dabei durch Planelemente zu ergänzen.

Um aber eine Gefährdung der eigentlichen, der politischen Funktionen der Gemeinschaft auszuschließen, erhebt *Platon* die Unterordnung, Begrenzung und Kontrolle der gesamten wirtschaftlichen Aktivität zur Existenzfrage der Polis.

4.2.3 Aristoteles

Aristoteles (384–322), als Sohn des griechischen Leibarztes am makedonischen Königshof im Städtchen Stageira auf der Chalkidike geboren, kam früh nach Athen, wo er der bedeutendste Schüler *Platons* wurde. Nach dessen Tod ging er zunächst nach Kleinasien und wurde 342 als Erzieher des jungen *Alexander* nach Makedonien berufen. Im Jahr 335 gründete *Aristoteles* in Athen eine eigene Schule, den so genannten Peripatos, dessen Forschung die gesamte Wissenschaft zu umfassen suchte. Sein weitgespanntes erhaltenes Werk, das sich in einigen wesentlichen Fragen von den Lehren *Platons* entfernt, gibt hiervon beredtes Zeugnis.

Doch bildet das politische Denken auch bei *Aristoteles* den Schwerpunkt der Forschung. In seiner umfassenden Lehrschrift „Politik“ legt er die Ergebnisse des Studiums von 157 politischen Verfassungen vor, die in seiner Schule gesammelt und systematisiert wurden. Als „richtige“ und gesunde Verfassungen

[562] Plat. Polit. 259c. Ähnlich Xen. Mem. III, 4, 12: „Denn die Fürsorge für die eigenen Angelegenheiten unterscheidet sich nur dem Umfange nach von der für das Gemeinwohl ...“.
[563] *Schefold* spricht in diesem Zusammenhang vom „Paradox eines Anfangs von Wirtschaftswissenschaft, der die Selbstständigkeit der ökonomischen Sphäre ablehnte.“ Schefold, B. (1994), S. 117.
[564] Plat. Pol. 545c-569c.

betrachtet er das Königtum, die Aristokratie und die „Politie" (πολιτεία, ein demokratisch-aristokratisches Gebilde). Ihre Entartungen seine die Tyrannis, die Oligarchie und die Demokratie, welche jeweils auf Einzelinteressen und nicht mehr auf das Gemeinwohl ausgerichtet seien.[565] Vom Siegeszug *Alexanders* und dem damit verbundenen kosmopolitischen Gedanken findet sich in seinem Werk kein Niederschlag. Auch für *Aristoteles* war die Polis die einzig bestimmende staatliche Lebensform. Im Todesjahr *Alexanders* (323) musste *Aristoteles* wegen antimakedonischer Unruhen Athen verlassen und starb im darauffolgenden Jahr in Chalkis auf Euböa.

Mit ökonomischen Themen befasst sich *Aristoteles* vornehmlich im ersten Buch der „Politik" und im fünften Buch der „Nikomachischen Ethik"[566]. Im aristotelischen Corpus ist außerdem eine dreiteilige „Ökonomik" überliefert, von der allein das erste (auch „Oikonomikos" genannte) Buch eindeutig peripatetisch ist und einem Schüler des *Aristoteles* zugerechnet wird.

Ebenso wie Politik und Ethik betrachtet *Aristoteles* die „Ökonomik", die Lehre von der rechten Führung des Hauses, als Teil der praktischen Philosophie. Seine normativen Aussagen über Ziele, Formen und Stellenwert des Wirtschaftens sind weniger umfangreich als die *Platons*, dafür aber meist in einen systematischen Zusammenhang eingefügt.

Ziele des Wirtschaftens

In der politischen Philosophie des *Aristoteles* kommt dem Begriff der Natur (φύσις) als Ordnung schaffendes Prinzip eine grundlegende Bedeutung zu. Zu Beginn seiner „Politik" schildert er, wie sich die ersten menschlichen Gemeinschaften, die familiären Hausgemeinschaften, wegen ihrer „über den Tag hinausreichenden" Bedürfnisse zu Dorfgemeinden zusammenschließen, welche ihrerseits schließlich die vollkommene menschliche Gesellschaft, die Polis, bilden. Diese höchste menschliche Gemeinschaft, bestehe (ebenso wie die ursprünglichen Gemeinschaften) von Natur, da sich in ihr das menschliche Streben nach dem höchsten Ziel, der Selbstgenügsamkeit (αὐτάρκεια) vollende. Dadurch ermögliche die Polis, die um des Lebens willen entstanden sei, das vollkommene, „gute Leben" (εὖ ζῆν).[567] Den Menschen bezeichnet *Aristoteles* daher als ein von Natur „staatliches Wesen" (πολιτικὸν ζῷον),[568] welches seine Erfüllung und Vollendung in der staatlichen Gemeinschaft finde.

In der „Nikomachischen Ethik" bezeichnet er dieses letzte Ziel als „Glückseligkeit" (εὐδαιμονία), welche sich im guten Leben und guten Verhalten des

---

[565] Aristot. Pol. 1279a-b.
[566] Nach seinem Sohn *Nikomachos* benannt, der wahrscheinlich dieses Hauptwerk des *Aristoteles* über Ethik herausgab.
[567] Aristot. Pol. 1252b.
[568] Aristot. Pol. 1253a.

Einzelnen verwirklichen.[569] Das gute Leben aber ist für den Einzelnen wie für die Gemeinschaft ein „... Leben nach der Tugend .., die der äußeren Mittel genug besitzt, um sich in tugendgemäßen Handlungen betätigen zu können"[570].

Innerhalb dieser Zielstruktur kommt dem ökonomischen Erwerb auf der häuslichen wie der staatlichen Ebene folglich die Aufgabe zu, „... alle jene Dinge zu beschaffen und zu bewahren, die für die Gemeinschaft in Haus und Staat zum Leben nützlich und notwendig sind. In diesen Dingen besteht ja wohl einzig der wahre Reichtum"[571].

Wie alles naturgemäße Sein besitzt auch dieser Reichtum ein innewohnendes Ziel (τέλος) und damit eine natürliche Grenze, da er nichts anderes darstellt als „eine Menge von Werkzeugen" für die Haus- oder Staatsverwaltung.[572] Das Umgrenzte aber gehöre, so *Aristoteles* an anderer Stelle, zur Natur des Guten.[573]

Alles über den „naturgemäßen Reichtum" hinausgehende Erwerbsstreben hat dagegen keine Schranke und ist daher nurmehr sinnloser Selbstzweck. Indessen verhielten sich „alle, die sich mit Erwerb befassen", gerade in dieser Weise, und manche erblickten die Aufgabe der Hauswirtschaftskunde fälschlicherweise darin, das vorhandene Vermögen schrankenlos zu vermehren. Dieser Einstellung liege aber das Bestreben zugrunde, leben zu wollen, ohne das gute Leben zu beachten.[574]

Wertung einzelner Formen des Wirtschaftens

Von seiner Unterscheidung eines naturgemäßen und eines unnatürlichen Erwerbes ausgehend, gelangt *Aristoteles* zu einer der traditionellen Denkweise ähnlichen Bewertung der landwirtschaftlichen Produktion.

Nach aristotelischem Denken übernimmt die Natur, welche „nichts unvollständig und auch nichts umsonst macht"[575], „... für das, was sie erzeugt hat, die Unterhaltungspflicht ... Daher liegt für die Menschen allgemein der naturgemäße Erwerb in den pflanzlichen und tierischen Produkten"[576]. Unter die sich hieraus ergebenden Erwerbsformen, bei denen „natürliche Arbeit" geleistet wird, zählt *Aristoteles* die Lebensweisen der Nomaden, Bauern, Fischer und Jäger, aber auch, wie schon an anderer Stelle erwähnt, die der Räuber sowie den kriegerischen Erwerb.[577]

---

[569] Aristot. Eth. Nic. 1198b.
[570] Aristot. Pol. 1323b-1324a.
[571] Aristot. Pol. 1256b.
[572] Aristot. Pol. 1256b; ähnlich Aristot. Pol. 1323b.
[573] Aristot. Eth. Nic. 1170a.
[574] Aristot. Pol. 1257b.
[575] Aristot. Pol. 1256b.
[576] Aristot. Pol. 1257b. Ähnlich [Aristot.] Oik. 1343b: „Denn von Natur aus bekommen alle ihre Nahrung von der Mutter, so auch die Menschen von der Erde."
[577] Aristot. Pol. 1256b.

Der Verfasser des pseudo-aristotelischen „Oikonomikos" nennt die Landwirtschaft „gerecht", weil sie ihren Gewinn nicht von den Menschen nehme, sei es freiwillig, wie beim Handel und dem Umgang mit Lohnabhängigen, oder unfreiwillig, wie bei den kriegerischen Tätigkeiten.[578]

Das Urteil des *Aristoteles* über dienende Arbeitstätigkeiten wird von seiner Definition der Sklaverei bestimmt. Für *Aristoteles* sind diejenigen Menschen „Sklaven von Natur", „... deren Aufgabe im Gebrauch ihrer Leibeskräfte besteht und bei denen das die höchste Leistung ist ..., und es ist ihnen besser, sich in dieser Art von Dienstbarkeit zu befinden ..."[579]. Der Sklave von Natur hat „... an der Vernunft nur insoweit teil .., dass er sie in anderen vernimmt ...", besitzt sie aber nicht selbst.[580]

Somit sind *Aristoteles* zufolge durchaus nicht alle Menschen, die nach rechtlicher Konvention Sklaven oder Freie sind, dieses auch von Natur.[581] Folglich besteht nach aristotelischer Auffassung zwischen naturgemäßer Sklaverei und freier körperlicher Lohnarbeit kein prinzipieller, sondern lediglich ein rechtlicher Unterschied.

Unter den Begriff „Lohnarbeit" (μισθαρνία) fasst *Aristoteles* neben den „... kunstlosen Arbeiten, die bloß mit dem Leibe geschehen und so Nutzen schaffen ...", auch „... die niederen Künste, die so genannten Handwerke ..."[582]. Von den Gewerben seien „... die handwerksmäßigsten (βαναυσόταται) die, wo der Körper am meisten zu Schaden kommt, die sklavischsten die, wo der Körper am meisten zu tun hat, und die gemeinsten die, wo es am wenigsten der Tugend bedarf"[583]. „Denn unmöglich kann, wer das Leben eines Banausen oder Tagelöhners führt, sich in den Werken der Tugend üben"[584]. Daher habe sich die Erziehung der Jugend auf solche nützlichen Beschäftigungen zu beschränken, welche sie nicht zu Banausen herabwürdigen, d. h. Leib und Seele schädigen und zur Ausübung der Tugend untüchtig machen.[585] Der Verfasser des „Oikonomikos" wiederholt den Gedanken, dass die handwerklichen Tätigkeiten – im Gegensatz zur Landwirtschaft – den Körper für die im Krieg erforderlichen Anstrengungen untauglich machten.[586]

In der Tätigkeit des Handwerkers sieht *Aristoteles* schließlich eine „begrenzte Sklaverei". Jede gesellschaftliche Gruppe bedürfe nur soviel sittlicher Tu-

---

578 [Aristot.] Oik. 1343a.
579 Aristot. Pol. 1254b.
580 Aristot. Pol. 1254b.
581 Aristot. Pol. 1255a-b.
582 Aristot. Pol. 1258b.
583 Aristot. Pol. 1258b.
584 Aristot. Pol. 1278a.
585 Aristot. Pol. 1337b.
586 [Aristot.] Oik. 1343b.

gend, wie es ihrer Aufgabe entspreche. Der Handwerker habe insoweit Bedarf an der Tugend eines Sklaven, als er Anteil an der Sklaverei habe, d. h. in dem Maße, in dem er sich in die Abhängigkeit seines Auftraggebers begebe.[587]

Überhaupt ist im aristotelischen Denken eine Beschäftigung nur dann eines freien Mannes würdig, wenn man sie für sich selbst, seine Freunde oder um der Tugend willen verrichtet; geschieht dies aber für andere, „... so wird man wohl oft wie ein Mensch dastehen, der das Geschäft eines Tagelöhners oder eines Sklaven versieht“[588].

Ebenso wie *Platon* verweilt *Aristoteles* am ausführlichsten bei der Verurteilung des Handels. Anders als sein Lehrer begründet jedoch *Aristoteles* sein Urteil systematisch, indem er einen naturgemäßen und einen unnatürlichen Teil der Erwerbskunst unterscheidet. Nach seiner Überzeugung gehört nur die naturgemäße Erwerbskunst (κτητική oder χρηματιστική κατὰ φύσιν), welche die zum Leben notwendigen Güter beschafft, eigentlich zur Hausverwaltungskunst (οἰκονομική), während die andere Art der Erwerbskunst, die „Chrematistik“ (χρηματιστική μὴ κατὰ φύσιν), welche das notwendige Maß überschreitet, aus der Haushaltungskunst heraustritt.[589]

Aristoteles führt diese grundlegende Unterscheidung bis auf die Ebene der Gegenstände zurück. Am Beispiel eines Schuhs zeigt er, dass es für jedes Besitzstück einen zweifachen Gebrauch gibt. Der dem Schuh eigentümliche Gebrauch ist das Anziehen und Tragen, doch kann er ebenso gut als Tauschobjekt verwendet werden. Zwar wurde der Schuh nicht um des Tausches willen gemacht, doch ist laut *Aristoteles* seine Verwendung zum Tausch, soweit sie zur Deckung des natürlichen Bedarfs ungleich ausgestatteter Haushalte notwendig war, gleichermaßen natürlichen Ursprungs. Dieser „naturgemäße Tauschhandel“, der vornehmlich Naturaltausch war, diente also zur Ausfüllung der Mängel, die der natürlichen Autarkie der menschlichen Gemeinschaften im Wege standen.[590]

Gleichzeitig war er jedoch der Ursprung der Chrematistik. Als sich die Tauschbeziehungen ausdehnten und das Geld in Gebrauch kam, entstand mit der Verfeinerung des Krämergewerbes (καπηλική) jene „andere Erwerbsart“, welche den Güteraustausch mit dem Gedanken an Gewinn verknüpfte.[591] *Aristoteles* sieht im Handelsgeschäft also den Teil der Erwerbskunst, der sich von der Oikoswirtschaft abgelöst und zum Zweck des Gelderwerbs verselbstständigt hat.

---

[587] Aristot. Pol. 1260a-b.

[588] Aristot. Pol. 1337b.

[589] Aristot. Pol. 1256b. *Schefold* ordnet die im Original durch teilweise synonymen Wortgebrauch verwirrende Systematik der Begriffe in einer Übersicht: Vgl. Schefold, B. (1994), S. 140.

[590] Aristot. Pol. 1257a.

[591] Aristot. Pol. 1257a-b.

Reichtum ist für den Handel nicht mehr Mittel, sondern Ziel. Am Anfang und Ende der Handelstransaktionen stehen nicht mehr notwendige Güter, sondern das Geld. Darum ist diese Form des Wirtschaftens wider die Natur, und kennt auch keine Grenze.[592]

Folgerichtig straft *Aristoteles* diejenige Erwerbsweise, die ihr Einkommen allein mit dem Geld selbst erzielt, am heftigsten mit Verachtung: „Da es aber, wie gesagt, eine doppelte Erwerbskunst gibt, die des Händlers und die des Hausvorstandes, und diese letztere notwendig und löblich ist, jene erstere, auf dem Umsatz beruhende, dagegen gerechten Tadel erfährt, weil sie nicht bei der Natur bleibt, sondern den einen Menschen vom anderen sich bereichern lässt, so ist ein drittes Gewerbe, das des Wucherers, mit vollstem Rechte eigentlich verhasst, weil es aus dem Gelde selbst Gewinn zieht und nicht aus dem, wofür das Geld doch allein erfunden ist. Das Geld ist für den Umtausch aufgekommen, der Zins aber weist ihm die Bestimmung an, sich durch sich selbst zu vermehren ... Daher widerstreitet auch diese Erwerbsweise unter allen am meisten dem Naturrecht“[593].

Eine Auffassung von Geld als Kapital, welches zu produktiven Zwecken eingesetzt werden kann, findet sich bei *Aristoteles* nirgends. Dagegen scheint er bemüht, mit seiner philosophischen Begründung eine offenbar allgemein gehegte Werthaltung zu stützen.[594] Sein Versuch, dem Geld keinen eigenständigen Wert zukommen zu lassen, entspricht der nominalistischen Geldvorstellung *Platons*.

Ebenso wie sein Lehrer erblickt *Aristoteles* im unbegrenzten Gelderwerb eine Gefahr für das innere Gleichgewicht der Polis. Mit dem Blick auf die durch soziale Spannungen latent gefährdete Stabilität einer demokratischen Verfassung empfiehlt er, die öffentlichen Einkünfte anzusammeln und auf einmal an die mittellosen Bürger zu verteilen, um ihnen eine ökonomische Existenzgrundlage zu schaffen. Gleichzeitig seien „die Gutgestellten“ von unnützen Leiturgien zu befreien.[595] Außerdem befürwortet er die mancherorts bestehenden Beschränkungen des Bodenverkehrs.[596]

Im 5. Buch der „Nikomachischen Ethik“, das von der Gerechtigkeit handelt, versucht *Aristoteles*, die theoretischen Voraussetzungen einer gerechten Verteilung und eines gerechten Austauschs zu entwerfen. Die hierfür zur Anwendung gelangende „besondere Gerechtigkeit“ unterteilt er in eine „verteilende“ und eine „ausgleichende“ Gerechtigkeit.[597]

---

[592] Aristot. Pol. 1257b.
[593] Aristot. Pol. 1258a-b.
[594] Vgl. Schefold, B. (1994), S. 136.
[595] Aristot. Pol. 1320a-b.
[596] Aristot. Pol. 1319a.
[597] Aristot. Eth. Nic. 1130b-1131a.

Die Gerechtigkeit bei der Verteilung besteht für den Philosophen in dem proportionalen Mittel zwischen zwei ungleichen Polen. Sollen Ehre oder Güter unter zwei ungleichen Personen aufgeteilt werden, kann dies nur durch proportionale, also ungleiche Zuteilung erfolgen.[598] Als Richtmaß dafür gibt *Aristoteles* die „Würdigkeit" an, worüber man auch allgemein übereinstimme. Jedoch fügt er hinzu, dass Demokraten, Oligarchen oder Aristokraten unter diesem Kriterium keineswegs das Gleiche verstünden.[599] Die Verteilung sieht er folglich als eine durch politische Übereinkunft zu lösende und von der Verfassung abhängige Aufgabe an.

Für die Gerechtigkeit im gegenseitigen Austausch, die „ausgleichende" Gerechtigkeit, postuliert *Aristoteles* dagegen (zunächst) ein von den beteiligten Personen unabhängiges Verteilungsprinzip.[600] Die Gerechtigkeit im Austausch durch Kauf und Verkauf stelle sich dadurch ein, dass es keinen Gewinn auf der einen und keinen Verlust auf der anderen Seite gebe, sondern „Gleiches um Gleiches" getauscht werde, und jeder „das Seinige" erhalte. „Gewinnen bedeutet nämlich eigentlich mehr erhalten, als man hatte, und Verlieren bedeutet weniger erhalten, als man vorher besaß ..."[601].

Diese Vorstellung, welche die subjektiven Nutzenempfindungen der Tauschenden ausschließt, erinnert an *Platons* Forderung, Güter oder Leistungen „ihrem Wert entsprechend" zu verkaufen.

Im Weiteren aber fordert *Aristoteles* für jeden „... auf Gegenseitigkeit beruhenden Verkehr ... eine Wiedervergeltung nach Maßgabe der Proportionalität, nicht nach Maßgabe der Gleichheit. Denn dadurch, dass nach Verhältnis vergolten wird, bleibt der Bürgerschaft ihr Zusammenhalt gewahrt"[602]. Mit dem Hinweis auf die Verehrung der Chariten, der Göttinnen der Anmut und des Dankes, erinnert er an die antike Tradition der Gegenseitigkeit: „Darum errichtet man auch das Heiligtum der Chariten auf öffentlichen Plätzen, damit man der Gegenleistung gedenke, die der Dankbarkeit eigen ist. Denn man muss dem, der uns gefällig gewesen ist, Gegendienste erweisen und auch selbst wieder zuerst ihm gefällig sein"[603].

Die dabei anzuwendende Entgeltung „nach Verhältnis" illustriert er am Beispiel des Austauschs zwischen einem Schuster und einem Baumeister. Das Tauschverhältnis ihrer Produkte, den Schuhen und dem Haus, bestimme sich „nach Maßgabe des Verhältnisses" zwischen Baumeister und Schuster.[604]

---

598 Aristot. Eth. Nic. 1131a. Vgl. Austin, M., Vidal-Naquet, P. (1984), S. 303.
599 Aristot. Eth. Nic. 1131a.
600 Aristot. Eth. Nic. 1132a.
601 Aristot. Eth. Nic. 1132b.
602 Aristot. Eth. Nic. 1132b.
603 Aristot. Eth. Nic. 1133a.
604 Aristot. Eth. Nic. 1133a.

Aristoteles stellt also eine Beziehung her zwischen der Austauschrelation und der „Würdigkeit" beziehungsweise dem gesellschaftlichen Status der Tauschenden, womit er wiederum auf seine Vorstellung der distributiven Gerechtigkeit zurückzugreifen scheint. Diese Zuordnung bleibt jedoch unklar, zumal *Aristoteles* im Weiteren als allgemeinen Bewertungsmaßstab der Tauschverhältnisse das Geld vorstellt, welches gleichsam als „Stellvertreter des Bedürfnisses" (χρεία), des eigentlichen allgemeinen Maßes, eingeführt worden sei.[605]

Mit einem solchen übergeordneten Wertmaßstab, der allgemein gültige Preise ermöglichen soll, ist jedoch die Personenabhängigkeit der Tauschrelationen nicht vereinbar. So bleiben *Aristoteles'* Aussagen über den gerechten Tausch letztlich unklar.[606] Sie sind jedoch ein erkennbarer Versuch, dem chrematistischen Handel das normative Gegenbild eines gerechten Austauschs entgegenzusetzen, der sich in die traditionellen Formen der Gegenseitigkeit einfügt.

Ein zusammenfassendes Urteil über die wesentlichen Formen des Wirtschaftens in der Polis trifft *Aristoteles* im Zusammenhang mit der Frage, welche Bevölkerungsteile nach einer guten Staatsverfassung zur Wahrnehmung der staatlichen Funktionen herangezogen werden sollen.

Bezüglich der nicht-ländlichen Bevölkerung in den Demokratien befindet er: „... ihre Lebensweise ist schlecht, und unter den Verrichtungen, die die Menge der Handwerker, Krämer und Tagelöhner ausübt, befindet sich keine, die Tugend erfordert"[607]. Da das wahre Glück des Staates ohne Tugend nicht zu erreichen sei, kommt *Aristoteles* zu dem Schluss, „... dass in einem Staate, der die beste Verfassung hat ..., die Bürger weder das Leben der gewöhnlichen Handwerker, noch das der Händler führen dürfen, da ein solches Leben nicht vornehm ist und wahrer Tugend zum Teil im Wege steht; auch dürfen sie deshalb, wenn sie solche Männer sein sollen, keine Bauern sein. Denn zur Entwicklung der Tugend wie zur Ausübung staatsmännischer Tätigkeit bedarf es der Muße"[608].

Mit diesem Gedanken trennt *Aristoteles* vollständig zwischen staatsbürgerlicher und wirtschaftlicher Betätigung. Zugunsten eines sozusagen berufsmäßigen Politendaseins wird nun selbst die landwirtschaftliche Tätigkeit, wenn auch noch deutlich gesondert, der rein ökonomischen Sphäre zugeordnet und aus dem Idealbild des staatstragenden Polisbürgers herausgelöst.

---

605 Aristot. Eth. Nic. 1133a.

606 Einzelne Passagen dienten als Grundlage für zahlreiche sowohl nutzen- als auch arbeitswerttheoretische Interpretationen. Der gesamte Text bietet jedoch für keine der beiden Richtungen eine konsistente Basis. Vgl. Schefold, B. (1994), S. 149-151 und S. 165f.; Bürgin, A. (1996), S. 135-142.

607 Aristot. Pol. 1319a.

608 Aristot. Pol. 1328b-1329a.

Einordnung des Wirtschaftens in das Gefüge der Polis

Es wurde bereits dargelegt, wie sich nach aristotelischem Denken ein natürlich begrenzter ökonomischer Erwerb in das politische Zielsystem einfügt, in welchem das Ideal der Autarkie, die allein ein tugendgemäßes Leben ermöglicht, den höchsten Rang einnimmt. Im οἶκος liegt die Sicherung der nötigen Mittel in der Verantwortung des Hausvorstands;[609] seine Sorge soll sich aber mehr auf die Haushaltsmitglieder und ihre Tugend richten als auf den „toten Besitz" und dessen Ausmaß.[610]

Auch erkennt *Aristoteles* die Notwendigkeit der Handwerkskünste an, „... ohne die man nicht im Staate leben kann, und die teils notwendig vorhanden sein müssen, teils der Verfeinerung und Verschönerung des Lebens dienen ..."[611]. Im Austausch benötigter Güter und Leistungen sieht er überhaupt die Existenzbedingung für die menschliche Gemeinschaft.[612] Bei aller Verachtung muss der Philosoph selbst die praktische Bedeutung des chrematistischen Erwerbs anerkennen. In einem speziellen Abschnitt, den er explizit von den theoretisch-normativen Überlegungen trennt, gibt er sogar einzelne flüchtige Winke für die praktische Erwerbstätigkeit in Haus und Staat, wie etwa die Errichtung eines Monopols.[613]

Daneben spricht sich *Aristoteles* entschieden gegen das kollektivistische Ideal in *Platons* „Staat" aus. Er verteidigt das Privateigentum, indem er den davon ausgehenden Leistungsanreiz hervorhebt, nicht ohne aber auch eine gemeinschaftliche Nutzung privaten Eigentums vorzuschlagen: „Wenn jeder für das Seine sorgt, werden die gegenseitigen Beschwerden wegfallen, und man wird auch mehr vor sich bringen, da jeder für seinen eigenen Vorteil arbeitet. Um der Tugend willen aber muss es mit dem Gebrauche des Eigenbesitzes nach dem Sprichworte gehen: »Freunden ist alles gemein«"[614].

Anders als bei *Platon* findet sich bei *Aristoteles* auch nirgends die Forderung, wirtschaftliches Handeln zu verbieten oder auch nur zu reglementieren.[615] Erfährt also das praktische wirtschaftliche Handeln in der aristotelischen Staatsvorstellung außer ausführlich begründetem Tadel keine sichtbare Beschränkung, so wird dieser Freiraum doch dadurch relativiert, dass die Wirtschaftenden von der politischen Mitbestimmung – und das heißt im aristotelischen Denken: von der eigentlichen menschlichen Wesenserfüllung – ausgeschlossen werden. Die

---

609 Aristot. Pol. 1258a.

610 Aristot. Pol. 1259b.

611 Aristot. Pol. 1291a.

612 Aristot. Eth. Nic. 1133b.

613 Aristot. Pol. 1258b-1259a.

614 Aristot. Pol. 1263a.

615 Vgl. Schefold, B., Spiegelungen des antiken Wirtschaftsdenkens in der griechischen Dichtung, in: Ders. (1994), S. 203.

beiden Lebensbereiche sollen in der idealen Polis auch räumlich getrennt werden, indem von dem reinen Handelsmarkt eine „freie Agora“ als politisches Zentrum abgesondert werden soll, die „... von allen Waren rein gehalten werden [soll], und die kein Banause, Bauer und sonst keiner von einer ähnlichen untergeordneten Stellung muss betreten dürfen, wenn er nicht von der Behörde vorgeladen ist“[616].

Letztlich erkennt *Aristoteles* das Wirtschaften in allen seinen Formen als unabdingbare Voraussetzung des guten Lebens an. Die Erfüllung dieser notwendigen sozialen Funktion setzt aber voraus, dass die höheren menschlichen Tugenden nicht von allen, auch nicht von allen Freien, verfolgt werden können.[617] Dass er die versorgende Tätigkeit der Wirtschaftenden für sklavisch und damit ihre Unterordnung für natürlich hält, spricht der Philosoph unmissverständlich aus: „Deshalb hatten vor alters die Gewerker in manchen Staaten an den Ämtern keinen Anteil, und so blieb es daselbst, bis die äußerste Demokratie eintrat. Die Verrichtungen der in diesem Sinne Beherrschten hat also ein guter Staatsmann nicht zu lernen und ebenso wenig ein guter Bürger, es sei denn aus Not, für sich selbst; denn sonst wäre zwischen Herr und Knecht kein Unterschied mehr“[618].

So hat denn auch die wirtschaftliche Funktion der Polis einer natürlichen Ordnung zu gehorchen. Diese beschreibt *Aristoteles* mit Hilfe von Analogien aus der Natur, wie etwa die Unterteilung von Herrschenden und Dienenden mit den verschiedenen Seelenteilen,[619] oder durch den Vergleich der versorgenden und der rechtsprechenden und beratenden Schichten mit Körper und Seele.[620]

4.2.4 Literarische Zeugnisse und objektivierter Geist

Aus den voranstehenden literarischen Zeugnissen des attischen Wirtschaftsdenkens lassen sich in einem ersten Überblick zwei wesentliche, einander entgegengesetzte Wirtschaftsprinzipien identifizieren. Den einen Pol bildet die Idee einer weitgehend auf subsistente Landwirtschaft, häusliche Herrschaft und gegenseitigen „solidarischen“ Austausch und Ausgleich gestützten Wirtschaftsweise. Diese soll eine gemeinschaftsorientierte Tätigkeit des freien Individuums ermöglichen, und könnte unter dem Begriff „poliskonforme“ Ökonomie zusammengefasst werden. Auf der anderen Seite enthält diese Vorstellung aber die Kritik einer ansonsten kaum eigenständig artikulierten „individualistischen Ökonomie“, welche das individuelle Streben nach materiellem Wohlstand über das gemeinschaftsorientierte, öffentliche Handeln stellt.

---

616 Aristot. Pol. 1331a.
617 Vgl. Schefold, B. (1994), S. 164.
618 Aristot. Pol. 1277b.
619 Aristot. Pol. 1260a.
620 Aristot. Pol. 1291a.

Außer der Tatsache, dass die literarische Überlieferung teilweise widerstreitende Werthaltungen erkennen lässt, ist noch zu beachten, dass die Erscheinungen der attischen Wirtschaftsrealität vorwiegend aus der subjektiven Perspektive des jeweiligen Autors reflektiert werden.

Um zu den tatsächlich stilbestimmenden Wertvorstellungen vorzudringen, müssen die überlieferten Anschauungen daher – wie bereits ausgeführt – auf ihre Konsistenz mit den überlieferten gegenständlichen Objektivationen geprüft werden. Dazu werden die gefundenen Anschauungen nun, weiterhin gruppiert nach ökonomischen Zielvorstellungen, der Wertung einzelner Formen und der Einordnung des Wirtschaftens in das Polisgefüge, den in den vorherigen Kapiteln beschriebenen Erscheinungen der Gesellschafts- und Wirtschaftsverfassung gegenübergestellt.

Ziele des Wirtschaftens und ihre Objektivation

Es kann kein Zweifel darüber bestehen, dass es auch in der athenischen Polis Bewohner gab, deren oberste Handlungsmaxime in der Erzielung materiellen Wohlstands bestand. *Platon* selbst spricht von der Maßlosigkeit der „großen Masse der Menschen", und *Aristoteles* von dem schrankenlosen Reichtumsstreben „aller, die sich mit Erwerb befassen".[621] Daneben berichtet etwa *Thukydides* zur Ausfahrt nach Sizilien, dass „maßlose Gewinnsucht", namentlich die Hoffnung der Masse auf tägliche Besoldung für alle Zukunft, die Athener zu dem ungeheuren Unternehmen getrieben habe.[622] *Xenophon* vertritt sogar selbst die Auffassung, ein möglichster Zugewinn gehöre zu den Aufgaben der Hausverwaltung, wenn auch letztlich aus einer vorrangig gemeinschaftsorientierten Motivation.[623] Auch individualistische Geistesströmungen unter den Sophisten könnten einem „individualistischen Materialismus" entgegen gekommen sein.[624]

Indessen ist zu fragen, inwieweit sich solche individualistischen Motivationen unter den spezifischen Bedingungen der Polis überhaupt in den institutionellen Regeln der Polisgemeinschaft niederschlagen konnten. Die Betrachtung der attischen Wirtschaftsverfassung zeigte bereits, dass privates Eigentum labil war und vom Gemeineigentum dominiert blieb. Außerdem gab es fast keine gewerbliche Selbstorganisation auf betrieblicher wie betriebsübergreifender Ebene. Schließlich zeigte sich, dass die Polis außerhalb ihres Versorgungsinteresses keine partikulären Wirtschaftsinteressen vertrat. Diese Merkmale der Wirt-

---

[621] Vgl. oben Plat. Nom. 918d; Aristot. Pol. 1257b.

[622] Thuk. VI, 24.

[623] Vgl. oben etwa Xen. Oik. 7, 15.

[624] Allerdings reicht die Überlieferung keineswegs hin, um etwa wie *Baeck* von einer effizienz- und geschäftsorientierten Wirtschaftslehre der Sophisten zu sprechen. Vgl. Baeck, L., Greek Economic Thought. Initiators of a Mediterranean Tradition, in: B. B. Price (Hrsg.), Ancient Economic Thought, Vol. 1, London, New York 1997, S. 147. Vgl. hierzu auch Bürgin, A. (1996), S. 41f.

schaftsverfassung wurden bereits mit den Besonderheiten der Herrschafts- und Sozialstruktur begründet. Im klassischen Athen waren vorwiegend Nichtbürger ohne politische Gestaltungsmacht gewerblich tätig, und rein wirtschaftliche Interessen unter den Bürgern wurden von deren politischer Identität überlagert.

Daher mündeten ökonomische Motivationen der Politen eben in dem vorrangig außenpolitisch-militärischen Streben nach der Suprematie Athens, nicht aber in eigentlich wirtschaftsbezogenen Unternehmungen. Das individuelle Streben nach materiellem Erfolg hat im klassischen Athen kein wirtschaftliches „Unternehmertum" hervorgebracht. Somit blieb der Einfluss der Gewinnmotivation auf die Gesellschafts- und Wirtschaftsverfassung Athens offenbar sehr begrenzt und ging hauptsächlich im Hegemoniestreben der Polis auf. Daher ist das Gewinnstreben auch nicht als stilbestimmendes Merkmal des attischen Wirtschaftsgeistes anzusehen.

Der bei *Xenophon* angedeutete, bei *Platon*, *Aristoteles* und *Demokrit* systematischer ausgeführte Gedanke der Bedürfnisbegrenzung dagegen findet sich im Erscheinungsbild der von Bürgern getragenen Landwirtschaft in Attika bestätigt. Wie gezeigt, ließen sich nur vereinzelt Hinweise auf eine erwerbswirtschaftliche Orientierung der bäuerlichen οἶκοι finden. Ihr Betrieb war überwiegend auf eine bedarfsdeckende Selbstversorgung ausgerichtet.

Das Bedarfsniveau ergibt sich für *Aristoteles* aus dem Ziel der Autarkie, verstanden als die materielle Freiheit, tugendgemäß zu handeln. Für *Platon* wie *Aristoteles* besteht diese Tugend im Dienst an der Gemeinschaft und im konkreten politischen Handeln. Der pragmatische *Xenophon* stellt eine direktere Verbindung zwischen ökonomischer Zielsetzung und gesellschaftlicher Aufgabe her, indem er den Nutzen eines großen Vermögens für die Unterstützung der Allgemeinheit hervorhebt. Mit seinen staatswirtschaftlichen Vorschlägen strebt aber auch er eine weitgehende Abstinenz der Bürger von wirtschaftlicher Betätigung an.

Auch diese Vorstellungen finden eine deutliche Entsprechung in der politischen Wirklichkeit Athens. Von der identitätsstiftenden Wirkung des Bürgerrechts und der besonders in der Verteilungsverfassung sichtbaren Solidarisierung des herrschenden politischen Standes wurde bereits gehandelt. Die Zugehörigkeit zur Politengemeinschaft beinhaltete eine starke gemeinsame Verpflichtung zur Teilnahme am politischen Geschehen, und gerade die direkte Demokratie führte zu einer hohen Beanspruchung im politischen Raum.

„Wir vereinigen in uns die Sorge um unser Haus zugleich und unsere Stadt, und den verschiedenen Tätigkeiten zugewandt, ist doch auch in staatlichen Dingen keiner ohne Urteil. Denn einzig bei uns heißt einer, der daran gar keinen Teil nimmt, nicht ein stiller Bürger, sondern ein schlechter ...", so *Perikles* in seiner berühmten Gefallenenrede bei *Thukydides*.[625]

---

[625] Thuk. II, 40.

Wertungen einzelner Formen des Wirtschaftens und ihre Objektivation

Dass die Hochschätzung der Landwirtschaft bei den athenischen Schriftstellern nicht nur einem aristokratisch-traditionalistischen Standpunkt entsprach, sondern von der breiten Masse der Politen geteilt wurde, belegt nicht nur die Bemerkung des *Xenophon*, dass die ländliche Lebensweise bei den Poleis „in höchstem Ansehen" stehe. In zahlreichen Äußerungen der bäuerlichen Komödienfiguren des *Aristophanes* wird das Landleben – bei allen mit ihm verbundenen Mühen – als beschauliche Idylle idealisiert.[626] Das bürgerliche Exklusivrecht auf Grundeigentum und dessen Statusbedeutung standen mit diesen Anschauungen in engem Zusammenhang. Auch die ziemlich einhelligen Haltungen der Autoren zu abhängiger Arbeit, Handwerk und Handel sind, wie bereits dargelegt, vielfach direkt als weit verbreitete Werthaltungen bezeugt.

Es wäre indessen verfehlt, diese Wertvorstellungen zum Denken „der Athener" schlechthin zu erheben. Ohne Zweifel hat es, ebenso wie unter den nichtbürgerlichen Gewerbetreibenden, auch unter den bürgerlichen Handwerkern und Händlern ein auf das Bewusstsein der eigenen Leistung gestütztes Selbstgefühl gegeben. Weil uns deren Stimme nicht überliefert ist, sah sich *Otto Neurath* einmal veranlasst, eine mögliche Scheltrede eines geschmähten Handwerkers auf *Platon* und *Aristoteles* zu verfassen.[627] Mit einigen verstreuten Weih- und Grabinschriften Gewerbetreibender sind uns aber gegenständliche Objektivationen dieses eigenen Gewerbeethos erhalten.[628]

Jedoch ist wiederum zu fragen, inwieweit sich eine solche, nur zu einem geringen Anteil von Inhabern des Bürgerrechts getragene Gegenströmung in institutionellen Regelungen der Polis objektivieren und stilwirksam werden konnte. Möglicherweise schlug sich eine solche Strömung in dem „Gesetz gegen Müßiggang" nieder, welches in einer Demosthenesrede erwähnt wird. Die Rede enthält daneben den Appell, Bedürftige und Leute, die im Handel tätig sind, nicht zu verachten. Ansonsten ist über dieses Gesetz wenig bekannt.[629] Vielleicht ist diese Vorschrift aber auch in einem allgemeineren, poliskonformen Sinne zu verstehen, wie ihn wiederum *Perikles* bei *Thukydides* ausspricht: „Reichtum dient bei uns dem Augenblick der Tat, nicht der Großsprecherei, und seine Armut einzugestehen ist niemals verächtlich, verächtlicher, sie nicht tätig zu überwinden"[630].

---

[626] Vgl. etwa Aristoph. Acharner 31-36; Wolken 42-44; Frieden 569-586 und 1159-1172.

[627] Vgl. Neurath, O., Zur Anschauung der Antike über Handel, Gewerbe und Landwirtschaft. Kapitel I, in: Jahrbücher für Nationalökonomie und Statistik 87, 1906, S. 605.

[628] Vgl. Hopper, R. J. (1982), S. 157-159 mit den Zeugnissen; ferner Mrozek, S. (1989), S. 49f.

[629] Vgl. Austin, M., Vidal-Naquet, P. (1984), S. 162-164 mit Demosth. 57, 30-36, und Hopper, R. J. (1982), S. 77.

[630] Thuk. II, 40.

In jedem Falle hat auch ein gewisses Selbstgefühl unter den Gewerbetreibenden Attikas nicht zu Zusammenschlüssen unter Bürgern oder gar zu einer dauerhaften Solidarisierung mit nichtbürgerlichen Konkurrenten führen können. Das Ethos der Arbeitenden war kein bestimmendes Moment des attischen Wirtschaftsgeistes.

Dagegen wies die Wirtschaft des klassischen Athen zahlreiche Spuren der in prämonetäre Zeit zurückreichenden Tradition der Gegenseitigkeit auf, die *Xenophon* und *Platon* berühren und die *Aristoteles* dem chrematistischen Handel kontrastierend gegenüberstellt. Hierzu gehören die Gastfreundschaft und die Gewährung zinsloser Darlehen und sonstiger Hilfeleistungen. Aber auch die in klassischer Zeit stärker institutionalisierten Praktiken der Mitgift, der Leiturgien und der Epidoseis können dazu gezählt werden.

Einordnungen des Wirtschaftens und ihre Objektivation

Dem platonisch-aristotelischen Gedanken, die staatsbürgerliche und die gewerbliche Sphäre vollständig zu trennen, kam die tatsächliche gesellschaftliche Aufgabenteilung zwischen Bürgern und Nichtbürgern in Attika bereits recht nahe. Natürlich widersprach aber das Anliegen des platonischen Idealstaats und der aristotelischen „besten Verfassung", diese Teilung auf sämtliche Gewerbetreibenden und sogar die bäuerliche Bevölkerung auszudehnen, den Intentionen der demokratischen Polis. Freilich mag auch der Masse der Athener, die als Kleinbauern tätig waren, das Ideal eines von körperlicher Arbeit befreiten Lebens aufgrund ausreichenden Land- und Sklavenbesitzes vorgeschwebt haben.[631] Die Verteilungsverfassung Athens zeigt, wie stark die Zielvorstellung *Xenophons*, ein aus politisch-rechtlicher Herrschaft gespeistes Renteneinkommen für alle Staatsbürger zu erzielen, im tatsächlichen Handeln der Polis wirksam war.

Auch die Vorstellungen *Platons* zur Beaufsichtigung des Marktverkehrs und zum Schutz der Konsumenten ähneln auffällig den tatsächlichen Bestimmungen der Marktaufsicht in der Polis. Wollte jedoch *Platon* die staatliche Kontrolle auf jede gewerbliche Aktivität ausdehnen, erstreckte die Polis Athen ihre Kontrolle allein auf die ihre Existenz direkt berührenden Bereiche der Versorgung und des Konsums.

Mit ihren Überlegungen zur Beschränkung des Bodenverkehrs teilten *Platon* und *Aristoteles* wiederum traditionelle Wertvorstellungen, welche sich zumindest in den Rechtsvorschriften der archaischen Polis niedergeschlagen hatten. Auch ihre sonstigen Vorschläge, soziale Ungleichgewichte zu verhindern oder einzudämmen, entsprangen der historischen Erfahrung ihrer Zeit, die durch starke Diskontinuitäten in der inneren und äußeren Entwicklung der Poleis

---

631 Vgl. Finley, M. I. (1977), S. 42.

geprägt war. Das dringende Anliegen *Platons* und *Aristoteles'*, der sozialen Polarisierung der Polisgemeinschaft entgegenzuwirken, entsprang insofern keiner humanitären Motivation im Sinne der Verwirklichung sozialer Gerechtigkeit, sondern einem grundlegenden politischen Ziel, der Existenzsicherung der Polis.[632] Wie gesehen, hatten in Athen selbst verschiedenartige gewachsene und weitgehend unumstrittene Institutionen der Verteilungsverfassung eine bemerkenswerte – wenn auch nur relative – innere Stabilität zu gewährleisten vermocht.

Nach der Prüfung der literarischen Quellen auf ihre Konsistenz mit dem objektivierten Geist können nun die bestätigten Werthaltungen zu Stilmerkmalen des Wirtschaftsgeistes verdichtet werden.

4.3 Stilmerkmale des Wirtschaftsgeistes

Mit der Erfassung der Merkmale des Wirtschaftsgeistes schließt die Bestimmung des Wirtschaftsstils im klassischen Athen.

Die als stilwirksam, d. h. für das wirtschaftliche Handeln in der Polis maßgebend angesehenen Wertvorstellungen sollen im Folgenden unter den beiden Hauptmerkmalen **Politisch-ökonomischer Motivationszusammenhang** und **Einstellung zum Konkret-Wirtschaftlichen** zusammengefasst werden.

4.3.1 Merkmale des politisch-ökonomischen Motivationszusammenhangs

Der „politisch-ökonomische Motivationszusammenhang" beschreibt die vorherrschende Handlungsorientierung der Wirtschaftssubjekte im Spannungsfeld zwischen öffentlicher und privater Tätigkeit. Für das klassische Athen soll dieser Zusammenhang in den beiden Einzelmerkmalen *Autarkieideal* und *Politenideal* erfasst werden.

Autarkieideal

Von der seit frühester Zeit bestehenden Notwendigkeit, das Überleben der Hausgemeinschaft aus eigenen Mitteln zu sichern, war auch das ökonomische Denken der entwickelten Polisgesellschaft geprägt.

In der Geistestradition der Adelsgesellschaft war das Bild des mit höheren Aufgaben befassten, wirtschaftlich unabhängigen Herren zum Ideal einer

---

[632] Vgl. Bürgin, A. (1996), S. 131.

selbstbestimmten Lebensgestaltung geworden. Indem sie die politische Sphäre vereinnahmte, übernahm die demokratische Gesellschaft neben anderen Idealen auch dieses mit dem Autarkiegedanken verbundene Herrenethos.[633] Das Ideal der Autarkie (αὐτάρκεια, aus αὐτός = selbst, und ἀρκεῖν = stark genug sein) wurde außerdem durch die Göttervorstellung der griechischen Religion gestützt. Wie bereits ausgeführt, wurden die Fähigkeit zur Selbstversorgung und die Ausübung von Herrschaft nicht nur von der einzelnen Person, sondern ebenso vom Personalverband der Polis angestrebt.

Von der platonisch-aristotelischen Staatsphilosophie wurde der Zusammenschluss kleinerer menschlicher Gemeinschaften zur Polis als der Weg beschrieben, um das Ziel der vollendeten Selbstgenügsamkeit zu erreichen. Sie verstand das Autarkieideal als politisches Ideal, verbunden mit dem Auftrag, tugendgemäß, d. h. im Sinne der Gemeinschaft zu handeln. Der Autarkiegedanke ging dabei notwendig mit einer Beschränkung des Bedürfnisniveaus einher.

Politenideal

Das Idealbild des staatstragenden Polisbürgers war über den Aspekt der Freiheit von ökonomischen Zwängen eng mit dem Autarkieideal verbunden.

Gestützt auf die alten Ideale von Selbstbestimmung und Herrschaft, entstand aus den Erfordernissen der politischen Praxis in der Demokratie eine politische Identität des herrschenden Standes, die den Werten der politischen Gleichheit, der Solidarität und der öffentlichen Tätigkeit verpflichtet war.[634] Erst durch öffentliches Wirken erhielt diese politische Zugehörigkeit ihren Sinn. Die eigentliche Aufgabe des Inhabers bürgerlicher Privilegien bestand in der politischen (und auch militärischen) Aktivität.

Die öffentliche Tätigkeit der Politen hatte freilich auch einen ökonomischen Sinn. Ihr politischer und militärischer Einsatz sicherte der Polis Athen – besonders im 5. Jahrhundert, im 4. Jahrhundert meist nurmehr im Ideal – einen Großteil ihrer materiellen Basis. Mit dem Streben nach Größe und Ruhm der Polis war stets auch die Hoffnung auf gesicherte Einkünfte verbunden. Politischer Dienst bedeutete stets auch Sicherung persönlicher und gemeinsamer Herrschaft.

Die politische Identität grenzte die Bürger deutlich von den anderen Bevölkerungskategorien ab. Sichtbare ökonomische Kennzeichen ihrer besonderen Rolle waren privates Grundeigentum und der Erhalt öffentlicher Auszahlungen.

---

633 Vgl. auch Meier, C. (1979), S. 397.
634 Vgl. auch ebenda, S. 396.

4.3.2 Merkmale der Einstellung zum Konkret-Wirtschaftlichen

Mit der „Einstellung zum Konkret-Wirtschaftlichen“ werden die auf die konkreten Formen des Wirtschaftens gerichteten vorherrschenden Wertvorstellungen beschrieben.

Die entsprechenden Werthaltungen im klassischen Athen werden in den Einzelmerkmalen *Ablehnung abhängiger Arbeit*, *Antibanausie* und *Antichrematismus* zusammengefasst.

Ablehnung abhängiger Arbeit

Zu dem beschriebenen Primat des Politischen im Wertesystem der Polis gehörte notwendig eine Geringschätzung insbesondere körperlicher Arbeit. Für diese Bewertung spielte der Grad der Abhängigkeit von Anderen eine große Rolle. In der Wertehierarchie der Beschäftigungen standen diejenigen am höchsten, welche direkt mit Herrschaft und Machtausübung verbunden waren, also vornehmlich politische und militärische Tätigkeiten. Die Beschäftigung mit der Landwirtschaft, die für viele Politen die materielle Basis für die öffentliche Aktivität lieferte, wurde ebenfalls als besondere Kategorie bewertet.

Am untersten Ende dieser Werteskala stand, als Gegenpol zu den Beschäftigungen des herrschenden, unabhängigen Standes, die abhängige, dienende Arbeit. Diese wurde zumeist von Sklaven geleistet. Begab sich ein Freier in den Dienst eines anderen, so unterwarf er sich nach diesem Standesbewusstsein einer Art begrenzter Sklaverei. Der oft für Sklaven verwendete Begriff δοῦλος (Dienender, Diener) war standesrechtlich indifferent und bezeichnete ebenso auch den dienenden Freien.[635]

Solange die Polisgesellschaft auf der Arbeit Unfreier ruhte, konnte sich ein eigenes Ethos der Arbeit nur schwerlich entwickeln. Mit dem Nebeneinander von freier und unfreier Arbeit konnte auch der Arbeiter, der frei war, für seine Tätigkeit keine Achtung erwarten. Überhaupt wurde „die Arbeit“ in all ihren Erscheinungsformen nicht als eine einzige Produktivkraft von sozialem Wert verstanden.[636] Die Verrichtung von Arbeit blieb eine unvermeidliche Notwendigkeit zur einzelwirtschaftlichen Existenzsicherung. Arbeit besaß im klassischen Athen keinen Wert an sich und wurde nicht als eine eigentliche Funktion des Menschen angesehen. Sie wurde abgelehnt, weil sie sklavisch war und der Ausübung der eigentlichen Aufgaben im Wege stand.

Antibanausie

Aus dem bezeichneten Motiv der Niedrigkeit abhängiger und dienender Verrichtungen wurde auch die allgemeine Geringschätzung der „banausischen“ Berufe,

---

[635] Vgl. Lauffer, S. (1958), S. 508f.
[636] Vgl. Austin, M., Vidal-Naquet, P. (1984), S. 13.

d. h. jeglicher Art von Handarbeit genährt. In der klassischen Ackerbürgerpolis scheint zudem das Urteil weit verbreitet gewesen zu sein, dass die handwerkliche Tätigkeit – im Gegensatz zur landwirtschaftlichen – den Körper schädige und den Handwerker daher nicht zum Kriegsdienst ertüchtige. Außerdem findet sich wiederholt die Ansicht, das Handwerkerdasein ließe dem Einzelnen nicht die notwendige Muße für seine höheren, öffentlichen Aufgaben.

In diesen Urteilen verschränkten sich wiederum das alte aristokratische Ideal des verantwortlichen Wirkens in der Öffentlichkeit sowie das Erziehungsideal einer harmonischen Ausbildung von Körper und Seele, welche allein den Tugenderwerb ermögliche, mit den Erfordernissen und Zielvorstellungen der demokratischen Polisgesellschaft.

Indessen steht außer Zweifel, dass diese antibanausische Werthaltung nicht von allen Bürgern Attikas gleichermaßen geteilt wurde. Es ist jedoch ebenso sicher, dass die Entscheidung für ein Dasein als Handwerker deutlich von der Idealvorstellung einer bürgerlichen Lebensgestaltung abwich. Die Unterordnung des Handwerkerdaseins findet sich auch exemplarisch in der Funktionsteilung der griechischen Götterwelt dargestellt.

Antichrematismus

Der „Antichrematismus"[637] der klassischen Staatstheorie, die Verachtung der geldwirtschaftlichen Erwerbsformen des Handels sowie des Geldverleihs gegen Zinsen, enthält neben dem Vorwurf der Niedrigkeit und Tugendlosigkeit noch ein weiteres, wesentliches Moment. Es ist dies die Maßlosigkeit des individuellen Gelderwerbsstrebens, welche den solidarischen Geist der Gemeinschaft und damit das Fundament des Staates bedroht.

Zumindest mit dem Vorwurf der Unredlichkeit des Handels und Geldverleihs griff die platonisch-aristotelische Philosophie verbreitete Werthaltungen ihrer Zeit auf. Gegenüber den natürlichen, klar zutage liegenden Einkommensquellen der Landwirtschaft schien der auf dem Waren- und Geldverkehr beruhende Erwerb Vielen mit dem Makel der undurchsichtigen und unnatürlichen Herkunft und der Maßlosigkeit behaftet.[638]

Neben den direkten, auf den alten Regeln der Gegenseitigkeit beruhenden Austausch war mit dem Vordringen der Geldwirtschaft ein unpersönlicher, rein geschäftlicher Verkehr getreten. Dieser hatte sich aus dem traditionellen Zusammenhang der persönlichen Verantwortlichkeit und Kontrolle gelöst und bot daher mehr Raum für unsolidarisches Handeln. Der berufsmäßige Geschäftsverkehr, der unverhüllt auf die Erlangung des persönlichen Vorteils abzielte, stand damit in einem Spannungsfeld zum gemeinschaftsorientierten Handeln der Polis.

---

[637] Weber, M. (1988), S. 32.
[638] Vgl. Audring, G., Einführung zu Xenophon, Ökonomische Schriften (1992), S. 16.

5. Synopsis: Stilmerkmale und wirtschaftliche Entwicklung

Mit der Erfassung der Stilmerkmale der Gesellschaftsverfassung, der Wirtschaftsverfassung und des Wirtschaftsgeistes ist der Wirtschaftsstil des klassischen Athen nach der hier verfolgten Konzeption bestimmt. Die Untersuchung der real- und geisteshistorischen Überlieferung ergab insgesamt 22 spezifische Einzelmerkmale, welche die konkrete Wirtschaftsform im klassischen Attika zusammenfassend beschreiben.

Dieses Kapitel versucht nun, in systematischer Weise Antworten auf die Ausgangsfragestellung zu geben, warum diese Wirtschaft keine weiterführende Entwicklung im Sinne marktwirtschaftlicher Verhältnisse einzuleiten vermochte. Dazu werden im Folgenden die Wirkungszusammenhänge zwischen den Merkmalen des attischen Wirtschaftsstils und den primären Determinanten wirtschaftlicher Entwicklung systematisch untersucht.

Erst die Deutung der Entwicklungsfähigkeit, d. h. der dynamischen Eigenschaft dieser Wirtschaft, eröffnet den Blick auf das Gemeinsame des Ausdrucks, die Ausdruckseinheit des konkreten Wirtschaftsstils.

Die folgende Übersicht zeigt die insgesamt acht Haupt- und 22 Einzelmerkmale des attischen Wirtschaftsstils, welche in den folgenden drei Abschnitten mit den primären Entwicklungsdeterminanten **Faktorallokation**, **technischer Fortschritt** und **Nachfrage** in Beziehung gesetzt werden.

5.1 Wirtschaftsstil und Faktorallokation

5.1.1 Gesellschaftsverfassung und Faktorallokation

Staatlicher Rahmen und Faktorallokation

Ohne Zweifel trug die Seeherrschaft Athens, die über lange Phasen des betrachteten Zeitraums bestand, zur Stabilisierung und Verstetigung der Handelsbeziehungen im östlichen Mittelmeer- und Schwarzmeerraum bei. Wie gesehen, suchten die Athener mit der militärischen Kontrolle der Handelsrouten ihre Versorgung mit lebenswichtigem Getreide und Rohstoffen zu sichern.

Die Besonderheiten des staatlichen Rahmens der klassischen Zeit setzten jedoch einer Expansion der Marktbeziehungen und damit einer Verbesserung der Faktorverfügbarkeit strukturelle Grenzen.

Übersicht 4: Stilmerkmale und primäre Entwicklungsdeterminanten

Sekundäre Entwicklungsdeterminanten (Stilmerkmale)		**Primäre Entwicklungsdeterminanten**	**Faktorallokation**	**Technischer Fortschritt**	**Nachfrage**
Merkmalsgruppe	**Hauptmerkmale**	**Einzelmerkmale**	Abschnitt 5.1	Abschnitt 5.2	Abschnitt 5.3
Gesellschaftsverfassung	Staatlicher Rahmen	*Polisprinzip* *Suprematiestreben*	5.1.1	5.2.1	5.3.1
	Herrschafts- und Sozialstruktur	*Politenherrschaft* *Kaufsklaverei* *Unverbundenheit der politischen und sozialen Struktur*			
Wirtschaftsverfassung	Eigentumsverfassung	*Abstufung der Eigentumsrechte* *Labilität des Privateigentums* *Dominanz des Gemeineigentums*	5.1.2	5.2.2	5.3.2
	Produktionsverfassung	*Bedarfsdeckung in der Landwirtschaft* *Geringes Skalenniveau* *Fehlen gewerblicher Zusammenschlüsse* *Fehlen staatlicher Wirtschaftsförderung*			
	Arbeitsverfassung	*Sklaveneinsatz* *Fehlen langfristiger Lohnverhältnisse*			
	Verteilungsverfassung	*Individualisierung der Aufgaben* *Auszahlung gemeinschaftlicher Einkünfte* *„Ökonomische Tyrannis“*			
Wirtschaftsgeist	Politisch-ökonomischer Motivationszusammenhang	*Autarkieideal* *Politenideal*	5.1.3	5.2.3	5.3.3
	Einstellung zum Konkret-Wirtschaftlichen	*Ablehnung abhängiger Arbeit* *Antibanausie* *Antichrematismus*			

Das *Polisprinzip* stand einer flächenmäßigen Ausbreitung der lokalen Märkte zu einem durch regelmäßige Tauschbeziehungen verbundenen Marktgeflecht entgegen. Für eine solche Entwicklung wären Staatenbildungen mit größerer geographischer Ausdehnung notwendig gewesen. Der Polis jedoch, zumal dem geschlossenen politischen Personalverband der direkten Demokratie, war der Flächenstaat wesensfremd. Dachten die Athener auch großräumig und strebten nach der Hegemonie in der griechischen Welt, so lag ihnen doch die Absicht fern, ihr Herrschaftsgebiet zu einer politischen Einheit umzugestalten.[639]

Die Rechtsunterschiede zwischen den einzelnen Staatswesen mögen sich dagegen im Hinblick auf die Allokationsbedingungen eher zu Gunsten Athens ausgewirkt haben. Wie gesehen, übte die geistige und wirtschaftliche Freiheit und wohl auch die vergleichsweise hohe Rechtssicherheit in Athen eine große Anziehungskraft auf Polisfremde aus.

Das von dem Idealbild der freien, selbstständigen Polis kaum zu trennende *Suprematiestreben* der Athener hatte weitere, weitreichende Folgen für die Faktorallokation in ihrer Stadt. Da es möglich war, Herrschaft über andere Poleis zu gewinnen und die eigene ökonomische und machtpolitische Basis durch Erhebung von Tributen und gelenkte Einfuhr von Lebensmitteln und kriegswichtigen Rohstoffen zu sichern, blieben Maßnahmen zur Stärkung der eigenen Wirtschaft für die Athener außerhalb der denkbaren Notwendigkeiten. Die Marktallokation wurde ausschließlich in den genannten Bereichen der Versorgung gezielt beeinflusst. Die herrschaftspolitischen Eingriffe konnten gleichwohl auch durchaus dem Versorgungsinteresse zuwider laufen, wie bei der ungerichteten Erhebung von Zöllen und im erwähnten Fall des Marktausschlusses Megaras, welcher wohl rein machtpolitisch motiviert war.

Wie die äußere Geschichte Athens zeigt, war der Herrschaftsanspruch der Polis nur um den Preis andauernder Gewaltandrohung oder Kriegführung durchzusetzen. An der Stelle wirtschaftspolitischen Kalküls stand die Anwendung von Gewalt. *Bürgin* spitzt diesen Sachverhalt bewusst zu: „... man schuf, formte oder kaufte die »Produktionsfaktoren« nicht, sondern eroberte und raubte sie“[640].

Die fortgesetzten Spannungen und kriegerischen Auseinandersetzungen schränkten die Möglichkeiten der Faktorallokation weiter ein. Sie machten nicht nur den Handelsverkehr auf einzelnen Routen zeitweise unmöglich, sondern erschwerten auch den ohnehin schwierigen Informationsaustausch über Märkte und Preise. Ständige Kriegsgefahr und feindliche Einfälle in Attika selbst erschwerten außerdem die Bildung produktiven Kapitals durch Hemmung des Sparsinns[641] oder durch Hortung.

---

639 Vgl. Bürgin, A. (1996), S. 91f.
640 Ebenda, S. 78.
641 Vgl. Andreades, A. (1965), S. 181.

Auch der Produktionsfaktor Arbeit war wegen des andauernden Kriegszustands nur eingeschränkt verfügbar. Die häufigen Militäroperationen des attischen Heeres, insbesondere der Flotte, führten dazu, dass große Teile der arbeitsfähigen Bürgerschaft oft mehrere Wochen lang abwesend waren. Im Hinblick auf die Verfügbarkeit unfreier Arbeit ist vor allem an die erhöhte Fluchtbereitschaft der Sklavenarbeiter während der feindlichen Besetzung Attikas zu erinnern.

Herrschafts- und Sozialstruktur und Faktorallokation

Die *Politenherrschaft* des demokratischen Athen, die Herrschaft eines breiten politischen Standes, wirkte besonders über die Ausgestaltung der Eigentums- und Verteilungsverfassung (s. Abschnitt 5.1.2) und über die spezifische politisch-ökonomische Motivationslage der Bürger (s. Abschnitt 5.1.3) auf die Allokation der Produktionsfaktoren.

Eine unmittelbare Folge der direkten Demokratie war die hohe Intensität der politischen Praxis in Athen. Die politische Vielgeschäftigkeit der Athener schränkte neben ihrem militärisch bedingten Absentismus die Entfaltungsmöglichkeiten bürgerlicher Arbeit, besonders in Gewerben mit höherem fachlichen Anspruch, weiter ein.

Die *Kaufsklaverei*, das herausragende Merkmal der antiken Herrschaftsstruktur, hatte durch den verbreiteten Einsatz Unfreier im Produktionsprozess kaum zu unterschätzende direkte Folgen für die Faktorallokation, die zusammengefasst weiter unten behandelt werden (s. Abschnitt 5.1.2).

Als wichtigstes spezifisches Merkmal des attischen Gesellschaftsaufbaus erwies sich die weitgehende *Unverbundenheit der politischen und sozialen Struktur* der Bevölkerung. Wie bereits erläutert, trug diese dazu bei, dass sich in Athen keine wirtschaftlichen Vereinigungen und Interessengruppen bildeten. Gemeinsam mit der Herrschaftsorientierung der Polis ist sie daher ein wesentliches Moment in der Erklärung, warum eine eigentliche, allokationsorientierte Wirtschaftspolitik im klassischen Athen ausblieb (s. Abschnitt 5.1.2). Außerdem förderte sie die Neigung der Bürger, sich von den anderen Ständen, welche außerhalb der Landwirtschaft tätig waren, politisch abzugrenzen.

Unter diesen Voraussetzungen blieb wenig Raum für eine wirtschaftliche Durchdringung der attischen Herrschaftsstruktur. Die herrschende Bürgerschaft Athens war kein „Bürgertum“ im neuzeitlichen Sinne, welches sein Handeln an den Bedingungen des Marktes ausgerichtet hätte, sondern in erster Linie ein politischer Verband, der sich zur Wahrung seiner Vorrechte auf die traditionellen Erwerbsformen der Landwirtschaft, der Gegenseitigkeit und des kriegerischen Erwerbs stützte.

5.1.2 Wirtschaftsverfassung und Faktorallokation

Eigentumsverfassung und Faktorallokation

Die Besonderheiten der attischen Eigentumsverfassung hatten weitreichenden Einfluss auf die Allokationsbedingungen für Arbeit, Boden und Kapital. Insbesondere wirkte sich die *Abstufung der Eigentumsrechte* auf die Faktorkombinierbarkeit und Faktoreinsatzkosten aus. Da das Recht auf Grundeigentum auf die Politen beschränkt war, blieben die Möglichkeiten der wirtschaftlichen Nutzung des Bodens durch Nichtbürger stark eingeschränkt. Während bürgerliche Arbeit oft auf den landwirtschaftlichen Besitz bezogen blieb, wurde nichtbürgerliche Wirtschaftstätigkeit auf Bereiche außerhalb der Landwirtschaft konzentriert.

Doch auch in der Ausübung ihrer gewerblichen Tätigkeit blieben Nichtbürger, die Hauptakteure des Wirtschaftslebens, auf das Grundeigentum anderer angewiesen. Über die Bereitschaft von Politen, Boden zur gewerblichen Nutzung Fremden, d. h. Metöken, Freigelassenen oder auch Sklaven zu überlassen, und die Höhe der verlangten Pachtgelder ist nichts bekannt. In jedem Fall waren die Wirtschaftenden dadurch in ihrer Dispositionsfreiheit eingeschränkt, wie bei der Standortwahl, der Entscheidung zur betrieblichen Expansion und der Gestaltung der Produktionsbedingungen.

Außerdem waren Metöken in der Möglichkeit der Kapitalaufnahme beschränkt, weil sie keinen Grund und Boden als Sicherheit stellen konnten. Ohnehin hatten sie wegen ihrer höheren Mobilität sehr wahrscheinlich höhere Kreditkosten zu tragen. Ebenso wenig konnten Metöken als Bankiers oder private Geldgeber Grundeigentum als Sicherheit für ein Darlehen verlangen, womit eine wichtige Voraussetzung einer kommerziellen Kreditwirtschaft fehlte.

Doch die attische Eigentumsverfassung beeinträchtigte überhaupt die private Kapitalbildung. Die spezifische *Labilität des Privateigentums* in der Polis hemmte die private Kapitalakkumulation und den sichtbaren produktiven Kapitaleinsatz.[642] Dem Druck auf das private Eigentum entsprach ein Übergewicht der öffentlichen vor der privaten Kapitalsammlung. Die *Dominanz des gemeinschaftlichen Eigentums* äußerte sich in den zahlreichen gemeinsamen politischen und kultischen Aktivitäten der Polis. Entsprechend ersetzten in verschiedenen Bereichen die öffentlichen Finanzen privates Kapital, wie im Falle der gewaltigen Baumaßnahmen oder im Schiffbau.[643]

Die Betrachtung der Verwendungsseite der athenischen Staatswirtschaft zeigte, dass das erhebliche gesellschaftliche Vermögen nur in vergleichsweise

---

[642] Vgl. auch Hasebroek, J. (1966b), S. 92.
[643] Vgl. auch Weber, M. (1988), S. 26f.

geringem Umfang – bei der Verpachtung öffentlichen Landes und von Bergbaukonzessionen – wirtschaftlich genutzt wurde. Als Produzent von Wirtschaftsgütern trat der Staat trotz seines hohen Anteils am Volksvermögen – der Schiffbau und Teile des Bergbaus möglicherweise ausgenommen - nicht in Erscheinung.

Produktionsverfassung und Faktorallokation

Mit der beschriebenen Kapitalschwäche der privaten Wirtschaftseinheiten ging deren weitgehende Zersplitterung einher, welche die Produktionsverfassung des klassischen Athen nachhaltig prägte. Das *geringe Skalenniveau* der Einzelwirtschaften in Landwirtschaft, Bergbau, Handwerk und Handel stand einer effizienten betrieblichen Faktorallokation im Wege. Zum einen war in den Kleinbetrieben die Kombinierbarkeit von Arbeit und Kapital eingeschränkt. Zum anderen behinderte die Zersplitterung eine kostengünstigere Beschaffung von Kapital und Rohstoffen.

Im Seehandel, dem dynamischsten Wirtschaftszweig, mussten die verschiedenen eigenständig agierenden Geschäftspartner für jede einzelne Handelsfahrt erhebliche Kontrahierungskosten zur Kapitalbereitstellung und Risikoverteilung tragen.

Mit dem *Fehlen gewerblicher Zusammenschlüsse* unter den teils am Eigenbedarf orientierten, teils ethnisch und sozial inhomogenen Wirtschaftseinheiten blieben auch Organisationsformen aus, welche die Rohstoff- und Kapitalbeschaffung gebündelt, Kontrahierungskosten gesenkt und Risiken verteilt hätten.

Das *Fehlen staatlicher Wirtschaftsförderung* bedeutete, dass es auch von Seiten der Polis keine Versuche gab, durch geeignete Maßnahmen die Beschaffung und Kombinierbarkeit der Produktionsfaktoren zu erleichtern. Lediglich im Bereich kriegswichtiger Materialien (wie Bauholz und Metalle) mag sich die Einfuhrpolitik Athens positiv auf die Rohstoffversorgung einzelner Betriebe ausgewirkt haben. Die Lenkungs- und Kontrollmaßnahmen der Polis im Bereich der Getreideversorgung, nämlich Ausfuhrverbot, massive Importförderung und Preisregulierung, schadeten dagegen der einheimischen Getreideproduktion.

Arbeitsverfassung und Faktorallokation

Das herausragende Merkmal der antiken Arbeitsverfassung, der *Sklaveneinsatz*, wirkte nachhaltig auf den produktiven Einsatz von Arbeit und Kapital.

Wie gezeigt, war im klassischen Athen der Einsatz freier Lohnarbeit in langfristigen Lohnverhältnissen stark eingeschränkt. Auch im Bereich kurzfristiger Arbeitsverhältnisse wurde freie Arbeit teilweise durch Sklavenarbeit ersetzt. Damit entzog die antike Sklaverei dem eigentlich „kapitalistischen", dynamischen Arbeitsverhältnis zwischen Kapitalbesitzern und freien Arbeitsanbietern die Grundlage.[644]

---

[644] Vgl. Bürgin, A. (1996), S. 73.

Wegen des *Fehlens langfristiger Lohnverhältnisse* konnte sich insbesondere kein Lohnsystem, also eine Marktbewertung der reinen Arbeitsleistung ausbilden, womit eine wesentliche Kalkulationsgrundlage des gewinnorientierten Betriebs fehlte.[645]

Die in der Produktion eingesetzten Sklaven, die zum Inventar des Betriebs gezählt wurden, stellten demgegenüber nicht nur die Arbeitskräfte des Betriebs, sondern auch den wesentlichsten Teil des „Betriebskapitals" dar. Diese „Kapitalform" unterlag jedoch großen Risiken, einerseits durch Krankheit, Tod oder Flucht, andererseits durch die hohen Schwankungen der Sklavenpreise, die etwa in Kriegszeiten aufgrund verstärkter Zufuhr versklavter Arbeitskräfte erheblich sinken konnten. Dem antiken Sklavenhalter fehlte so die Basis eines sicheren Kostenkalküls nicht nur bei den Arbeitskosten, sondern auch bei den „Kapitalkosten".[646] So war es kaum möglich, einen „Betriebsgewinn" zu ermitteln oder alternative Faktorkombinationen zu vergleichen.

Überdies schränkte der Sklaveneinsatz die Dispositionsfreiheit des Betriebsbesitzers ein. Anders als freie Lohnarbeiter konnten die unfreien Arbeitskräfte bei Schwierigkeiten nicht einfach wieder entlassen werden. Die Sklaven gehörten zum Haushalt und mussten auch bei Absatzstockungen unterhalten werden. Eine rationale Betriebsführung hätte dagegen eine Trennung von Haushalt und Betrieb erfordert und war auch aus diesem Grund nicht zu gewährleisten.[647]

Doch nicht nur die Verfügung über den Faktor Arbeit, sondern auch die Kapitaldisposition wurde durch das Vorherrschen unfreier Arbeit eingeschränkt. Ein Betrieb mit freier Lohnarbeit hätte im Vergleich zum Sklavenbetrieb eine wesentlich geringere Kapitalbindung für ein gegebenes Quantum an Arbeitskräften erfordert, und damit eine weitaus höhere Kapitalintensität an sachlichen Produktionsmitteln ermöglicht.[648]

Verteilungsverfassung und Faktorallokation

Auch die Verteilungsverfassung des demokratischen Athen hatte erhebliche Wirkungen auf die Verfügbarkeit und Kombinierbarkeit von Arbeit und Kapital.

Die *Individualisierung der Aufgaben* der Finanzverwaltung bedeutete, dass die Arbeitsleistung vieler Privatleute über die Pflichten des demokratischen Alltags hinaus in unregelmäßigen Abständen in Anspruch genommen wurde. Jahresämter und Leiturgien erschwerten eine regelmäßige ökonomische Aktivität. Noch gravierender wirkte die *Auszahlung gemeinschaftlicher Einkünfte* auf das Arbeitsangebot. Wenn die Zahlungen auch nicht für den Lebensunterhalt der Empfänger ausreichten, so mussten sie doch den Anreiz verringern, sich dauer-

[645] Vgl. Schefold, B. (1988), S. 253f.
[646] Vgl. Weber, M. (1988), S. 18f.; Schefold, B. (1995), S. 23.
[647] Vgl. Bürgin, A. (1996), S. 84.
[648] Vgl. Weber, M. (1988), S. 15.

haft ökonomisch zu betätigen. Gewiss wirkte auch die Zuteilung von Landstücken in den überseeischen Kleruchien in diese Richtung. Auch mag diese Selbstversorgung der Politengemeinschaft die Lohnerwartung freier Arbeiter erhöht haben, zumal im Vergleich zur Entlohnung von Mietsklaven.

Nicht minder offensichtlich sind die allokativen Wirkungen der Verteilungsverfassung auf der Einnahmenseite. Die *„ökonomische Tyrannis"* der Polis begrenzte einerseits die private Kapitalakkumulation und führte andererseits zu heimlicher Thesaurierung und Kapitalflucht.[649] Der Belastung des produktiv eingesetzten, d. h. sichtbaren Kapitals standen auf der Ausgabenseite keine Unterstützungen gegenüber. Die Besteuerungspraxis der Polis trug so zur Zersplitterung der verfügbaren Kapitalien und der Wirtschaftseinheiten bei, was die Allokation produktiven Kapitals stark beeinträchtigte.

5.1.3 Wirtschaftsgeist und Faktorallokation

Politisch-ökonomischer Motivationszusammenhang und Faktorallokation

Wie schon mehrfach angeklungen ist, wurde die Verfügbarkeit und Kombinierbarkeit der Produktionsfaktoren stark von den Wertvorstellungen der klassischen Polis mitbestimmt.

Das *Autarkieideal* und das *Politenideal* der bürgerlichen Grundeigentümer müssen die Nutzung des Bodens als Produktionsfaktor außerhalb der Landwirtschaft stark eingeschränkt haben. Ähnlich wie er schon in der Adelszeit die unveräußerliche wirtschaftliche und gesellschaftliche Basis des adligen Geschlechts gewesen war, galt Grund und Boden in der demokratischen Polis als das Fundament bürgerlichen Daseins, und stand daher im Prinzip nicht zur Disposition.[650] Als sichtbares Kennzeichen der politischen Zugehörigkeit grenzte das Grundeigentum die Politen von den übrigen Bevölkerungskategorien ab. Daher dürfte sich der Bodenverkehr im klassischen Attika in engen Grenzen gehalten haben (vgl. oben S. 74f.).

Daneben muss das hohe Ansehen öffentlichen Wirkens die generelle Bereitschaft der Politen, einem Erwerbsberuf nachzugehen, gedämpft haben. Wie gesehen, sicherte der oft unermüdliche militärische und politische Einsatz der Athener über lange Zeiträume einen Großteil der materiellen Basis Athens, und zahlte sich über Tagegelder und sonstige Zuwendungen auch direkt für den Einzelnen aus.

---

[649] Vgl. Hasebroek, J. (1966b), S. 165. Wie bereits erwähnt, ging *Hasebroek* allerdings auch davon aus, dass der Steuerdruck für eine Zunahme privater Darlehensgewährungen sorgte.
[650] Vgl. Bleicken, J. (1994), S. 111.

Einstellung zum Konkret-Wirtschaftlichen und Faktorallokation

Es liegt nahe, dass die verbreitete Geringschätzung ökonomischer Betätigung ein entscheidendes Hindernis für die Entfaltung der Arbeit als dynamisches Element der wirtschaftlichen Entwicklung darstellte.

Die weite Verbreitung der Arbeit Unfreier und politisch Unberechtigter erhielt die tradierte *Ablehnung abhängiger Arbeit* in der Bürgerschaft am Leben. Unter diesen Bedingungen war freie Lohnarbeit in langfristigen Arbeitsverhältnissen nur schwer mobilisierbar.[651] Von den Auswirkungen eines fehlenden Lohnsystems auf die Betriebsführung wurde bereits gehandelt. *Bürgin* hebt außerdem hervor, dass Arbeit unter diesen Voraussetzungen nicht zu einem politischen Faktor werden konnte.[652] Da es keine nach Stand und Herkunft homogene Arbeiterschaft gab, konnte sich auch keine „Arbeiterklasse" bilden, welche durch politische Forderungen die soziale und organisatorische Entwicklung in den Betrieben vorangetrieben hätte.

Wenn ein freier Mann arbeiten musste, wollte er dies nach Möglichkeit für sich selbst und nicht für andere tun. Seine Entscheidung zu selbstständiger Arbeit in Handwerk und Handel wurde allerdings durch die *Antibanausie* und den *Antichrematismus* in der antiken Gesellschaft gehemmt, auch wenn diese Werthaltungen nicht von allen Athenern geteilt wurden. Gesellschaftsverfassung und herrschender Wirtschaftsgeist waren dafür verantwortlich, dass die Handelsmetropole des Mittelmeeres keinen „Kaufmannsstand" kannte.[653]

Es wurde schon gezeigt, wie die Inhomogenität der sozialen Struktur eine Bildung von Interessenzusammenschlüssen, wie etwa Zünften, verhinderte. Die herrschenden Wertvorstellungen im klassischen Athen machen außerdem erklärlich, warum es selbst unter gewerbetreibenden Politen nicht zu politisch wirksamen Zusammenschlüssen kam. Wirtschaftliche Einzelinteressen konnten sich in der Politik einfach „nicht sehen lassen"[654].

Antibanausie und *Antichrematismus* müssen auch die Bereitschaft gemindert haben, offen als Geldgeber für gewerbliche Unternehmungen aufzutreten. Doch auch der vermögende Athener, der seinen Verdienst aus der Verpachtung von Grund und Boden, aus Geldverleih oder Sklavenhaltung zog, blieb, wie es *Weber* ausdrückte, „Rentner, nicht: Unternehmer"[655]. Politen, die sich wirtschaftlich betätigen wollten oder mussten, scheinen Beschäftigungen mit Gelegenheitscharakter bevorzugt zu haben.

Für einen „Unternehmergeist", d. h. eine auf ein längerfristiges Erwerbsziel gerichtete Handlungsorientierung, ließen die geistigen Bedingungen im klassi-

---

[651] Vgl. Bürgin, A. (1996), S. 76.
[652] Vgl. ebenda, S. 34.
[653] Vgl. ebenda, S. 65.
[654] Meier, C. (1979), S. 397.
[655] Weber, M. (1988), S. 144.

schen Athen – obwohl sie in hohem Maße persönliche Eigenständigkeit begünstigten – wenig Raum.

5.2 Wirtschaftsstil und technischer Fortschritt

Wie die Betrachtung der einzelnen Erwerbszweige des klassischen Attika zeigte, hat diese hochdifferenzierte Wirtschaft – der Silberbergbau ausgenommen – nur vergleichsweise geringe Beiträge zur Verbesserung von technischem Wissen, Verfahrenstechniken und technischer Ausrüstung geleistet. Die aus vorantiker Zeit übernommenen grundlegenden Techniken der Landwirtschaft und der verarbeitenden Gewerbe wurden geschickt genutzt, doch außer mancher Verfeinerung wurde ihnen wenig Neues hinzugefügt.[656]

Die Stilbetrachtung erlaubt es, eine Vielzahl möglicher Ursachen für den geringen Stellenwert des technischen Fortschritts in der athenischen Polis zu systematisieren.

5.2.1 Gesellschaftsverfassung und technischer Fortschritt

Staatlicher Rahmen und technischer Fortschritt

Es liegt nahe, dass das *Polisprinzip* der klassischen Zeit die Diffusion und den Transfer neuer Ideen und Verfahrensformen erschwerte. Andererseits nahm Athen, die „Schule von Hellas", eine hervorragende Position als Anziehungspunkt von Gelehrten aus allen Teilen der griechischen Welt ein. Ob jedoch Fragen der Technik überhaupt je Lehrgegenstand waren, ist unsicher (s. Abschnitt 5.2.3).

Um die Auswirkung des *Suprematiestrebens* der Athener auf den technischen Fortschritt zu beurteilen, ist zunächst daran zu denken, dass eine stabile Herrschaft Athens im östlichen Mittelmeerraum ein kaum verwirklichtes Ideal blieb. Die aus dem Herrschaftsanspruch der Polis erwachsenden kriegerischen Konflikte bedrohten wiederholt das Staatsgebiet Athens selbst. Ebenso gefährdeten sie, wie 411 und 404, die vergleichsweise hohe politische Stabilität im Innern der Polis. Selbst Athen bot also nur einen bedingt stabilen Rahmen für kontinuierliche Innovationsanstrengungen.

Zudem stellten sich den Athenern Eroberung, Kriegsbeute und Tribute als dauerhafte Alternativen zur Steigerung der eigenen Wirtschaftskraft dar. Die Polis sah die Lösung drängender wirtschaftlicher Probleme viel mehr in raschen

---

[656] Vgl. Finley, M. I. (1965), S. 29.

militärischen Erfolgen als in systematischen innovatorischen Anstrengungen. Für öffentliche Baumaßnahmen oder militärische Rüstung und Erfindungen setzte sie in erheblichem Umfang staatliche Mittel, Arbeitskräfte und technische Fähigkeiten ein, niemals aber für Maßnahmen zur Steigerung der Produktivität.[657]

Auch mag die Möglichkeit, bei hoher Bevölkerungsdichte große Bevölkerungsteile in die Kolonien, besonders die Kleruchien abwandern zu lassen, den Innovationsdruck von der Polis genommen haben.

Herrschafts- und Sozialstruktur und technischer Fortschritt

Auch die Herrschafts- und Sozialstruktur Attikas bestimmte stark die Innovationsbedingungen.

Der bürgerliche Absentismus infolge der hohen persönlichen Beanspruchung, welche die *Politenherrschaft* mit sich brachte, verminderte besonders in den Berufen, die eine kontinuierliche Übung der technischen Fertigkeiten erfordern, den Spielraum für technische Neuerungen.

Die *Kaufsklaverei* und die *Unverbundenheit der politischen und sozialen Struktur* wirkten sich besonders im Zusammenhang der Wirtschaftsverfassung aus, und werden daher zusammengefasst im folgenden Abschnitt behandelt. Weiterhin wirkte der politische und soziale Bevölkerungsaufbau auf die Einstellung zu wirtschaftlichem Fortschritt überhaupt (s. Abschnitt 5.2.3).

5.2.2 Wirtschaftsverfassung und technischer Fortschritt

Eigentumsverfassung und technischer Fortschritt

Auch auf die Innovationsbedingungen dürfte sich die *Abstufung der Eigentumsrechte* negativ ausgewirkt haben. Der Ausschluss der Nichtbürger vom Grundeigentum, der Fremde von landwirtschaftlicher Betätigung fernhielt, mag eine Diffusion auswärtiger Erfahrungen (z. B. mit Bodenqualitäten, Bewässerungs-, Dünge- und Erntemethoden oder Saatzeitpunkten) nach Attika erschwert haben. Angesichts des bescheidenen Standes der „agrarwissenschaftlichen" Literatur (vgl. oben S. 73f.) wäre einem intensiveren Erfahrungsaustausch besondere Bedeutung für die Produktivitätsentwicklung in der Landwirtschaft zugekommen.

Finley merkt außerdem an, dass die Befristung der Pachtverträge keinen Anreiz zu Bodenverbesserungen oder Rationalisierungsmaßnahmen geboten habe.[658] Bei Vorhaben zur Urbarmachung von Boden überwand man solche

---

[657] Vgl. Finley, M. I. (1965), S. 37.
[658] Vgl. Finley, M. I. (1977), S. 134f.

Probleme allerdings offenbar durch längerfristige Verträge.[659] Ein vergleichbarer Effekt ist im Falle der ständig gefährdeten auswärtigen Besitzungen der Athener in den Kleruchien anzunehmen.

Wie schon ausgeführt, waren die nichtbürgerlichen Handwerker wegen der Eigentumsabstufung hinsichtlich der räumlichen Expansion oder der Kapitalaufnahme eingeschränkt. Mit den Kombinationsmöglichkeiten wurde aber zugleich die Möglichkeit organisatorischer und prozessbezogener Neuerungen beschränkt.

Produktionsverfassung und technischer Fortschritt

Was den Einfluss der Produktionsverfassung auf die Fortschrittsbedingungen im klassischen Athen betrifft, ist zunächst daran zu denken, dass die Landwirtschaft als wichtigster Produktionszweig der Polis noch zu großen Teilen in der *Bedarfsdeckung* verhaftet war. Für eine Zunahme der marktorientierten Erzeugung, die auch vermehrte Anstrengungen zur Steigerung der Produktivität erwarten ließe, gibt es nur vereinzelte Anhaltspunkte.

Finley glaubt, dass das *geringe Skalenniveau* der Bauernstellen zu einer chronischen Unterbeschäftigung der Arbeitskräfte des Hofes geführt hat. Damit habe ein Zwang bestanden, alle Familienmitglieder zu beschäftigen. Diese „eingebaute Leistungsschwäche" habe den Weg zu technologischen Verbesserungen verbaut. So habe man beispielsweise den Anbau verschiedener Getreidesorten einer Spezialisierung vorgezogen.[660]

Ohnehin dürfte die Masse der attischen Bauern wegen der andauernden Existenzgefährdung der Kleinbetriebe wenig risikofreudig gewesen sein. Das Risiko einer Missernte mag viele vom Ausprobieren neuer Anbaumethoden oder sonstigen Experimenten abgehalten haben.[661]

Zweifellos aber engte die geringe Größe der Wirtschaftseinheiten in Landwirtschaft und Handwerk die Spielräume für organisatorische und technologische Rationalisierungsbemühungen ein. In erster Linie ist dabei an die Möglichkeit zu arbeitsteiliger Spezialisierung im Betrieb und damit zur Konzentration technischen Könnens zu denken. Dazu kommt bei entsprechendem Arbeitsaufkommen der Anreiz, menschliche Arbeit durch technische Vorrichtungen zu ersetzen.

Mit dem *Fehlen gewerblicher Zusammenschlüsse* fielen zudem die innovationsfördernden Effekte eines intensiven gegenseitigen Austauschs weg, der in der mittelalterlichen Stadt im Verein mit der politischen Selbstverwaltung Impulsgeber der wirtschaftlichen Entwicklung war.[662] So war etwa an einheitli-

---

[659] Vgl. Hopper, R. J. (1984), S. 189.
[660] Vgl. Finley, M. I. (1977), S. 123f.
[661] Vgl. Schefold, B. (1995), S. 19.
[662] Vgl. auch Bürgin, A. (1996), S. 61.

che Regeln zur beruflichen Ausbildung, die erreichte Wissensstandards gesichert hätte, nicht zu denken.

Arbeitsverfassung und technischer Fortschritt

Auch aus der antiken Arbeitsverfassung ergab sich eine Reihe von Innovationshemmnissen.

Die Behinderungen einer effizienten Faktorkombination durch den *Sklaveneinsatz* wurden bereits angesprochen (s. oben S. 153). An dieser Stelle ist zu ergänzen, dass wegen des Fehlens einer sicheren Kalkulationsgrundlage auch die Vorteile technischer Neuerungen kaum abschätzbar waren. Ohne ein festes Lohnsystem fehlte nämlich ein verlässlicher Bewertungsmaßstab für Arbeit und deren Substitution. Außerdem war auch der größte Teil des „Betriebskapitals", die Sklaven selbst, kaum zu bewerten.

Wie schon erwähnt, hätte ein Betrieb mit freien Arbeitskräften zudem eine wesentlich höhere Kapitalintensität bezogen auf sachliche Produktionsmittel erlaubt. Im Gegensatz zu freien Lohnarbeitern, deren Leistungen erst gekauft werden mussten, waren die Arbeitssklaven meist an ihre Arbeitsstätte gebunden. Daher bot der Einsatz Unfreier von vorneherein weniger Anreiz, Arbeit einzusparen. Nach Auffassung *Finleys* war der Sklaveneinsatz ohnehin in aller Regel profitabel und bot allein schon deswegen keine Veranlassung, die gegebenen Produktionsarrangements zu verändern.[663]

Aber auch von Seiten der unfrei Beschäftigten selbst war aufgrund mangelnden Eigeninteresses wenig innovativer Eifer zu erwarten, sofern nicht wie bei den speziellen Vereinbarungen zur eigenständigen Verwertung der Sklavenarbeit eine Form gefunden wurde, das ökonomische Interesse der Sklaven für den Herren nutzbar zu machen.[664] In jedem Fall nahmen die Sklavenhalter sicherlich selten die Kosten und das Risiko auf sich, Sklaven für längere Zeit auszubilden,[665] womit auch der Wissensstand eines großen Bevölkerungsteils in engen Grenzen verharrte.

Ähnlich ist die Auswirkung der Sklaverei auf die Qualität der abhängigen Arbeit zu beurteilen. Die Motivation unfreier Arbeiter ist gewiss grundsätzlich als gering einzustufen. Durch frühe Heranführung an die jeweiligen Aufgaben und die konstante Übung darin sowie durch die angesprochenen spezifischen Anreize wurde dieser Nachteil jedoch teilweise abgeschwächt.

Verteilungsverfassung und technischer Fortschritt

Wie bereits erwähnt, minderte die *Auszahlung gemeinschaftlicher Einkünfte* die Bereitschaft der Athener, sich dauerhaft ökonomisch zu betätigen. Damit war

---

663 Vgl. Finley, M. I. (1965), S. 44.
664 Vgl. Weber, M. (1988), S. 20.
665 Vgl. ebenda, S. 25.

zugleich die Basis für kontinuierliche Neuerungsbemühungen auf wirtschaftlichem Gebiet eingeschränkt. Das Solidarprinzip der Polisgemeinschaft ermutigte den Einzelnen nicht, sich wirtschaftlich auf eigene Füße zu stellen, und schon gar nicht zu innovatorischen Leistungen.

Auch die *„Ökonomische Tyrannis"* der Demokratie mag gegen systematische Entwicklungsbemühungen der Wirtschaftenden gewirkt haben. Sie trug zur Zersplitterung der sichtbaren Kapitalien bei und hielt wahrscheinlich viele davon ab, ihr Kapital auf einen Zweck zu konzentrieren. So begünstigte sie auch das Festhalten am beweglichen Sklavenbesitz, den der Betriebsinhaber notwendigenfalls teilen oder anderweitig verwerten konnte.[666]

5.2.3 Wirtschaftsgeist und technischer Fortschritt

Politisch-ökonomischer Motivationszusammenhang und technischer Fortschritt

Die vorherrschenden Wertvorstellungen im demokratischen Athen schufen ebenfalls kein Klima, das innovatorische Leistungen begünstigt hätte.

Gerade in der Landwirtschaft, wo die Produktionsfaktoren freier als in anderen Wirtschaftszweigen kombiniert werden konnten, weil dieser Zweig ausschließlich in den Händen der Bürger lag, blieb das Niveau der Technik stark von der agrarischen Tradition beherrscht. Beispielhaften Ausdruck findet dieser Traditionalismus in der bei *Xenophon* beschriebenen Vaterverehrung, die den Erben auch zum Festhalten am Hergebrachten verpflichtete.[667]

Diese „statische Mentalität" wurde nicht nur von dem aus der Adelsgesellschaft übernommenen *Autarkieideal*, sondern auch von dem *Politenideal* der demokratischen Polis gestützt: So lange im οἶκος ein annehmbarer Lebensstandard erwirtschaftet werden konnte, der dem Politen als Hausvorstand die Teilnahme am öffentlichen Leben erlaubte (und damit sein öffentliches Ansehen gewährleistete), traten andere Ziele offenbar in den Hintergrund.

Dabei war den Griechen der klassischen Zeit der Gedanke des Fortschritts an sich gewiss nicht fremd. Zweifellos sahen sie den Zusammenhang zwischen den grundlegenden technischen Errungenschaften und der erreichten Zivilisation. Doch wurde Fortschritt in technischer und wirtschaftlicher Hinsicht viel mehr als Voraussetzung für die Entstehung der zivilisierten Polis begriffen denn als Sinn und Zweck ihrer Existenz.[668]

---

666 Vgl. Weber, M. (1988), S. 144.

667 Xen. Oik. 20, 22.

668 Vgl. Austin, M., Vidal-Naquet, P. (1984), S. 17.

Einstellung zu Konkret-Wirtschaftlichen und technischer Fortschritt

Die historisch einmalige Situation der direkten Demokratie und die Sklaverei versetzten die Bürger des klassischen Athen tagtäglich in das Spannungsfeld zwischen Machtausübung und Arbeit. Diesen „scharfen Gegensatz" macht *Mrozek* für die technische Rückständigkeit der antiken Wirtschaft verantwortlich.[669]

Wie schon ausgeführt, müssen die verbreitete *Ablehnung abhängiger Arbeit* sowie *Antibanausie* und *Antichrematismus* viele Athener von einem regelmäßigen Engagement in Handwerk und Handel abgehalten haben. Das bedeutet, dass gerade im herrschenden Stand wenig ökonomische Fachkenntnis und technisches Wissen (außer in Fragen der Landwirtschaft) vorhanden waren. Gewiss waren unter diesen geistigen Bedingungen auch wenige bereit, solche Kenntnisse als „Bildung" anzuerkennen.

Ob Fragen der Technik überhaupt von Gelehrten aufgegriffen wurden, ist nicht erwiesen. Die erhaltenen „agrarwissenschaftlichen" Schriften lassen vermuten, dass es zu klassischer Zeit kaum zu einer systematischen Erfahrungsbildung in technisch-physikalischen Fragen kam. Jedenfalls sind die überlieferten kosmologischen Naturerklärungen der Philosophen noch weit davon entfernt, technisch-physikalische Zusammenhänge zu isolieren.

In seiner „Genealogie der Wirtschaftsstile" führt *Müller-Armack* den Stand der technischen Entwicklung auf religiöse Gesichtspunkte zurück. Dem Polytheismus als konkretem Kult habe „die geistige Fundierung in einer Theologie, deren notwendiges Pendant die geistige Durchdringung der Natur" sei, gefehlt. Der Polytheismus habe so kein geistiges Zentrum gebildet, aus dem sich eine Naturwissenschaft als Quelle technischer Einsicht ergeben hätte. Daher habe ihm „ein über dem Können stehender geistiger Ausgangspunkt des technischen Fortschritts" gefehlt.[670]

Auch ohne systematisches Wissen entfalteten die Athener jedoch etwa auf militärischem Gebiet großen technischen Erfindungsreichtum. Was auf wirtschaftlichem Gebiet eben zusätzlich fehlte, war eine kontinuierliche, auf ein längerfristiges Ziel gerichtete Handlungsorientierung, die unter den gegebenen geistigen Bedingungen kaum entstehen konnte.

---

[669] Vgl. Mrozek, S. (1989), S. 164.
[670] Vgl. Müller-Armack, A. (1981), S. 72.

5.3 Wirtschaftsstil und Nachfrage

Das vielfältige Warenangebot und die fortgeschrittene Differenzierung der gewerblichen Produktion in Athen beweisen, wie sehr sich der Bedarf zu klassischer Zeit bereits ausdifferenziert hatte. Indessen ist, wie auch die zersplitterte Produktionsstruktur zeigt, weder von einem hohen Niveau noch von einer hohen Anpassungsfähigkeit der Nachfrage, d. h. einer großen Aufnahmefähigkeit des „Marktes" auszugehen.[671]

Auch hier ermöglicht es die Stilbetrachtung, die möglichen Ursachen und Wirkungszusammenhänge systematisch zu sichten und zu ordnen.

5.3.1 Gesellschaftsverfassung und Nachfrage

Staatlicher Rahmen und Nachfrage

Es liegt auf der Hand, dass die bereits geschilderten Grenzen der Marktentwicklung durch das partikularistische *Polisprinzip* und das *Suprematiestreben* Athens die Entfaltung der Nachfrage von außen hemmten. Obwohl Athen selbst Handelszentrum im Mittelmeerraum war, erschwerten unterschiedliche staatliche Strukturen und fortgesetzte Spannungen den Absatz attischer Güter.

Die Polis sah die Funktion der attischen Märkte ohnehin in der Versorgung, nicht im Absatz. Nur aufgrund ihrer Versorgungsfunktion waren Agora und Emporion gelegentlich Gegenstand der Politik.[672]

Herrschafts- und Sozialstruktur und Nachfrage

Der geringe Stellenwert des Güterabsatzes im Handeln der Polis ist natürlich zugleich auf die Herrschaftsstruktur zurückzuführen. Die *Politenherrschaft*, die hohen persönlichen Einsatz verlangte, ließ den Bürgern nur beschränkten Raum für marktorientiertes Wirtschaften. Hauptsächliche Träger des Handels blieben Fremde, Metöken und Sklaven, welche die Versorgung der Polis sichern sollten. Dagegen wurden nur wenige Politen in ihrem Handeln von der Nachfragesituation auf der Agora oder dem Emporion beeinflusst. Als primär versorgungsorientierte Bestandteile der Polis konnten sich die Märkte Athens daher nicht zu selbstständigen, eigendynamischen Institutionen entwickeln, welche die Gemeinschaft der Politen schrittweise hin zu einer „marktwirtschaftlichen Gesellschaft" verändert hätten.[673]

---

[671] Vgl. Finley, M. I. (1977), S. 161f. und oben S. 80.
[672] Vgl. Bürgin, A. (1996), S. 102.
[673] Vgl. ebenda, S. 100.

Die Intensität der Nachfrage war auch stark von der Institution der *Kaufsklaverei* bestimmt, was weiter unten im Zusammenhang der Arbeitsverfassung erläutert wird.

5.3.2 Wirtschaftsverfassung und Nachfrage

Eigentumsverfassung und Nachfrage

Unmittelbar mit den grundlegenden Prinzipien des Polisgedankens verknüpft war die *Dominanz des Gemeineigentums* gegenüber der privaten Vermögensbildung. Entsprechend hoch war das Gewicht der gemeinschaftlichen Ausgaben, etwa im Bereich der zahlreichen gemeinsamen Feiern und der Repräsentation, zuweilen auch bei der Lebensmittelversorgung. Der gemeinschaftliche Verbrauch – ob nun über Leiturgien oder Leistungen der Polis finanziert – ersetzte also in einzelnen Bereichen die private Nachfrage. Dies mag die grundsätzliche Hinwendung der Konsumenten zum Markt verzögert haben.

Produktionsverfassung und Nachfrage

Viel unmittelbarer wirkte sich die noch vorherrschende *Bedarfsdeckung in der Landwirtschaft* aus. Zu Lasten einer geldwirtschaftlichen Bedarfsdeckung wurden in vielen Höfen die wichtigsten benötigten Güter eigenständig hergestellt. Viele Bewohner Attikas beschafften daher lediglich spezielle Bedarfsartikel über den Markt.

Auch das *geringe Skalenniveau* der einzelnen Betriebe war eng mit den Nachfragebedingungen verknüpft. Auf der einen Seite wurde diese Produktionsstruktur von der geringen Aufnahmefähigkeit des Marktes mitbestimmt. Auf der anderen Seite war es für die zersplitterten Wirtschaftseinheiten schwieriger, regelmäßige Tausch- und Zulieferbeziehungen aufzubauen und zu intensivieren.

Weiteres typisches Merkmal der attischen Produktionsverfassung war das *Fehlen staatlicher Wirtschaftsförderung*. Wie schon erläutert, lag es der Polis fern, mit ihrer militärischen Expansion auch Absatzmärkte für die heimische Produktion zu erschließen oder zu sichern. Ebenso wenig scheint den Athenern der Gedanke gekommen zu sein, ihre Herrschaft zur Absatzsteigerung attischer Produkte zu nutzen. Bundesgenossen wurden mitunter zur Lieferung bestimmter Güter gezwungen, nicht aber zur Abnahme attischer Waren.

Arbeitsverfassung und Nachfrage

An dieser Stelle kann die bereits angesprochene Nachfragewirkung des *Sklaveneinsatzes* präzisiert werden. Wie gesehen (vgl. oben S. 47), stellten Sklaven den wohl größten Anteil der Gesamtbevölkerung Attikas. Der Sklaveneinsatz bedingte das *Fehlen langfristiger Lohnverhältnisse*. Ohne regelmäßige Verdienstmöglichkeiten und ein entsprechendes Lohnniveau konnte keine kaufkräftige „Klasse“ von Lohnarbeitern entstehen. Mit den neueren Ausbeutungsformen wie Vermietung und selbstständiges Arbeitsangebot kam es zunehmend auch im Bereich kurzfristiger Beschäftigung zu Verdiensteinschränkungen für freie Tagelöhner.

Anders als freie Lohnarbeiter konnten unfreie Arbeitskräfte in aller Regel über ihren Bedarf nicht selbst entscheiden. Das bedeutet, dass die meisten Konsumenten im klassischen Athen keine souveränen Einkommensbezieher, sondern versorgungsabhängige Unfreie waren. Deren Lebensunterhalt blieb von vorneherein auf das Notwendigste beschränkt. Die Sklaverei stellte somit ein erhebliches Hemmnis für die Entwicklung des Gütermarktes dar.[674]

Verteilungsverfassung und Nachfrage

Die attische Verteilungsverfassung dürfte sich überwiegend günstig auf die Nachfragebedingungen ausgewirkt haben. Zweifellos hat die *Auszahlung gemeinschaftlicher Einkünfte* die geldwirtschaftliche Konsumnachfrage gestützt, wenn auch die Tagegelder nicht annähernd für den dauerhaften Lebensunterhalt ausreichten.

Außerdem dürfte die Umverteilung zu den unteren sozialen Schichten, die mit der *„ökonomischen Tyrannis“* verbunden war, eher nachfragesteigernd gewirkt haben. Wie erläutert, waren die Leiturgiepflichtigen zudem keineswegs nur versucht, ihre Vermögen zu verschleiern, sondern neigten häufig auch zu ostentativer Freigiebigkeit.

Mit den Tributen, die den Verbündeten auferlegt wurden, flossen außerdem phasenweise erhebliche Mittel ins Land, die, wenn sie nicht direkt für Auszahlungen verwendet wurden, zum Großteil in Attika selbst für militärische, kultische und repräsentative Zwecke verausgabt wurden.

Insgesamt müssen aber die nachfragehemmenden Effekte der Wirtschaftsverfassung, besonders wegen der Eigenart der Produktions- und Arbeitsverfassung, weit überwogen haben.

5.3.3 Wirtschaftsgeist und Nachfrage

Politisch-ökonomischer Motivationszusammenhang und Nachfrage

Ein starkes Hemmnis für die Entwicklung der Nachfrage stellte das *Autarkieideal* dar. Nur ein weitgehend autarker οἶκος, nicht aber der Markt, konnte dem Politen eine sichere Versorgung und wirtschaftliche Unabhängigkeit garantieren. Auch die dem *Politenideal* eigene Vorstellung einer selbstbestimmten Herr-

---

674 Vgl. auch Weber, M. (1988), S. 140.

schaft ging von einer aus dem Grundeigentum gesicherten ökonomischen Basis aus. Die Marktnachfrage nach lebensnotwendigen Gütern war demgegenüber typisches Kennzeichen der landlosen und politisch unberechtigten Fremden. So mag es nicht nur der Stolz, sondern auch der Ehrgeiz vieler Haushaltsvorstände gewesen sein, möglichst viele der benötigten Güter in eigener Regie herzustellen.[675] Mit einer solchen Haltung ging zwangsläufig eine entsprechende Einfachheit der Lebensführung einher. Diese kam dem Gebot der Philosophie, die eigenen Bedürfnisse zu begrenzen, entgegen.

Auch auf der Ebene der Polis wirkte das Ideal, sich selbst versorgen zu können und wirtschaftlich unabhängig zu sein. Die Hochphilosophie steigerte den Gedanken der Selbstgenügsamkeit zum höchsten Ziel der menschlichen Gemeinschaft, und betrachtete die ideale Polis als in sich geschlossenen Kosmos. Jede Handelsbeziehung, auch der Export heimischer Produkte, musste in diesem Sinne als Abhängigkeit von außen wahrgenommen werden. Daher wurden wohl auch außenwirtschaftliche Nachfragebeziehungen nicht nachdrücklich angestrebt.

Einstellung zum Konkret-Wirtschaftlichen und Nachfrage

Wie dargelegt, war aufgrund der *Ablehnung abhängiger Arbeit* bürgerliche Lohnarbeit in langfristigen Beschäftigungsverhältnissen kaum zu mobilisieren. *Antibanausie* und *Antichrematismus* dämpften zudem die Bereitschaft vieler Bürger, sich selbstständig in Handwerk oder Handel zu betätigen.

Damit lagen zusätzliche Verdienstmöglichkeiten für den herrschenden Stand brach, was zur durch den Sklaveneinsatz bedingten Kaufkraftschwäche beitrug. Möglicherweise haben Antibanausie und Antichrematismus außerdem die Nachfragezurückhaltung gegenüber Handwerkern und Händlern genährt.

5.4 Zusammenfassung

Die hier gewählte anschauliche Vorgehensweise hatte das Ziel, die zeitspezifischen Wirkungszusammenhänge zwischen dem attischen Stil des Wirtschaftens und den grundlegenden Determinanten wirtschaftlicher Entwicklung aufzudecken und systematisch darzustellen. Damit sollten Antworten auf die Ausgangsfrage gefunden werden, warum sich die differenzierte Wirtschaft des klassischen Athen nicht im Sinne marktwirtschaftlicher Verhältnisse weiterentwickelt hat.

Dazu wurden die für den attischen Wirtschaftsstil als wesentlich angesehenen Sinnzusammenhänge in insgesamt 22 Einzelmerkmalen gruppiert und in

---

[675] Vgl. Bücher, K. (1906), S. 100.

einem zweiten Schritt deren Wirkung auf die Allokation der Produktionsfaktoren, die Möglichkeiten zu technischem Fortschritt und die Nachfragebedingungen untersucht.

Es wurde dabei nicht versucht, das Gewicht der gefundenen Wirkungszusammenhänge quantitativ abzuschätzen. Für die betrachtete Periode wäre dies angesichts der fehlenden empirischen Grundlagen nicht Erfolg versprechend. Für andere Wirtschaftsstile wären mit der anschaulichen Hypothesenbildung über Wirkungszusammenhänge, wie eingangs angedeutet, Ansatzpunkte für eine empirische oder „rationale" Theorie geschaffen.

Im Ergebnis zeigte sich ein weitgehend einheitliches Bild von der Entwicklungsfähigkeit der attischen Wirtschaft. Alle drei Stildimensionen – Gesellschaftsverfassung, Wirtschaftsverfassung und Wirtschaftsgeist – wirkten sich insgesamt hemmend auf die Entwicklung der Produktionsstruktur und der Märkte aus.

Trotz der individuellen Freiheiten, trotz der ungeheuren Entfaltung des geistigen und kulturellen Lebens, welche das einzigartige Experiment der Demokratie mit sich brachte, blieb der eigentliche Wirtschaftskörper eigentümlich schwerfällig und unbeweglich. Im Zusammenwirken der Stilmerkmale, die diese dynamische Eigenschaft der Wirtschaft bestimmten, wird die Ausdruckseinheit des Wirtschaftsstils offenbar.

Die Stilbetrachtung legte zahlreiche mögliche Gründe dafür offen, warum sich die attische Wirtschaft nicht über ihre bekannten Grenzen hinaus entwickelte. Mit Hilfe der aufgedeckten Wirkungszusammenhänge lässt sich die Ausgangsfragestellung in einigen verdichteten Sätzen beantworten:

Die Politenherrschaft und das damit verbundene Wertesystem machten bürgerliche Arbeit außerhalb der Landwirtschaft, die politische Statusbedeutung hatte, kaum verfügbar. Für die Herrschenden blieb das eigentliche Wirtschaften Nebensache. Sie verfolgten ihre ökonomischen Interessen vornehmlich im politischen Zusammenhang.

Aber auch den wirtschaftenden Politen ließen die geistigen und politischen Bedingungen wenig Raum für eine auf ein längerfristiges Erwerbsziel gerichtete Handlungsorientierung, ein „unternehmerisches Denken", das organisatorische und technische Innovationen begünstigt hätte. Die Nichtbürger, die eigentlichen Träger von Handel und Gewerbe, wurden dagegen durch das Bürgerprivileg auf Grundeigentum in ihrer Disposition über Boden und Kapital eingeschränkt.

Besonders aber erschwerte der Sklaveneinsatz eine rationale Faktordisposition. So fehlte dem antiken Sklavenhalter eine verlässliche Kalkulationsgrundlage für die Arbeits- und Kapitalkosten, wodurch auch die Vorteile von Neuerungen nur schwer abzuschätzen waren. Ferner entzog die Sklaverei dem dynamischen Arbeitsverhältnis zwischen Kapitalbesitzern und freien Arbeitern die Grundlage.

Das Nebeneinander von freier und unfreier Arbeit und die ethnische und politisch-rechtliche Inhomogenität unter den Produzenten machen verständlich, warum es nicht zu Zusammenschlüssen unter den Arbeitenden oder den Produzenten kam. Sie erklären auch, warum sich – von dem rudimentären Bankwesen abgesehen – keine Organisationsformen bildeten, welche die Rohstoff- oder Kapitalbeschaffung gebündelt, Kontrahierungskosten gesenkt und Risiken verteilt hätten.

Da der soziale Aufbau und die Herrschaftsstruktur nicht übereinstimmten, fanden Kapitalinteressen keinen Eingang in die politische Diskussion. Auch unter den wirtschaftenden Bürgern gab es wegen der geringen Wertigkeit rein wirtschaftlicher Interessen keine politisch wirksamen Zusammenschlüsse.

Auf der Ebene der Polis, deren Haushalt die private Haushaltung dominierte, war „die Wirtschaft" an sich kein Gegenstand des Nachdenkens. An der Stelle wirtschaftspolitischen Kalküls standen Machtpolitik und Gewaltanwendung gegenüber anderen Staatswesen. Die Einflussnahme auf die Handelsströme galt der Versorgung, nicht dem Absatz.

Auch binnenwirtschaftlich fiel ein großer Teil der potenziellen Nachfrage aus. Die meisten Konsumenten Attikas waren versorgungsabhängige Sklaven, für die nur das Notwendigste beschafft wurde. Außerdem waren viele bäuerliche Höfe noch auf Bedarfsdeckung ausgerichtet, verbunden mit dem bürgerlichen Ideal, die politische Existenz aus eigenem Grund und Boden zu sichern. Die Masse der Bauernstellen war erst in Ansätzen am Marktverkehr orientiert.

So vermochten die Märkte die politische Struktur nicht zu bestimmen. Die herrschende Bürgerschaft Athens war kein „Bürgertum" im neuzeitlichen Sinne, welches seine Impulse vom Markt bezogen und seine Kräfte auf die dynamischen Wirtschaftsbereiche des Handels und Gewerbes gerichtet hätte. Sie war in erster Linie ein politischer Verband, der sich zur Sicherung seiner Privilegien auf die traditionellen Erwerbsformen der Landwirtschaft, der Gegenseitigkeit und des kriegerischen Erwerbs verließ. Für Zünfte, Kaufmanns- und Verlagswesen, wie sie Voraussetzung für die dynamische Wirtschaftsgesellschaft der Neuzeit waren, ließen die gesellschaftlich-kulturellen Rahmenbedingungen keinen Raum. Der Wirtschaftsstil des klassischen Athen verkörperte keine „Marktwirtschaft".

Da die athenische Polis den Markt nur als Versorgungsinstrument ansah, konnte sie die eigene Wirtschaft auch nicht als gestaltungsfähigen Faktor ihrer Macht begreifen. Aus heutiger Perspektive blieb Athen daher hinter seinen wirtschaftlichen Möglichkeiten zurück.

In späteren Jahrhunderten, die geprägt waren von der Vorherrschaft Makedoniens und schließlich Roms, konnte Athen die wirtschaftliche Bedeutung der klassischen Zeit nicht mehr erreichen. Nach neuer, vorübergehender Blüte in der Römerzeit sank es noch im Altertum in die Bedeutungslosigkeit herab, und auf der einstigen Agora weideten die Ziegen.

Anhänge

I. Zeittafel

~800 v. Chr.	Ablösung des Königtums durch die Adelsherrschaft; Entstehung der autonomen Polis	nach 800 Ilias
750-550	Hauptphase der griechischen Kolonisation	nach 750 Odyssee
~700	Taktik der Hoplitenphalanx	~700 *Hesiod*
683/2	Einführung des Archontats in Athen	
624	Wahrscheinlich erste Rechtskodifikation in Athen	
594/3	*Solon* Archon; Verfassungsreform: Timokratie	
561-510	Tyrannis des *Peisistratos* (mit Unterbrechungen) und seiner Söhne	
508/7	Verfassungsreform des *Kleisthenes*	
490	Invasion der Perser unter *Dareios*; Schlacht bei Marathon	
480	Invasion der Perser unter *Xerxes*; Schlacht bei den Thermopylen; Seeschlacht bei Salamis	
479	Griechische Siege bei Plataä und Mykale	~485-425 *Herodot*
479-431	Pentekontaëtie: Blütezeit Athens	~485-415 *Protagoras*
478/7-404	Erster Attischer Seebund	~469-399 *Sokrates*
461-429	*Perikles* bestimmt die athenische Politik	~460-395 *Thukydides*
431-404	Peloponnesischer Krieg	~455-365 *Demokrit*
431-421	Archidamischer Krieg	~446-388 *Aristophanes*
415-413	Sizilische Expedition	~444-380 *Lysias*
414-404	Dekeleischer Krieg; Kapitulation Athens	~430-350 *Xenophon*
411/10	Oligarchie in Athen	~427-347 *Platon*
404/3	Herrschaft der „Dreißig Tyrannen"	
404-371	Vorherrschaft Spartas	
387/6	Königsfriede	
378/7-338	Zweiter Attischer Seebund	384-322 *Aristoteles*
371	Schlacht bei Leuktra; Vorherrschaft Thebens	384-322 *Demosthenes*
362	Schlacht bei Mantineia	
357-355	Bundesgenossenkrieg	
338	Schlacht bei Chaironeia; Panhellenischer Bund unter Führung Makedoniens	
334-330	Feldzug *Alexanders* gegen Persien	
322	Ende der Demokratie in Athen	

II. Attische Geldverfassung und Preise

Das attische Geldsystem gliederte sich wie folgt:

1 Talent = 60 Minen
1 Mine = 100 Drachmen
1 Drachme = 6 Obolen.

Die größte Recheneinheit war das Talent (τάλαντον), das aber ebenso wie die Mine (μνᾶ) nicht geprägt wurde. In den Wertbezeichnungen drückten sich die aus solonischer Zeit stammenden Gewichtsmaße aus. So soll nach einer antiken Erklärung δράχμη von δράξ = „eine Handvoll" als Gewichtsmaß stammen. Der Name Obolos (ὀβολός; ὀβελός = Spieß) geht auf den Gebrauch von Bratspießen aus Bronze oder Eisen als Tauschmittel zurück. Die verbreitetste Münze war das Vier-Drachmen-Stück (Tetradrachme). Die Werte selbst waren nicht auf den Stücken aufgeprägt. Im Volksmund wurden die Münzen auch nach ihren Bildern benannt, so z. B. Παρθένιοι (Jungfrauen, nach dem Athenebildnis) oder γλαῦκες (Eulen).[676]

Der Versuch, die attische Währung in moderne Entsprechungen umzurechnen, muss wegen der Unterschiedlichkeit des Lebensstandards und der Kaufzwecke in die Irre führen. Die verstreuten Angaben über Preise, Löhne und Lebenshaltungskosten liefern aber Anhaltspunkte für die Kaufkraft des Geldes in der klassischen Zeit. Im 4. Jahrhundert lagen Preise und Löhne höher als im 5. Jahrhundert.
Bauabrechnungen des späten 5. Jahrhunderts geben den Tageslohn eines Arbeiters mit einer bis 1½ Drachmen an, in den zwanziger Jahren des 4. Jahrhunderts mit 1½ bis 2½ Drachmen. Im Jahr 422 kostete Gerstenmehl pro „Scheffel" (wohl um 50 l) eine Drachme zwei Obolen, um die Mitte des 4. Jahrhunderts vier Drachmen. Ein Opferstier kostete im Jahr 410 51 Drachmen, im 4. Jahrhundert 70 bis 100 Drachmen. Im Jahre 388 wurde als (allerdings hoher) Preis für einen Mantel 20 Drachmen angegeben, für Schuhe acht Drachmen. Den offenbar nicht gering veranschlagten Lebensunterhalt für eine dreiköpfige Familie gab *Demosthenes* 363 mit 700 Drachmen pro Jahr an, das sind ungefähr vier Obolen pro Kopf und Tag.[677]

---

[676] Vgl. Krefeld, H. (1972), S. 140f.
[677] Vgl. Freund, W. (1972) S. 26; Heichelheim, F. M. (1969), S. 316.

III. Glossar der verwendeten griechischen Begriffe

Agora: Ursprünglich Versammlung des herrschenden Adels, später dauernder städtischer Marktplatz und Verwaltungszentrum Athens.

Antidosis: „Austausch". Verfahren zur Klärung der Leiturgiepflicht. Wurde ein Bürger zu einer Leiturgie verpflichtet, konnte er auf Vermögensaustausch mit einem nach seiner Ansicht eher zu Verpflichtenden klagen. Wenn dieser die Leiturgie nicht übernehmen wollte, kam es zum gerichtlichen Vergleich der beiden Vermögen.

Apodekten: „Einnehmer". Für die Einziehung der fälligen Abgaben und Tribute verantwortliche Beamte der Polis.

Archon: Vorsteher der neun Archonten, des jährlich gewählten höchsten Beamtenkollegiums der Adelszeit. Nach dem Archon wurde das Jahr benannt. In der demokratischen Polis hatte das Amt des Archon (Archontat) und das der übrigen Archonten stark an Bedeutung verloren.

Areopag: Der alte Adelsrat und -gerichtshof, benannt nach seinem Versammlungsort, dem Areshügel. Dem Areopag, der sich aus den ehemaligen Archonten zusammensetzte, verblieben in der Demokratie nur noch einzelne Gerichtsbefugnisse.

Basileus: „König". Der zweite Archon, der Archon Basileus, war auch noch in der demokratischen Polis für die Leitung des Staatskults verantwortlich.

Choregie: Leiturgie, für die der Chorege einen Chor für einen der zahlreichen dramatischen oder musikalischen Wettbewerbe zusammenzustellen, auszurüsten und zu verpflegen hatte.

Demos: (dt. Plural Demen): „Volk, Heimatgemeinde". Die kleinste geographische und politische Organisationseinheit der Polis Athen.

Eisphora: Außerordentliche Vermögenssteuer, die wohl meist in der Form erhoben wurde, dass ein dringend benötigter Betrag auf die reicheren Politen und Metöken umgelegt wurde.

Emporion: Groß- und Fernhandelsmarkt Attikas im Hafen Piräus.

Epidosis: Freiwillige Geld- oder Sachspende eines einzelnen Bürgers oder Fremden an die Polis. Zu solchen Spenden rief die Polis meist in drängenden Notlagen auf.

Ergasterion: Werkstätte, wohl meist auch als Ladenlokal genutzt.

Gymnasiarchie: Leiturgie, die in der Finanzierung der sportlichen Wettkämpfe

	und Fackelläufe anlässlich der großen religiösen Feste der Polis bestand.
Hestiasis:	Leiturgie, die wohl vor allem öffentliche Speisungen zu den religiösen Festen der Polis beinhaltete.
Hetären:	Prostituierte verschiedenen gesellschaftlichen Ranges und Anspruches; oft in verschiedenen Künsten gebildet.
Hetärien:	Exklusive Klubs der athenischen Oberschicht.
Hopliten:	„Schwerbewaffnete". Seit etwa 700 bildete der geschlossene Verband der Hopliten (Phalanx) den Kern des Feldheeres.
Kleruchien:	Bürgerkolonien auf dem abgetretenen Territorium anderer Staaten. Nicht alle Athener, denen ein Landlos zugeteilt wurde (Kleruchen), scheinen auch dort gesiedelt zu haben.
Leiturgie:	Regelmäßige oder außerordentliche öffentliche Leistung eines wohlhabenden Politen oder Metöken. In der demokratischen Polis verpflichtende Institution für Athener mit einem Mindestvermögen von drei oder vier Talenten.
Metöken:	In Attika beständig ansässige Fremde, meist ihrer Herkunft nach Griechen. Sie durften kein Grundeigentum in Attika erwerben und waren unter anderem zur Leiturgieleistung und zur Zahlung einer Kopfsteuer (Metoikion) verpflichtet.
Mine:	Gewichtseinheit und Rechnungseinheit im attischen Geldwesen, bestehend aus 100 Drachmen.
Mysterien:	Geheimkult um das Demeterheiligtum im attischen Eleusis. Die meisten Athener scheinen in die eleusinischen Mysterien eingeweiht gewesen zu sein.
Nomothesie:	Prozessförmiges Gesetzgebungsverfahren nach 404, in dem eine Kommission so genannter Nomotheten über Gesetzesänderungen entschied.
Obole:	Kleinste Münzeinheit der attischen Münzverfassung; $^1/_6$ einer Drachme.
Oikonomia:	Die Lehre von der Haushaltsführung, die auch die sozialen Beziehungen des Haushaltsvorstands zu Familie und Gesinde beinhaltete.
Oikos:	„Haus". Der (in der Mehrzahl bäuerliche) Haushalt.
Ostrakismos:	Scherbengericht, das über die Verbannung politisch zu einflussreicher Personen entschied; im 5. Jahrhundert etwa fünfzehnmal zur Anwendung gekommen.
Phratrie:	Bruderschaft und Kultgemeinschaft athenischer Bürger, die sich als miteinander (entfernt) verwandt betrachteten.
Phyle:	Stammesverband. Seit der politischen Neugliederung Attikas unter *Kleisthenes* einer von zehn rein territorial definierten Personalverbänden.

Poleten: „Verkäufer". Finanzbeamte, die für die Verpachtung von Schürfrechten, Zöllen und anderen Steuern verantwortlich waren.

Polis: Pl. Poleis. Stadtstaat und Personalverband der Staatsbürger (Politen); die vorherrschende Staatsform im klassischen Griechenland.

Proxenie: Einrichtung zur Vertretung fremder Händler. Der offiziell akkreditierte Vertreter einer fremden Polis (Proxenos) gewährte deren Händlern Unterstützung in Rechts- und Geschäftsfragen.

Prytanen: Ausschuss von 50 Ratsherren, der für die Amtszeit einer Prytanie die laufenden Regierungsgeschäfte führte. Das Jahr war in zehn Prytanien aufgeteilt; die Prytanen wurden von jeweils einer der zehn Phylen gestellt.

Sophisten: Gewerbsmäßige Lehrer für höhere Bildung, die aus allen Teilen der griechischen Welt stammten und unterschiedliche wissenschaftliche und philosophische Anschauungen nach Athen brachten.

Strategen: Kollegium von zehn Feldherren, die aus den zehn Phylen stammten und jährlich gewählt wurden.

Talent: Gewichtseinheit und größte Rechnungseinheit im attischen Geldwesen, bestehend aus 60 Minen.

Theten: „Tagelöhner, Knechte". Unterste soziale Schicht innerhalb der attischen Bürgerschaft, wohl oft ohne Grundeigentum.

Timokratie: Auf *Solon* zurückgeführte Staatsordnung, die die politischen Rechte nach der Zugehörigkeit zu vier Vermögensklassen abstufte.

Trapeziten: Geldwechsler und Münzprüfer, die schließlich durch Hereinnahme von Depositen und Vergabe von Darlehen zu „Bankiers" wurden.

Trierarchie: Leiturgie, die den Trierarchen verpflichtete, für ein Jahr ein attisches Kriegsschiff (Triere) in Stand zu halten, für das Kommando und zumindest einen Teil des Mannschaftssolds zu sorgen.

Trittys: „Drittel". Eine Phyle besaß kein zusammenhängendes Stammesgebiet, sondern wurde von drei Trittyen aus den drei Landschaftsbereichen Stadt, Binnenland und Küste gebildet.

Tyrannis: Die nicht auf gesetzmäßigem Weg entstandene Alleinherrschaft, die in griechischen Poleis von der Mitte des 7. Jahrhunderts bis in das 4. Jahrhundert auftrat.

IV. Abkürzungen der antiken Texte

Andok.	Andokides
Aristoph.	Aristophanes
Aristot. Ath. Pol.	Aristoteles, Verfassung der Athener (Athenaion Politeia)
Eth. Nic.	Nikomachische Ethik
Pol.	Politik
[Aristot.] Oik.	Pseudo-Aristoteles, Oikonomikos
Demokrit	Demokrit, Fragmente
Demosth.	Demosthenes
[Demosth.]	Pseudo-Demosthenes
Dion. Hal.	Dionysios von Halikarnassos
Hdt.	Herodot
Isokr.	Isokrates
Lys.	Lysias
Plat. Gorg.	Platon, Gorgias
Nom.	Gesetze (Nomoi)
Pol.	Der Staat (Politeia)
Polit.	Politikos
[Plat.] Eryx.	Pseudo-Platon, Eryxias
Plut.	Plutarch
Solon	Solon, Fragmente
Thuk.	Thukydides
Xen. Kyr.	Xenophon, Kyrupädie
Mem.	Memorabilien
Oik.	Oikonomikos
Poroi	Poroi, oft auch zitiert als Xen. vect. (=De vectigalibus)

Die Stellenbezeichnung mit Ziffern folgt der gebräuchlichsten Einteilung/Paginierung.

Literaturverzeichnis

a) Texte antiker Autoren

Aristophanes, Sämtliche Komödien. Übertragen von Ludwig Seeger, 2 Bände, Zürich 1952/1953.

Aristoteles, Die Verfassung der Athener. Herausgegeben und übertragen von Paul Gohlke, Paderborn 1958.

Derselbe, Politica (Griechischer Text), Oxford 1980 (Erstausgabe 1957).

Derselbe, Politik. Übersetzt von Eugen Rolfes, Hamburg 1995.

[Aristoteles], Oikonomikos. Übersetzt und herausgegeben von Ulrich Victor (Beiträge zur klassischen Philologie 147), Königstein/Taunus 1983.

Demosthenes, Private Orations XXVII-XL. With an English Translation by A. T. Murray, London 1984 (Erstausgabe 1936).

Derselbe, Private Orations XLI-XLIX. With an English Translation by A. T. Murray, London 1964 (Erstausgabe 1939).

Derselbe, Private Orations L-LVIII, In Neaeram LIX. With an English Translation by A. T. Murray, London 1978 (Erstausgabe 1939).

Herodot, Historien. Erster Band. Griechisch-deutsch. Herausgegeben von Josef Feix, München 1963.

Lysias, Orations. With an English Translation by W. R. M. Lamb, Cambridge/Mass., London 1967 (Erstausgabe 1930).

Platon, Der Staat (Πολιτεία). Werke in acht Bänden. Griechisch und deutsch. Übersetzung von Friedrich Schleiermacher, vierter Band, Darmstadt 1971.

Derselbe, Gesetze. Übersetzt und erläutert von Otto Apelt. Sämtliche Dialoge, Band VII, Hamburg 1988.

Derselbe, Gorgias. Werke in acht Bänden. Griechisch und deutsch. Übersetzung von Friedrich Schleiermacher, Bearbeitung von Heinz Hofmann, zweiter Band, Darmstadt 1973.

Platon, Politikos oder Vom Staatsmann. Übersetzt und erläutert von Otto Apelt. Sämtliche Dialoge, Band VI, Hamburg 1988.

[Platon], Eryxias. Übersetzt von Hieronymus Müller. Sämtliche Werke, Band III, Heidelberg 1982.

Plutarch, Große Griechen und Römer. Eingeleitet und übersetzt von Konrat Ziegler, Band II, Zürich, Stuttgart 1955.

Thukydides, Geschichte des Peloponnesischen Krieges. Eingeleitet und übertragen von Georg Peter Landmann, Zürich, Stuttgart 1960.

Xenophon, Erinnerungen an Sokrates (Memorabilien). Griechisch-deutsch. Herausgegeben von Peter Jaerisch, München ^{2}1977.

Derselbe, Kyrupädie. Die Erziehung des Kyros. Herausgegeben und übersetzt von R. Nickel, München 1992.

Derselbe, Ökonomische Schriften (Oikonomikos und Poroi). Griechisch und deutsch von Gert Audring, Berlin 1992.

Diels, H., Kranz, W., Die Fragmente der Vorsokratiker, Band 2, Dublin, Zürich ^{12}1966.

b) Bücher und Aufsätze

Ammon, G., Der französische Wirtschaftsstil, München 1989.

Andreades, A., Geschichte der griechischen Staatswirtschaft. Von der Heroenzeit bis zur Schlacht bei Chaironeia, Hildesheim 1965 (Erstausgabe München 1931).

Audring, G., Zur wirtschaftlichen und sozialen Lage der attischen Bauern im ausgehenden 5. und im 4. Jahrhundert v.u.Z., in: Jahrbuch für Wirtschaftsgeschichte, Sonderband: Studien zur athenischen Sozialstruktur und römischen Wirtschaftspolitik in Kleinasien, Berlin 1977, S. 9-86.

Austin, M., Vidal-Naquet, P., Gesellschaft und Wirtschaft im alten Griechenland, München 1984 (Erstausgabe Paris 1972).

Baeck, L., Greek Economic Thought. Initiators of a Mediterranean Tradition, in: B. B. Price (Hrsg.), Ancient Economic Thought, Vol. 1, London, New York 1997, S. 146-171.

Baloglou, C. P., Constantinidis, A., Die Wirtschaft in der Gedankenwelt der alten Griechen, Frankfurt/Main, Berlin, Bern u. a. 1993.

Baloglou, C. P., Peukert, H., Zum antiken ökonomischen Denken der Griechen (800 v.u.Z.–31 n.u.Z.), Marburg ^{2}1996.

Bechtel, H., Wirtschaftsstil des Spätmittelalters, München, Leipzig 1930.

Derselbe, Wirtschafts- und Sozialgeschichte Deutschlands. Wirtschaftsstile und Lebensformen von der Vorzeit bis zur Gegenwart, München 1967.

Beloch, J., Die Grossindustrie im Altertum, in: Zeitschrift für Socialwissenschaft, Band 2, S. 18-26, Berlin 1899.

Bleicken, J., Die athenische Demokratie, Paderborn, München, Wien ²1994.

Boeckh, A., Die Staatshaushaltung der Athener, 4 Bände, Berlin ²1851.

Bogaert, R., Grundzüge des Bankwesens im alten Griechenland. Konstanzer althistorische Vorträge und Forschungen, Heft 18, Konstanz 1986.

Brockmeyer, N., Antike Sklaverei, Darmstadt 1979.

Derselbe, Sozialgeschichte der Antike. Ein Abriß, Stuttgart, Berlin, Köln ²1974.

Bücher, K., Die Entstehung der Volkswirtschaft, Tübingen ⁵1906 (Erstausgabe 1893).

Derselbe, Zur griechischen Wirtschaftsgeschichte, in: Ders., Beiträge zur Wirtschaftsgeschichte, Tübingen 1922, S. 1-97.

Bürgin, A., Zur Soziogenese der politischen Ökonomie. Wirtschaftsgeschichtliche und dogmenhistorische Betrachtungen, Marburg ²1996.

Camp, J. M., Die Agora von Athen: Ausgrabungen im Herzen des klassischen Athen, Mainz 1989 (Erstausgabe London 1986).

Casson, L., Ancient Trade and Society, Detroit 1984.

Cohen, E. E., Commercial Lending by Athenian Banks: Cliometric Fallacies and Forensic Methodology, in: Classical Philology 85, 1990, S. 177-190.

Davies, J. K., Athenian Propertied Families 600-300 B. C., Oxford 1971.

Egner, E., Der Verlust der alten Ökonomik. Seine Hintergründe und Wirkungen, Berlin 1985.

Eucken, W., Die Grundlagen der Nationalökonomie, Jena 1940; Godesberg ⁵1947.

Derselbe, Die Überwindung des Historismus, in: Schmollers Jahrbuch, 62. Jahrgang, I. Halbband, 1938, S. 63-86.

Finley, M. I., Die antike Wirtschaft, München 1977 (Erstausgabe Berkeley, Los Angeles 1973).

Derselbe, Technical Innovation and Economic Progress in the Ancient World, in: The Economic History Review, Utrecht, Second Series, Vol. 18 (1965), S. 29-45.

Derselbe (Hrsg.), The Bücher-Meyer Controversy, New York 1979.

Freund, W., Die Polis, in: H. Krefeld (Hrsg.), Hellenika. Ein Begleitbuch für die griechische Lektüre, Frankfurt/M. ⁵1972, S. 7-28.

Friedell, E., Kulturgeschichte Griechenlands. Leben und Legende der vorchristlichen Seele, München 1979 (Erstausgabe London 1949).

Gabrielsen, V., Financing the Athenian Fleet. Public Taxation and Social Relations, Baltimore 1994.

Gigon, O., Die Kultur der Griechen, Wiesbaden 1979 (Erstausgabe Frankfurt/M. 1969).

Gioia, V., Historical Changes in Arthur Spiethoff's Theory of *Wirtschaftsstil*, in: P. Koslowski (Hrsg.), Methodology of the Social Sciences, Ethics, and Economics in the Newer Historical School. From Max Weber and Rickert to Sombart and Rothacker, Berlin, Heidelberg, New York 1997, S. 168-190.

Hansen, M. H., Die Athenische Demokratie im Zeitalter des Demosthenes. Struktur, Prinzipien und Selbstverständnis, Berlin 1995 (Dänische Erstausgabe 1991).

Hartmann, N., Das Problem des geistigen Seins. Untersuchungen zur Grundlegung der Geschichtsphilosophie und der Geisteswissenschaften, Berlin [3]1962.

Hasebroek, J., Griechische Wirtschafts- und Gesellschaftsgeschichte bis zur Perserzeit, Hildesheim 1966a (Erstausgabe Tübingen 1931).

Derselbe, Staat und Handel im alten Griechenland, Hildesheim 1966b (Erstausgabe Tübingen 1928).

Heichelheim, F. M., Wirtschaftsgeschichte des Altertums, Band I und III, Leiden 1969 (Erstausgabe Leiden 1938).

Hopper, R. J., Handel und Industrie im klassischen Griechenland, München 1982 (Erstausgabe London 1979).

Jones, A. H. M., Athenian Democracy, Oxford [5]1986 (Erstausgabe 1957).

Kaufhold, K. H., Zur Entwicklung des Wirtschaftsstildenkens in Deutschland, in: R. Klump (Hrsg.), Wirtschaftskultur, Wirtschaftsstil und Wirtschaftsordnung, Marburg 1996, S. 21-37.

Klump, R. (Hrsg.), Wirtschaftskultur, Wirtschaftsstil und Wirtschaftsordnung. Methoden und Ergebnisse der Wirtschaftskulturforschung, Marburg 1996.

Krefeld, H. (Hrsg.), Hellenika. Ein Begleitbuch für die griechische Lektüre, Frankfurt/M. [5]1972.

Lauffer, S., Die Bedeutung des Standesunterschiedes im klassischen Athen, in: Historische Zeitschrift 185, München 1958, S. 497-514.

Derselbe, Die Bergwerkssklaven von Laureion, Wiesbaden [2]1979.

Lowry, S. T. (Hrsg.), Pre-Classical Economic Thought. From the Greeks to the

Scottish Enlightenment, Boston, Dordrecht, Lancaster 1987.

Ludwig, A., Der spanische Wirtschaftsstil, Frankfurt/M., Bern, New York, Paris 1988.

Lyttkens, C. H., A Predatory Democracy? An Essay on Taxation in Classical Athens, in: Explorations in Economic History 31, 1994.

Meier, C., Die politische Identität der Griechen, in: O. Marquard, K. Stierle (Hrsg.), Identität, München 1979, S. 371-406.

Derselbe, Wie die Athener ihr Gemeinwesen finanzierten. Die Anfänge der Steuerpolitik in der griechischen Antike, in: U. Schultz (Hrsg.), Mit dem Zehnten fing es an. Eine Kulturgeschichte der Steuer, München 1986, S. 25-37.

Meyer, E., Die wirtschaftliche Entwicklung des Altertums, in: Ders., Kleine Schriften, Halle 1924, S. 79-168.

Millett, P., Lending and Borrowing in Ancient Athens, Cambridge, New York, Melbourne 1991.

Möller, H., Wirtschaftsordnung, Wirtschaftssystem und Wirtschaftsstil. Ein Vergleich der Auffassungen von W. Eucken, W. Sombart und A. Spiethoff, in: Schmollers Jahrbuch, 64. Jahrgang, II. Halbband, 1940, S. 75-98.

Morris, I., The Athenian Economy twenty Years after 'The Ancient Economy', in: Classical Philology 89, 1994, S. 351-366.

Mrozek, S., Lohnarbeit im klassischen Altertum. Ein Beitrag zur Sozial- und Wirtschaftsgeschichte, Bonn 1989.

Müller-Armack, A., Religion und Wirtschaft. Geistesgeschichtliche Hintergründe unserer europäischen Lebensform, Bern, Stuttgart ³1981.

Neurath, O., Zur Anschauung der Antike über Handel, Gewerbe und Landwirtschaft. Cicero, de officiis I, c. 42, in: Jahrbücher für Nationalökonomie und Statistik 87, 1906, S. 577-606 (I. Kapitel).

Nippel, W., Mischverfassungstheorie und Verfassungsrealität in Antike und früher Neuzeit, Stuttgart 1980.

Oncken, A., Geschichte der Nationalökonomie, Aalen ⁴1971 (Erstausgabe Leipzig 1902).

Pekáry, T., Die Wirtschaft der griechisch-römischen Antike, Wiesbaden ²1979.

Polanyi, K., The Livelihood of Man. Studies in Social Discontinuity, New York, San Francisco, London 1977.

Price, S., Religions of the Ancient Greeks, Cambridge, New York, Melbourne 1999.

Rössler, D., Handwerker, in: E. C. Welskopf (Hrsg.), Soziale Typenbegriffe im alten Griechenland und ihr Fortleben in den Sprachen der Welt, Band 3, Berlin 1981, S. 193-268.

Rohwer, B., Konjunktur und Wachstum. Theorie und Empirie der Produktionsentwicklung in der Bundesrepublik Deutschland seit 1950, Berlin 1988.

Salin, E., Kapitalbegriff und Kapitallehre von der Antike zu den Physiokraten, in: Ders., Lynkeus. Gestalten und Probleme aus Wirtschaft und Politik, Tübingen 1963, S. 153-181.

Derselbe, Politische Ökonomie. Geschichte der wirtschaftspolitischen Ideen von Platon bis zur Gegenwart (5., erweiterte Auflage der Geschichte der Volkswirtschaftslehre), Tübingen, Zürich 1967.

Schaefer, H., Besonderheit und Begriff der attischen Demokratie im 5. Jahrhundert, in: E, Salin (Hrsg.), Synopsis. Alfred Weber 30.VII.1868–30.VII.1948, Heidelberg 1948, S. 477-503.

Schefold, B., Karl Bücher und der Historismus in der deutschen Nationalökonomie, in: N. Hammerstein (Hrsg.), Deutsche Geschichtswissenschaft um 1900, Stuttgart 1988, S. 239-267.

Derselbe, Theoretische Ansätze für den Vergleich von Wirtschaftssystemen aus historischer Perspektive, in: Ders. (Hrsg.), Wandlungsprozesse in den Wirtschaftssystemen Westeuropas, Marburg 1995, S. 9-40.

Derselbe, Wirtschaftsstile, Band 1: Studien zum Verhältnis von Ökonomie und Kultur, Frankfurt/M. 1994.

Schefold, B., Peukert, H., Wirtschaftssysteme im historischen Vergleich: ein Projekt, in: Jahrbuch für Wirtschaftsgeschichte 1992, S. 243-253.

Schmitz, W., Wirtschaftliche Prosperität, soziale Integration und die Seebundpolitik Athens. Die Wirkung der Erfahrungen aus dem Ersten Attischen Seebund auf die athenische Außenpolitik in der ersten Hälfte des 4. Jh. v. Chr., München 1988.

Sombart, W., Der moderne Kapitalismus: historisch-systematische Darstellung des gesamteuropäischen Wirtschaftslebens von seinen Anfängen bis zur Gegenwart, Band I.1, Berlin ^{2}1916.

Derselbe, Die drei Nationalökonomien. Geschichte und System der Lehre von der Wirtschaft, München, Leipzig 1930.

Derselbe, Die Ordnung des Wirtschaftslebens, Berlin ^{2}1927.

Spahn, P., Wirtschaft II: Antike, in: Geschichtliche Grundbegriffe,

Band 7, Stuttgart 1992, S. 513-526.

Spiethoff, A., Anschauliche und reine volkswirtschaftliche Theorie und ihr Verhältnis zueinander, in: E. Salin (Hrsg.), Synopsis. Alfred Weber 30.VII.1868–30.VII.1948, Heidelberg 1948, S. 567-664.

Derselbe, Die Allgemeine Volkswirtschaftslehre als geschichtliche Theorie. Die Wirtschaftsstile, in: Schmollers Jahrbuch, 56. Jahrgang, II. Halbband, 1932, S. 51-84.

Toutain, J., The Economic Life of the Ancient World, London 1968 (Erstausgabe 1927)

Weber, M., Agrarverhältnisse im Altertum, in: Ders., Gesammelte Aufsätze zur Sozial- und Wirtschaftsgeschichte, hrsg. von Marianne Weber (1924), Tübingen ²1988 (Erstausgabe 1909).

Derselbe, Die Protestantische Ethik und der „Geist" des Kapitalismus, in: Ders., Gesammelte Aufsätze zur Religionssoziologie, Band I, Tübingen 1920, S. 17-206.

Derselbe, Wirtschaft und Gesellschaft. Grundriss der verstehenden Soziologie, Tübingen ⁵1972.

Weippert, G., Wirtschaftslehre als Kulturtheorie, Göttingen 1967.

Peter Lang · Europäischer Verlag der Wissenschaften

Herbert Heftner

Der oligarchische Umsturz des Jahres 411 v. Chr. und die Herrschaft der Vierhundert in Athen

Quellenkritische und historische Untersuchungen

Frankfurt/M., Berlin, Bern, Bruxelles, New York, Oxford, Wien, 2001. VIII, 396 S.
ISBN 3-631-37970-6 · br. € 60.30*

Die Sizilienkatastrophe von 413 v. Chr. zog eine tiefgehende Erschütterung der Demokratie in Athen nach sich, in deren Folge im Jahre 411 eine oligarchische Umsturzbewegung die Oberhand gewann. Das daraus hervorgegangene Regime der „Vierhundert" hielt sich allerdings nur vier Monate lang an der Macht, bis es von einer Gegenbewegung demokratischer und gemäßigt-oligarchischer Kräfte gestürzt wurde.
Das vorliegende Werk bietet eine historisch-quellenkritische Untersuchung der Ereignisse von 411, die neben dem Verfassungsumsturz auch die Anfangsphase der Bewegung und die Vorgänge während der Herrschaft der Vierhundert einbezieht. Weitere Schwerpunkte bilden die in der aristotelischen Athenaion Politeia überlieferten Verfassungsentwürfe und die sogenannte „Verfassung der Fünftausend".

Aus dem Inhalt: Die Vorgeschichte des Umsturzes · Der Verfassungsumsturz und die Machtergreifung der Vierhundert · Die „Verfassungsurkunden" in Kap. 30 und 31 der Athenaion Politeia · Die Herrschaft der Vierhundert und der demokratische „Gegenstaat" auf Samos · Athen nach dem Sturz der Vierhundert

Frankfurt/M · Berlin · Bern · Bruxelles · New York · Oxford · Wien
Auslieferung: Verlag Peter Lang AG
Jupiterstr. 15, CH-3000 Bern 15
Telefax (004131) 9402131

*inklusive der in Deutschland gültigen Mehrwertsteuer
Preisänderungen vorbehalten

Homepage http://www.peterlang.de

FSC
www.fsc.org
MIX
Papier | Fördert gute Waldnutzung
FSC® C083411

Kolibri 360 GmbH
Ferdinand-Jühlke-Straße 7
99095 Erfurt, Deutschland
produktsicherheit@kolibri360.de

Druck:
CPI Druckdienstleistungen GmbH
im Auftrag der
Kolibri 360 GmbH
Ferdinand-Jühlke-Str. 7
99095 Erfurt